Über dieses Buch Wie haben Frauen in früheren Zeiten Schwangerschaft und Geburt erlebt? Wie haben sie ihre Säuglinge gepflegt? Welche Rezepte hatte man gegen Unfruchtbarkeit? Wie bestimmte man das Geschlecht des Kindes im Mutterleib? Was tat man, wenn ein Kind krank wurde? Welche Bedeutung hatte das Stillen, welchen Sinn gab man der Krankheit und dem Tod eines kleinen Kindes? Françoise Loux, Historikerin und Ethnologin, die sich vor allem mit dem Verhältnis des Menschen zu seinem Körper in traditionellen und modernen Gesellschaften beschäftigt, hat normannische Bäuerinnen befragt, Sprichworte gesammelt, alte medizinische Abhandlungen durchforstet. Auf den heutigen Leser wirkt das, was sie zu berichten weiß, verblüffend – exotisch und vertraut zugleich.

Die Autorin Françoise Loux arbeitet an einem der modernsten volkskundlichen Museen in Paris. Sie hat 1969 mit einer Arbeit über das Verhalten von Arbeitern in wirtschaftlichen Krisen promoviert und beschäftigt sich seither vor allem mit dem Verhältnis des Menschen zu seinem Körper in traditionellen und modernen Gesellschaften.

Françoise Loux

Das Kind und sein Körper in der Volksmedizin

Eine historisch-ethnographische Studie

Herausgegeben und mit einem Nachwort
von Kurt Lüscher

Aus dem Französischen
von Hainer Kober

Fischer Taschenbuch Verlag

Ungekürzte Ausgabe
Veröffentlicht im Fischer Taschenbuch Verlag GmbH,
Frankfurt am Main, Februar 1991

Lizenzausgabe mit freundlicher Genehmigung des
Verlages Klett-Cotta, Stuttgart

Die französische Originalausgabe erschien unter dem Titel
»Le jeune enfant et son corps dans la médicine traditionelle«
im Verlag Flammarion, Paris

Umschlaggestaltung: Buchholz/Hinsch/Hensinger
Satz: Druckerei Hochuli AG, Muttenz
Druck und Bindung: Clausen & Bosse, Leck
Printed in Germany
ISBN 3-596-10269-3

Inhalt

III. Das Kleinkind – Vorsichtsmaßnahmen und Pflege 137

Vorwort

Obwohl der Inhalt dieses Buches und die Thesen, die es verteidigt, noch nichts an Aktualität eingebüßt haben, sind gewisse Richtigstellungen notwendig. Immerhin sind drei Jahre seit der Abfassung dieser Arbeit verstrichen.

Erstens wurde die Einleitung zu einem Zeitpunkt wissenschaftlichen Forschens geschrieben, als die Historiker – und vor allem die Spezialisten der historischen Demographie – gerade wiederentdeckt hatten, welchen Umfang die Kindersterblichkeit besessen und welches Elend dadurch entstanden war, daß die Kinder in Ammenpflege gegeben wurden. Ganz wie die Mediziner des 18. Jahrhunderts neigten die Historiker dazu, die Kindersterblichkeit den Ammen – also den Frauen vom Lande – zur Last zu legen. Diesen wurde vorgeworfen, sie seien nachlässig gewesen, es sei ihnen gleichgültig gewesen, daß die Kinder starben. Jetzt sieht man die Dinge anders. Die Historiker haben gelernt, mit den Ethnologen zusammenzuarbeiten. Dieser Zusammenarbeit verdanken wir einiges. So haben wir Gelegenheit gehabt, das in diesem Buch vorgelegte Material mit den von Marie-France Morel analysierten medizinischen Abhandlungen über Ammen zu vergleichen. Zu erwähnen ist auch die „Lektüre wider den Strich" der von Medizinern der Société Royale de Médecine festgehaltenen Beobachtungen über „merkwürdige" weibliche Manifestationen, die wir Jean-Pierre Peter verdanken. Sein Seminar und seine Arbeiten haben wesentlich zu einer Verbindung von Geschichte und Anthropologie beigetragen. Auf dem Gebiet, mit dem sich dieses Buch beschäftigt, sind die Arbeiten von Marie-Christine Pouchelle über Metaphern und diejenigen von Yvonne Verdier über den kosmischen Symbolismus des weiblichen Zyklus zu erwähnen. Durch sie werden die Fragestellungen, mit denen wir uns in diesem kleinen Buch beschäftigen, fortgeführt und vertieft.[1] Schließlich ist es außerordentlich schwierig, sich über die volkstümliche Medizin und das Wissen vom Körper zu äußern, ohne das wichtige Buch von Jeanne Favret über die Beziehung von Macht und Diskurs in der Hexenkunst zu berücksichtigen.[2] Ohne in allen Punkten mit ihrer Analyse übereinzustimmen, die – nach unserer Auffassung – den Objekten zu wenig Platz einräumt, sind wir der Meinung, daß die Praktiken, die wir beschreiben, und der Zusammenhang, den wir wiederherzustellen versuchen, zu einem großen Teil in den von J. Favret umrissenen Rahmen gehören.

Seit dieses Buch geschrieben wurde, hat sich eine Denkrichtung etabliert, der wir uns in aller Bescheidenheit anschließen. Sie zeichnet sich dadurch aus, daß sie die Vorstellungen des „bäuerlichen Aberglaubens“ nicht von außen betrachtet und verurteilt, sondern versucht, sie in ihrem inneren Zusammenhang zu erfassen. Dennoch leben die Überzeugungen von der damaligen Gleichgültigkeit gegenüber Kindern und der Resignation angesichts des Todes hartnäckig fort. Häufig werden sie in vereinfachter Form kolportiert und beherrschen so das große Publikum. Solchen Einstellungen versucht dieses Buch zu begegnen, und hierin liegt seine Aktualität.

Zweitens scheint es mir angesichts der oben genannten Arbeiten, aber auch angesichts meiner persönlichen wissenschaftlichen Entwicklung wichtig, die Mechanismen jenes symbolischen Denkens herauszuarbeiten und seinen inneren Zusammenhang darzustellen. Besonders bedeutsam dürfte die Tatsache sein, daß dieser symbolische Diskurs – im Unterschied zum psychoanaly-

---

[1] Die hier erwähnten Arbeiten sind in einer Sondernummer der Zeitschrift *Ethnologie française*, 1976, Nr. 3/4 vereinigt. Diese Sondernummer ist das Ergebnis einer einjährigen Gruppenarbeit von Ethnologen und Historikern.

[2] J. Favret, *Les Mots, la mort, les sorts*. Paris: Gallimard, 1977.

tischen Diskurs – immer in der Konkretheit der Objekte wurzelt, daß es immer eine lebhafte Wechselbeziehung zwischen dem Buchstaben des Rituals und seiner geistigen oder sozialen Bedeutung gibt. Diese Feststellung veranlaßt uns gegenwärtig dazu, jene Handlungen und Objekte systematisch zu erforschen, die in den Praktiken volkstümlicher Medizin eine Rolle spielten.

Ich möchte schließlich ein persönliches Erlebnis nicht unerwähnt lassen, das mich tief erschüttert hat: die Frühgeburt eines Kindes zwei Jahre nach Abfassung dieses Buches. Solange mein kleiner Junge bedroht war, habe ich aus einer gewissen Angst heraus (der Angst, gegen irgendein Verbot zu verstoßen?) die allzu große Koinzidenz meines Privatlebens und meiner Forschungsarbeit abgelehnt. Während ich jetzt die Druckfahnen des Buches nach diesem langen Schweigen wiederlese und Angst vor der Konfrontation habe, distanziere ich mich nicht von dem Geschriebenen. Wie die Eltern früherer Zeiten war ich mit der Angst konfrontiert, mit dem Wunsch, das Unmögliche zu versuchen, um das Schlimmste zu verhüten, mit der Weigerung, mich dem Schicksal zu fügen. Dennoch wußte ich – wie die Mütter einst – daß bislang nur wenige Kinder das Glück gehabt hatten, unbeschadet aus der gefährlichen Situation hervorzugehen, in der sich meines befand. Dieses persönliche Erlebnis verleiht – so sehe ich es – meinen Schlußfolgerungen mehr Gewicht. Aber dieses Buch wurde vor der Geburt geschrieben. Ich hätte mich sonst wohl nicht auf das Wagnis eingelassen, aus Angst, daß meine Gefühle sich zu stark auf meine Sichtweise als Forscherin auswirken könnten.

Die Randbemerkungen, die wir über den Mangel einer präventiven Haltung bei den Ärzten im allgemeinen gemacht haben, sind nach unserer Ansicht immer noch gültig. Sie sind jedoch in eben den ländlichen Kontext einzuordnen, auf den wir uns beziehen. Angesichts meiner eigenen Erfahrung habe ich nämlich ermessen können, wie privilegiert ich war. Ich habe gleichfalls gelernt, daß es falsch wäre, zu behaupten – wie sich vielleicht aus diesem Buch herauslesen läßt – die symbolischen Beziehungen seien nur von der Volksmedizin und der Überlieferung berücksichtigt worden. In dem hochspezialisierten Apparat, in dem sich mein Kind jeden Augenblick befand, wußten Ärzte und Personal um die Bedeutung der Gesten, des Lächelns, der räumlichen und zeitlichen Bindung, die das Stillen durch die Mutter herstellt. Stets gelang es den Beteiligten, inmitten des sterilen Weiß und der summenden Maschinen so etwas wie familiäre Wärme zu schaffen. Deshalb sollte das Buch diesem Apparat gewidmet sein. Wir wollen ja keineswegs dadurch, daß wir an den symbolischen Zusammenhang der elterlichen Praktiken – an die Bedeutung der Bindungen, die zwischen ihnen und den Kindern geknüpft wurden – erinnern, einer künstlichen und gefährlichen Rückkehr zu diesen Praktiken das Wort reden. In einer hochtechnisierten Krankenhauswelt können sehr wohl, sofern den Beteiligten daran gelegen ist, andere Formen symbolischer Beziehungen realisiert werden.

Einleitung

„A l'enfant, il faut la chaleur de la mère."[1]

Auf den ersten Blick scheinen heute wenige Bereiche des alltäglichen Lebens dem früher Üblichen ferner zu stehen als die Pflege, die man Kleinkindern angedeihen läßt. Die Sorge, die einst ihre Geburt umgab, die Gedanken, die man sich um ihr Überleben machte, die Aufmerksamkeit, die dem Körper galt, der durch Wickelzeug und Wiege zur Unbeweglichkeit verurteilt war, die Tatsache, daß man wegen des Säuglings, der nicht sagen konnte, „was ihm fehlte", selten bei einer Medizin Hilfe suchte, die ja doch nur wenig auszurichten vermochte – all das scheint uns die damalige Lebensweise fern zu rücken und führt uns vor Augen, welche Wegstrecke wir seither zurückgelegt haben. Doch bei genauerem Hinsehen bemerken wir, daß der Bruch nicht so radikal ist, daß die Ängste von einst in uns nachklingen, daß wir heute in einer anderen Gestalt die Bedeutung der Symbolik wiederentdekken, von der einst aller Umgang mit dem Körper durchdrungen war.

Vor allem das Kind war Gegenstand dieses alten Wissens, denn seine Geburt war oft von Leid und Tod begleitet. Außerdem maß man der prä- und postnatalen Zeit große Bedeutung für die Weitergabe von Vorzügen und Mängeln bei und wußte, daß unbewußtes, aber nachhaltiges Lernen die Entwicklung des Körpers und seiner Bewegungen von den ersten Lebenstagen an bestimmt. Im vorliegenden Buch geht es uns darum, dieses Wissen um den kindlichen Körper und den Einfluß, den es immer

[1] Sprichwort aus der Gascogne. (Das Kind braucht die Wärme der Mutter.)

noch auf uns ausübt, in seiner ganzen Fülle zu rekonstruieren. „A l'enfant, il faut la chaleur de la mère." Dieses schöne Sprichwort aus der Gascogne der Jahrhundertwende, das dem Buch als Motto vorangestellt ist, deutet an, in welche Richtung sich die Gedankengänge des Buches bewegen. Es ruft in Erinnerung, welch wichtiger Platz dem Kleinkind auch in unserer Gesellschaft noch eingeräumt wird, welche Bedeutung dem körperlichen Kontakt zwischen Mutter und Neugeborenem beigemessen wird – eine Bedeutung, die heute von Psychoanalytikern bestätigt wird und die tief in der Tradition verwurzelt ist. In seiner schlichten Eindringlichkeit legt dieses Sprichwort beredtes Zeugnis davon ab, wie die französischen Bauern zu Beginn unseres Jahrhunderts dachten und fühlten. „Wärme der Mutter" steht für die Weichheit ihres Körpers, die leichte Feuchtigkeit der Windel, in die sie das Kind einwickelt, und die Zärtlichkeit ihrer Fürsorge. Wie in Sprichwörtern üblich, führt die Vieldeutigkeit des Ausdrucks die Parallelität von Körper und Geist, von materieller Fürsorge und affektiven Beziehungen vor Augen. So sind die Sprichwörter beispielhaft für jene symbolische Existenz des Körpers, die das traditionelle Wissen entwirft. Aus diesem Grunde auch werden wir sie häufig zur Illustration unserer Darstellung heranziehen.

Die eindringlichen Worte der genannten Empfehlung führen uns mitten hinein in die konkrete Wirklichkeit von einst: Man mußte an die Bindung zwischen Mutter und Kinder erinnern, weil diese sehr häufig brutal zerrissen wurde: man gab das Kind einer Amme in Pflege und leistete so einer ohnehin schon beträchtlichen Kindersterblichkeit weiteren Vorschub.

Die Allgegenwart des Todes bildet den Hintergrund für die Praktiken, an die in dieser Arbeit erinnert wird. Die demographisch arbeitenden Historiker, die sich mit dem 18. Jahrhundert beschäftigen, haben die hohe Kindersterblichkeit vor allem mit den „schlechten Gewohnheiten" der Ammen in Verbindung gebracht. Sie neigten dazu, daraus auf eine generelle Gleichgültigkeit gegenüber Kindern zu schließen. Wir werden hingegen zeigen, daß diese Praxis von einer sehr eingehenden Pflege zeugt, die dem Kind zuteil wurde – eben weil es ständig bedroht war.

Kindersterblichkeit und die Pflege, die dem Neugeborenen zuteil wurde

Im 18. Jahrhundert mußte man tatsächlich zwei Kinder zur Welt bringen, damit eines von ihnen eine Chance hatte, erwachsen zu werden: „Qui n'en a qu'un n'en a aucun", wer nur eines hat, hat gar keines, sagt das Sprichwort. Von den Verheerungen, die Geburtskomplikationen und Kinderkrankheiten – vor allem Magen- und Darmkrankheiten – anrichteten, waren vor allem die Säuglinge betroffen. Zu Beginn des 20. Jahrhunderts war – trotz einer bemerkenswerten Verbesserung der Situation – die Tatsache, daß ein Kleinkind starb, in ländlichem Milieu immer noch sehr vertraut. Die schrecklichen Erinnerungen aus früheren Jahrhunderten waren den Menschen noch lebhaft im Gedächtnis.

So läßt sich anhand der historisch-demographischen Untersuchungen bestimmen und analysieren, welche weitreichenden Folgen die Tatsache hatte, daß viele Kinder zu Ammen in Pflege gegeben wurden.[2] Im übrigen war das Phänomen bei den Zeitgenossen bekannt und in Verruf: Der leidenschaftliche Appell von Rousseau ist noch in aller Gedächtnis. Diese Untersuchungen betreffen unser Vorhaben, das eine spätere Zeit in den Blick rückt, insofern, als sich die volkstümlichen Praktiken auf dem Lande – eben die der Ammenpflege – zwischen dem 18. und dem Ende des 19. Jahrhunderts kaum verändert haben. So hat man von der Gewinnsucht der Ammen gesprochen, von dem bekla-

---

2 Der interessierte Leser findet alle grundlegenden Arbeiten zu diesem Gebiet in dem Überblick von A. Burguière in: *Faire de l'histoire.* Paris, Gallimard, 1975.

genswerten Zustand, in dem sie die ihnen anvertrauten Neugeborenen dahinvegetieren ließen, wobei man sich häufig auf recht vielsagende Texte stützte. Offenbar ist aber doch zu oft verallgemeinert worden; zu oft hat man von den angeprangerten Mißständen auf die Art und Weise geschlossen, wie die jungen Frauen auf dem Lande in ihrer täglichen Praxis mit ihren eigenen Kindern umgingen. Vor allem hat man dabei frühere Lebens- und Denkweisen nach unseren eigenen Normen beurteilt. In diesem Buch gehen wir von anderen Quellen aus: von der Beobachtung dieser Praktiken, wie sie von Volkskundlern zu Beginn des 20. Jahrhunderts angestellt wurden. Wir werden uns fragen, ob es sich wirklich um Gleichgültigkeit und nicht eher um Techniken einer bewußten und wirksamen Fürsorge handelt, um Anzeichen eines ganz spezifischen Interesses, das allerdings aus einer anderen Denkart erwuchs.

Die Frage nach ihrer Wirksamkeit wirft andere Probleme auf, die in jedem Falle in Beziehung zu den medizinischen Einrichtungen der Zeit zu sehen sind. Bestimmte Mittel, auf die der gesunde Menschenverstand hinwies, die sich vielleicht an einer „psychosomatischen Medizin" orientierten, bevor dieser Ausdruck überhaupt geprägt wurde, waren gewiß nützlicher als die Empfehlungen einer gelehrten Medizin, die sich vor der Ausbreitung der Entdeckungen von Pasteur, der Impfstoffe und der Antibiotika häufig als ohnmächtig erwies. Wenn im übrigen viele dieser Praktiken uns heute als objektiv gesehen schädlich erscheinen (zum Beispiel diejenige, ein fieberndes Kind in das kalte Wasser einer Heilquelle zu tauchen), so bedeutet das nicht notwendigerweise, daß dahinter tatsächlich der – bewußte oder unbewußte – Wunsch stand, dem Kind zu schaden. Es läßt sich daraus noch nicht einmal auf Nachlässigkeit der Eltern schließen.

Wenn wir so zu dem Ergebnis kommen, daß das Neugeborene und seine Gesundheit einer Gesellschaft, die noch zutiefst von traditionellen Lebens- und Denkweisen geprägt war, sehr am Herzen lag, nähern wir uns der bahnbrechenden These von

Ariès, derzufolge im 16. und 17. Jahrhundert – also in einem Zeitraum, da noch eine sehr hohe Kindersterblichkeit zu verzeichnen war – der Kindheit ein zunehmendes Interesse entgegengebracht wurde.[3] Allerdings betrifft die Analyse von Ariès vor allem das städtische Bürgertum. Seine Hypothesen, die davon ausgehen, daß das Kind in der früheren Gesellschaft noch nicht differenziert ins Bewußtsein trat, weil man es vor allem als Arbeitskraft sah, führen ihn zu der Annahme, daß die Sorge um das Kind in der ländlichen Gesellschaft erst später in Erscheinung getreten sei. Wir werden hingegen zu zeigen versuchen, daß die Einschätzung des Kindes als Arbeitskraft keinesfalls unvereinbar ist mit einer eingehenden Sorge um seine Gesundheit. Wird der Wert der Hypothesen von Ph. Ariès – vor allem die Tatsache, daß er den Gegensatz der sozialen Klassen als Ansatzpunkt wählt – nicht gerade durch eine genauere Analyse der sozialen Ungleichheiten angesichts von Tod und Krankheit des Kindes unterstrichen? Am Ende des 19. Jahrhunderts fallen diese Ungleichheiten besonders im ländlichen Milieu auf. Sie zeigen sich ebenso darin, daß die medizinischen Fortschritte unterschiedlich verfügbar waren und die Medizin nicht in Anspruch genommen wurde, wie darin, daß eine vielfach nützliche Volkskultur abgelehnt wurde, ohne daß die Möglichkeit bestand, auf ein andersgeartetes medizinisches Wissen zurückzugreifen.

Analyse der überlieferten Praktiken

Diese Arbeit behandelt im wesentlichen die ländlichen Volksbräuche am Ende des 19. und zu Beginn des 20. Jahrhunderts. Es existieren wertvolle und wichtige Zeugnisse über die traditionellen medizinischen Praktiken in Frankreich. Zahlreiche Volkskundler, in der Regel lokale Honoratioren, ließen sich für eine

---

[3] Ph. Ariès, *L'enfant et la vie familiale sous l'Ancien Régime.*

Volkskultur begeistern, die sie allmählich aussterben sahen. Isoliert oder um Zeitschriften gruppiert, deren bedeutendste die *Revue des Traditions populaires* ist, haben sie alle Aspekte dieser Kultur erforscht und auch noch die belanglosesten Entdeckungen schriftlich festgehalten. Viele dieser Honoratioren waren Ärzte. So hatten sie bei ihren Besuchen auf den Bauernhöfen Gelegenheit, Heilverfahren zu beobachten, die sich in ihren Augen merkwürdig ausnahmen. Deshalb sind Hinweise auf die volkstümliche Medizin in ihren Sammlungen zahlreich vertreten. M. Bouteiller hat die Weiterentwicklung und das Fortleben dieser Praktiken in unserer Zeit untersucht.[4] Gewiß muß man alle diese Beobachtungen kritischen Auges lesen. Vor allem schildern die Autoren jeweils einzelne Fälle: Diese lassen sich aber nur verstehen, wenn man sie in größerem Zusammenhang untersucht, denn, für sich genommen, verstärken sie den Eindruck der Inkohärenz, den ein außenstehender Beobachter ohnehin gewinnen muß. Auch auf die Gefahr hin, uns innerhalb unserer eigenen Trugbilder zu verirren, mußten wir also von einer verschwundenen Einheitlichkeit ausgehen, welche für den Beobachter auf dem rein empirischen Niveau unsichtbar bleibt. Hierbei ließen wir uns von der Bedeutung, die wir der Symbolik beimessen, leiten. Im übrigen hatten die Volkskundler die Tendenz, das hervorzuheben, was, gemessen an den medizinischen Normen der Zeit, frappierend und ungewöhnlich war.

Aus diesem Grund berichten sie ausschließlich von Heilpraktikern und Heilkundigen, aber nie von Besuchen des Arztes, die zwar selten waren, aber doch hin und wieder stattgefunden haben. Trotzdem liegt das unschätzbare Verdienst dieser Beobachter darin, daß sie vom Vorhandensein einer solchen Medizin, von der Realität einer solchen Art von Fürsorge Kenntnis genommen haben und Praktiken, die einfach anders waren, nicht als Nachlässigkeit abgetan oder mit Schweigen übergangen haben.

---

[4] M. Bouteiller, *Médecine populaire d'hier et aujourd'hui.*

Diese Beobachtungen bilden also den Datenbestand der Studie. Zur systematischen Nachprüfung sind im wesentlichen zwei Quellen herangezogen worden, die *Revue des Traditions populaires* und die Bibliographie, die A. Van Gennep in seinem *Manuel de Folklore français* liefert.[5]

Gelegentlich werden wir zum Vergleich oder zur Illustration Texte von Ärzten oder Moralisten früherer Jahrhunderte heranziehen. Wenn auf wissenschaftliche Theorien älteren Datums Bezug genommen wird, so bedeutet das jedoch nicht, daß man in ihnen den Ursprung der volkstümlichen Praktiken zu suchen hat. Die traditionelle Schau des kranken Menschen ist ganz und gar nicht eine bunt zusammengewürfelte Sammlung alter Rezepte der gelehrten Medizin, sondern beweist vielmehr eine tiefe kulturelle Ursprünglichkeit.

Die traditionellen Praktiken als Wurzeln moderner Praktiken

Die Beschreibung dieser Tradition entstammt selbst einer Zeit, in der sie noch sehr lebendig war und hat zugleich einen sehr aktuellen Anklang. Zahlreiche Bräuche, Vorstellungen und Ängste, die im 19. Jahrhundert an der Tagesordnung waren, wirken nach in gewissen modernen Einstellungen zum Kleinkind und im Bestreben, ihm alle erdenkliche Sorgfalt angedeihen zu lassen. So sind die zentrale Bedeutung der Kinderkrankheiten in Frauenzeitschriften, die Tatsache, daß der Arzt beim leisesten Unwohlsein von Säuglingen geholt wird, die Angst vor den verschiedenen Aspekten von Erbkrankheiten, die Wichtigkeit, die der Psychologie und den „psychosomatischen Krankheiten" beigemessen wird, zum großen Teil herleitbar von jenen Ängsten, die unsere

---

[5] Es würde den Rahmen dieser kleinen Arbeit sprengen, wenn wir alle in der Studie herangezogenen Sammlungen zitieren wollten. Eine Kurzbibliographie findet sich am Ende des Buches.

Großeltern hegten. Im übrigen haben sich die Wallfahrten für kranke oder retardierte Kinder nicht zufällig am besten und längsten erhalten. Aus diesem Grunde werden wir hin und wieder auf Praktiken und überlieferte Vorstellungen verweisen, die noch heute fortbestehen oder in auf den ersten Blick sehr innovatorisch erscheinenden Verhaltensweisen wiederaufleben.

Wenn wir heute beobachten, wie jene alten Praktiken weiterleben, verfolgen wir damit auch ein anderes Interesse: Wir möchten wissen, wie sie miteinander zusammenhingen. Die Beschäftigung mit „Hexenkunst" und Parallelmedizin stößt heute nicht mehr auf so einhellige Ablehnung von seiten der Sachverwalter wissenschaftlicher Kultur wie noch zu Anfang dieses Jahrhunderts. Darum fällt es Wissenschaftlern heute auch leichter, das Vertrauen der Gewährsleute zu gewinnen; man wird mit ihnen gemeinsam versuchen, den Dingen auf den Grund zu gehen. Dies war nicht die Methode der Volkskundler, was einerseits daran lag, daß diese ihrem Ethnozentrismus verhaftet blieben, und andererseits daran, daß die Verfechter dieser Praktiken, obgleich ihre Verfahren häufiger und deshalb besser zu beobachten waren als heute, sehr gut wußten, daß diese außenstehenden Beobachter ihnen mit Mißbilligung, Skepsis und Ironie begegneten. Die direkte Erhebung hilft also, die isolierten – und deshalb merkwürdig erscheinenden – Aufzeichnungen der Volkskundler in einen durchaus schlüssigen Zusammenhang zu stellen.

Die Wiedergabe der traditionellen Berichte und die Beobachtung heutiger Praktiken ergänzen und erhellen einander. Sie tragen zu einer Analyse unserer Ängste um das Kleinkind bei.

Die Dokumentation heutiger Zustände bezieht ihr Material aus zwei Untersuchungen, die in der Normandie durchgeführt wurden: Die eine beschäftigt sich mit der Vermittlung von Praktiken, die sich auf den Körper beziehen, wobei Katholiken und Protestanten in einer Landgemeinde der Basse Normandie miteinander verglichen werden;[6] die andere untersucht die Beziehung zwischen medizinischer Vorsorge „moderner" Art und traditionellen Praktiken in vier Landkreisen der Haute Normandie.[7]

Schließlich ist die Untersuchung der traditionellen Kinderpflege auch über die engeren Grenzen der Kindheit hinaus von großem Interesse. Wenn wir sie besser kennen und verstehen lernen, gewinnen wir zugleich ein klareres Bild von all jenen traditionellen Einstellungen und Praktiken, die Körper und Krankheit im allgemeinen gelten. Die Art und Weise, wie das Kind hingelegt, wie es gewiegt, in Decken gehüllt, gestillt wird, der gestische Rhythmus, den man ihm aufzwingt oder gestattet, die Haltung, mit der man seinen kleinen „Wehwehchen" begegnet, prägen nämlich zutiefst die künftige Einstellung des Kindes zur Krankheit, zur Art und Weise, wie es sich seines Körpers bedient – und dies umso mehr, als die Vermittlung unbewußt ist und bleibt, zutiefst im Kern seines Wesens verwurzelt.

In einem ersten Kapitel untersuchen wir die Vorsichtsmaßregeln vor der Geburt und die Vorstellungen, die eine enge Verbindung zwischen dem Körper der Mutter und dem Körper des Kindes vor seiner Geburt, ja sogar vor seiner Empfängnis herstellen. Dann werden wir die Vorsichtsmaßregeln, die Fürsorge, die Ängste und die Vorzeichen beschreiben, die die Geburt (den Eintritt in die physische Welt) und die Taufe (den Eintritt in die soziale Welt) umgeben. Das dritte Kapitel beschreibt im einzelnen die alltäglichen Vorsorgemaßnahmen, die dem Kleinkind gelten,

---

6 F. Loux, Transmission culturelle chez les catholiques et les protestants: les soins corporels à Chardonneret. *Ethnologie française,* IV, S. 1–2.

7 F. Loux, *Pratiques traditionnelles et pratique modernes d'hygiène et de prévention de la maladie chez les mères et leurs enfants.* Vervielfältigtes Manuskript, Paris, Centre d'Ethnologie française. Wir möchten an dieser Stelle dem *Comité d'Organisation des Recherches appliquées sur le Développement Economique et Social* (CORDES) danken, das uns bei unserer Forschungsarbeit unterstützt hat.

insbesondere die vom Zahnen eingeleitete Entwöhnung. Die Behandlung des Körpers (Wickelzeug, Wiege) wird hier als ein Bewegungs- und Körperlernen untersucht. Das letzte Kapitel schließlich führt wieder in die Realität dieser Zeit und macht deutlich, wie gefährdet das Kind war, wie sehr es im Alltag von den Risiken der Entwicklung und den zahlreichen Kinderkrankheiten bedroht war. Die Beziehung zum Tod, von der im ganzen Buch immer wieder die Rede ist, wird Hauptgegenstand eines letzten Abschnittes sein, der zeigt, wie allgegenwärtig dieser Bezug in den volkstümlichen Praktiken und Vorstellungen ist.

I. Mutter und Kind vor der Geburt

Die Kindersterblichkeit hat sich im Laufe der letzten hundert Jahre in spektakulärer Weise verringert. Dennoch sollte man sich keinen Illusionen hingeben. Durch eine gründlichere Vorbeugung ließe sich die immer noch viel zu hohe Zahl von Todesfällen bei Kleinkindern verringern; schwere Behinderungen, deren Ursprung in die Schwangerschaft oder in den Zeitraum unmittelbar nach der Niederkunft fällt, ließen sich vermeiden. Im übrigen gibt es in Frankreich ein starkes regionales und soziales Gefälle. Kinder benachteiligter Klassen, die in medizinisch unterversorgten Regionen geboren werden, sind am stärksten bedroht. Selbst die unzureichenden Hilfeleistungen, die öffentliche Stellen hier anbieten, um diese Situation zu verbessern, werden nicht immer ausreichend in Anspruch genommen. Zudem sind die Beziehungen zwischen den Centres de Protection Maternelle et Infantile (Mütterschutz- und Mütterberatungsstellen) und den niedergelassenen Ärzten oft auch heute noch von Konkurrenzdenken bestimmt. Die Besuche bei diesen Stellen werden von der künftigen Mutter wie auch vom praktischen Arzt häufig als reine Formalität angesehen. Von den hier wesentlichen soziologischen oder ökonomischen Erklärungen einmal abgesehen, die in einer anderen Arbeit untersucht werden,[1] kann man die Wurzeln die-

[1] Die Anlage dieser Studie läßt es nicht zu, daß wir auf die soziologischen und ökonomischen Gründe heutiger Widerstände gegen Vorsorgemaßnahmen eingehen. Das Problem ist zu wichtig, als daß man es am Rande behandeln könnte. Eine andere Arbeit (*Pratiques traditionnelles* … a. a. O.) beschäftigt sich ausschließlich mit dieser Frage.

ser relativen Gleichgültigkeit in der Geschichte der traditionellen perinatalen Gewohnheiten suchen.

Die entscheidende Verringerung der Kindersterblichkeit fand nämlich zu Beginn des 20. Jahrhunderts statt. Sie ist also noch nicht lange im Gedächtnis der Menschen. Manche Ärzte neigen gelegentlich dazu, die gegenwärtige Situation an der Vergangenheit zu messen und so die verbleibenden Probleme zu beschönigen. Aus diesem Grunde lösen sie häufig die Betreuung der werdenden Mutter und des Kleinkindes aus der Medizin heraus. Sie meinen, diese falle in den Aufgabenbereich der Familie und sei vor allem eine Frage des gesunden Menschenverstandes. Sie machen sich kaum Gedanken um „die gesunde Mutter und das gesunde Kind".

Es wäre eigentlich eine gute Sache, wenn sich die in erster Linie Betroffene, die Mutter, ihres Kindes solcherart annehmen würde. Allerdings müßte dann vorab eine Gesundheitserziehung stattfinden. Doch eine systematische Unterrichtung über diese Probleme gibt es so gut wie überhaupt nicht. Ohnehin findet sie kaum irgendein Echo in der Öffentlichkeit. Ein Grund für dieses scheinbare Desinteresse liegt darin, daß heutige Empfehlungen alte Praktiken oder Überzeugungen oft einfach überlagern, ohne sie ausreichend in Rechnung zu stellen. So pflegt man zu sagen, daß es früher keine Vorsorge gegeben habe und, vor allem, daß die Vorsichtsmaßregeln, die es vor der Geburt zu treffen galt, den werdenden Müttern unbekannt gewesen oder von ihnen vernachlässigt worden seien. Wir werden jedoch sehen, daß sie außerordentlich zahlreich waren, wenn sie sich auch grundsätzlich von den Maßnahmen unterscheiden, die in den medizinischen Handbüchern „Vorsorge" genannt werden. Das Kind im Leib der Mutter war Gegenstand vielfältiger Vorsichtsmaßregeln. Häufig hat man diese „abergläubischen Vorstellungen" ins Lächerliche gezogen, ohne den Versuch zu machen, ihre tieferen Zusammenhänge zu verstehen. Auch haben sich die jungen Mütter zwar – zumindest nach außen hin – von dem distanziert, was ihnen ihre Großmütter beigebracht haben, doch sind sie immer noch von diesen Lehren durchdrungen. Da die heutigen ärztlichen Empfehlungen nicht in einen größeren Zusammenhang eingeordnet sind, erscheinen sie ihnen fragmentarisch und nicht sehr sinnvoll.

Wenn wir im einzelnen untersuchen, wie sich diese Auffassungen in das ihnen zugrundeliegende zusammenhängende Netz von Vorstellungen einfügen, vergrößern wir einerseits die Distanz zu unserer heutigen Welt und verstehen andererseits manche unserer tieferliegenden Reaktionen besser. Andernorts haben wir darauf hingewiesen, daß jene traditionellen Vorstellungen bezüglich der Medizin ein kohärentes Gesamtbild ergeben hatten, daß sie der Vorsorge einen wichtigen Platz einräumten und daß die Regeln, die den Körper betreffen, normative Kraft besaßen.[2] Die Rezepte der volkstümlichen Medizin ordneten sich meist in die alte Theorie ein, derzufolge alles im Universum miteinander in Verbindung steht und daß der menschliche Körper sich nur in seiner Beziehung zum Universum sinnvoll verstehen läßt. Danach sind die sichtbaren Eigenschaften der Dinge, ihre äußere Erscheinung, lauter Zeichen, anhand derer sich ihre Verwandtschaft untereinander und mit diesem oder jenem Aspekt des menschlichen Körpers enträtseln läßt. Das Rot des Weines verweist auf das Rot des Blutes; das Aussehen des Samens der Pflanze, die man Lungenkraut nennt, verweist auf die Lunge des Menschen. Also erneuert der Wein das Blut des Organismus, also heilt das Lungenkraut – das aus diesem Grund so heißt – die Lunge. Ein anderer Aspekt dieser Theorie ist, daß der „Diskurs“ ein Bestandteil der Therapie ist (ein Indiz dafür ist die Bedeutung der Gebete und ihres genauen Wortlauts). In diesem Spiel mit Worten bewegt man sich ständig zwischen den Bereichen wörtlicher und symbolischer Bedeutung hin und her. So

[2] F. Loux, *Sagesse du corps, santé et maladie dans les proverbes régionaux français.*

sucht man in den Namen der Heiligen die Eigenschaften, die symbolisch für jene Krankheiten stehen können, auf die sie Einfluß haben: So macht der heilige Klarus die Augen klar, das heißt er reinigt sie von den Verunreinigungen, die von ihrer Krankheit zeugen; die Krämpfe hingegen, die auch *conversions* heißen, finden ihre Entsprechung in der Konversion – der Bekehrung – des heiligen Paulus, der sie folglich heilt. Diese Wortspiele finden sich sehr ausgeprägt in den Sprichwörtern, wo Reim und Assonanz die Verwandtschaft der Dinge in der gleichen Weise wie andere Merkmale bezeugen. Wir werden deshalb oft exemplarische Sprichwörter zitieren, die jedoch eigentlich im Gesamtzusammenhang einer Analyse sprichwörtlicher Rede zu sehen sind.[3] In dieser Welt des Körpers hängt alles zusammen, und alle Elemente beeinflussen sich wechselseitig. Ganz besonders ist dies der Fall bei zwei Wesen, die so innig miteinander verbunden sind wie Mutter und Kind vor der Geburt.

In den folgenden vier Abschnitten werden wir zuerst die Fruchtbarkeitspraktiken untersuchen, dann die Vorzeichen, die über das Geschlecht des erwarteten Kindes Auskunft geben, die unmittelbaren Einflüsse des mütterlichen Körpers auf den Körper des Kindes und schließlich die vielfältigen Vorsichtsmaßregeln, die von der Mutter wie von anderen Verwandten getroffen werden, damit das Kind gesund zur Welt kommt.

---

[3] F. Loux, *Sagesse du corps ...*, a. a. O.

Die Fruchtbarkeitspraktiken

„Femme stérile
Mangeant poireau
Son ventre gros
Devient fertile.“[4]

Die Bedeutung, die die Gesellschaft der Fruchtbarkeit beimaß, und die große Zahl von Bräuchen, die der Unfruchtbarkeit begegnen sollten, hängen mit der Kindersterblichkeit zusammen, aber auch mit den sozio-ökonomischen Erfordernissen der landwirtschaftlichen Familienunternehmen.

Hochzeitsfeier und Fruchtbarkeitspraktiken

Lange Zeit wurden die Kinder als Investition betrachtet; heute noch erinnern Sprichwörter daran: „Enfant, richesse du pauvre“ (Kinder sind armer Leute Reichtum); „Des enfants et des brebis on ne peut trop en avoir.“ (Von Kindern und Schafen kann man nicht zuviel haben.)

Außerdem war die kinderreiche Familie die Norm. So konnte man sich nicht vorstellen, daß ein Kind ohne Geschwister aufwachsen könne; diese spielten eine wichtige Rolle bei der Sozialisation der Kleinen: „Enfant seul, enfant évaporé; enfants nombreux, enfants heureux“ – ein Kind, leichtsinniges Kind; viele Kinder, glückliche Kinder! Obendrein wird die Frau, obwohl sie weitgehend von ihrer Mitwirkung in der Landwirtschaft in Anspruch genommen wird, ihrer Rolle erst wirklich gerecht, wenn sie Kinder hat. Wie das Sprichwort aus der Gascogne unmiß-

[4] Normannisches Sprichwort. (Die unfruchtbare Frau ißt Lauch, und fruchtbar wird ihr dicker Bauch.)

verständlich zum Ausdruck bringt: „Femme qui n'a pas d'enfants, femme qui s'ennuie." (Eine Frau ohne Kind ist eine Frau, die sich langweilt.) Wenn eine Frau mit ihrem Mann auf dem Hof arbeitet und dabei noch den Haushalt führt, hat sie gewiß keine Zeit, sich zu langweilen. Aber das Ziel der Ehe ist es, Kinder zu haben. Den absoluten Verzicht auf Nachkommenschaft scheint es überhaupt nicht zu geben. Zwar mag es entsprechende geheime Wünsche geben, doch sie werden nicht laut. Auch ist kaum die Rede davon, die Geburt des ersten Kindes hinauszuschieben. Wenn die Sprichwörter davon sprechen, daß eine Frau „gut" oder „reich an Gaben" ist, meinen sie hauptsächlich diesen Aspekt der weiblichen Rolle: „Qu'il pleuve, qu'il neige, qu'il tombe des glands, les femmes sont bonnes jusqu'à quarante ans." (Etwa: Obs schüttet, obs schneit, obs Katzen hagelt, die Frauen taugen, bis sie vierzig Jahre alt sind.) Auch ist es für den Status einer verheirateten Frau sehr wichtig, daß sie rasch ein Kind vorweisen kann. Zahlreiche Fruchtbarkeitspraktiken beginnen mit der Eheschließung. Wenn die junge Frau beispielsweise am Hochzeitstag ihre Schuhe in eine Quelle taucht, von der es heißt, sie mache fruchtbar, sichert ihr das eine rasche Schwangerschaft. Dieser Ritus, der im Poitou für Katholiken und Protestanten gleichermaßen bezeugt ist, findet sein Echo im mentonischen Sprichwort: „Si les mariés se mouillent les pieds, ils seront trois dans l'année." (Wenn die Eheleute sich nasse Füße holen, sind sie übers Jahr zu dritt.) Der Fuß als Phallussymbol. Gewisse Vorkommnisse der Hochzeitsfeier gelten als Vorzeichen künftiger Fruchtbarkeit. So weiß man, welche Bedeutung es hat, wenn die Hochzeiter beim Verlassen der Kirche mit Reis beworfen werden. In der Creuse „ist es ein Vorzeichen für die Fruchtbarkeit der frischgebackenen Ehefrau, wenn während der Eheschließung in der Kirche ein Kleinkind weint und schreit". Dieses Beispiel legt den Gedanken nahe, daß die Schwangerschaft in gewisser Weise ansteckend ist, daß sie in bestimmten, besonders günstigen Augenblicken der Hochzeitsfeier durch die bloße Gegenwart von gerade geborenen Kindern oder einer schwangeren Frau auf die Braut übertragen werden kann. So berichtet uns Sauvé, der Volkskundler der Hochvogesen: „Wenn sich unter den Gästen des Hochzeitsessens eine schwangere Frau befindet, reicht sie der Braut zu Beginn der Mahlzeit ein Stück Brot, das sie mit dem Kreuzzeichen segnet, wobei sie sagt: ‚Möge es dir ebenso nutzen wie mir.' "

Es liegt also ein unmittelbarer Zusammenhang zwischen Ehe und Geburt vor. Mit der Eheschließung bahnt sich die Schwangerschaft an. Diese zeitliche Abfolge lag einst so auf der Hand, daß die Sprichwörter noch nicht einmal auf sie eingingen:

„En mai si tu te maries,
Par le soleil ou la pluie,
Ami crois-moi si tu veux,
T'auras des enfants morveux."[5]

Also: Wer im Mai heiratet, wird Winterkinder, Rotznasen, haben. Anhand dieser zeitlichen Abfolge läßt sich auch die Redensart verstehen: „Quand on te met l'anneau, prépare le manteau" – steckt man dir den Ring an, halte den Mantel bereit, das heißt den Umhang, der die Schwangerschaft verbergen sollte.

Natürlich ist die Hochzeitsnacht einer der entscheidenden Augenblicke der Ehe: „Um viele Kinder zu haben, muß der Mann am Hochzeitstag ohne Wissen der Braut ein gebrauchtes Hufeisen, einen Strauß Eisenkraut und einen Heller ins Bett legen." Ohne Wissen der betroffenen Person zu handeln, ist ein recht verbreitetes Verfahren in der Volksmedizin. Andere Bemerkungen lassen jedoch erkennen, daß sich in diesen Bräuchen eine Abweichung der Wünsche des Mannes von denen der Frau äußert. Selbst wenn sie den Mutterstatus brauchte, um eine Rolle in der Gesellschaft zu spielen, steht sie den allzu rasch aufeinanderfolgenden Schwangerschaften mit weit mehr Vorbehalt ge-

---

[5] Glaub mir nur Freund, wenn du im Mai heiratest, ob bei Regen oder Sonnenschein, wirst du Rotznasen haben.

genüber als ihr Mann. So fällt im Poitou die aktive Rolle im Fruchtbarkeitsritus dem Bräutigam zu, der im Moment der Trauung „nicht versäumen darf, auf der Schürze der Braut niederzuknien, um die Verbindung fruchtbar zu machen". Er hat also in Sachen Fruchtbarkeit wie in Sachen Sexualität die Initiative.

Das „Ausbleiben der Regel"

Es ist schade, daß die Beobachtungen der Volkskundler nicht eingehender auf die unterschiedlichen Einstellungen von Männern und Frauen hinsichtlich der Fruchtbarkeit eingehen. Da sie viel zu oft die ländliche Gesellschaft für eine geschlossene Einheit hielten, versuchten sie, in ihr ein durchschnittliches Verhalten zu beschreiben, das sie mit Hilfe ihrer Gewährsleute rekonstruiert hatten, statt die sozialen Variationen unmittelbar zu beobachten. In unserem Falle kommt es gerade auf die Unterschiede zwischen Männern und Frauen an; nur wenn man auf sie achtet, gelangt man über die leicht erkennbaren Dinge hinaus. So werden sehr selten Abtreibungen erwähnt, deren Vorkommen dessen ungeachtet belegt ist. Sie wurden allerdings mit Hilfe oft geheimer Verfahren vorgenommen, die die Frauen untereinander weiterreichten und die kaum nach außen drangen. Es scheint – wie Dr. de Westphalen für die Gegend um Metz anmerkt – daß die Abtreibung vor allem während der ersten Schwangerschaftswochen praktiziert wurde: „Die gesetzwidrige Abtreibung ist recht verbreitet. Sie wird in den ersten Wochen nach der Empfängnis durchgeführt. Der Volksmund behauptet, daß die Schwangerschaftsunterbrechung keine Sünde sei, ‚solange der Keim sich noch nicht gebildet habe', das heißt vor Ablauf von fünf Wochen." Zahlreiche Pflanzen galten als Abtreibungsmittel: Steckrübe, Wachholder, Lorbeer, Kreuzkraut, Weide, Ysop und vor allem, mehr oder minder in ganz Frankreich, die Raute.

Auch von anderen Verfahren berichtet de Westphalen: von Fußbädern in Senf- oder Salzwasser, heißen Sitzbädern, von schwerer körperlicher Tätigkeit und heftigen Erschütterungen des Unterleibs.

Wenn es oben heißt, daß die Abtreibung vor Ablauf von fünf Wochen keine Sünde sei, so legt das den Gedanken nahe, daß die volkstümlichen Vorstellungen von einem ähnlichen Unterschied wie Hippokrates ausgingen.[6] Er unterscheidet einerseits zwischen Verfahren, die dazu dienen, die Schwangerschaft in ihren ersten Anfängen zu unterbrechen und die einfach als Maßnahmen gelten, die Regel auszulösen, und andererseits Abtreibungspraktiken im eigentlichen Sinne, die, wie der Kindesmord, primär gesellschaftlich oder wirtschaftlich unerwünschten Nachwuchs betreffen.

Diese Fälle scheinen im städtischen Milieu häufiger aufgetreten zu sein als im ländlichen, wo voreheliche Empfängnis häufig mit Eheschließung endete und wo die unehelichen Kinder zwar einen Sonderstatus hatten, aber durchaus anerkannt waren.

Noch heute werden Ärzte im ländlichen Milieu häufig um „Spritzen" gebeten, die die Regel herbeiführen sollen – ob Abtreibungsmittel oder nicht, ob wirksam oder nicht. Es findet sich manches Rezept in den populärwissenschaftlichen Büchlein, die früher auf dem Lande bei caritativen Menschen verbreitet waren, bei frommen Frauen oder Landpfarrern. Gewiß geben sie sich nicht als Abtreibungsmittel zu erkennen. Doch die vielsagende Bezeichnung („damit Frauen und Mädchen ihre Periode bekommen") verbirgt sehr wahrscheinlich hin und wieder auch den Wunsch, abzutreiben: „Man nehme zwei oder drei Knoblauchzwiebeln, zerstoße sie gut und mache daraus eine Art Sal-

---

[6] Vgl. hierzu die Ausführungen von R. Etienne, La Conscience médicale antique et la Vie des enfants, in: *Enfants et Sociétés, Annales de Démographie historique.* Paris, Mouton, 1973, S. 15–46.

benverband, den man auf Nieren und Leber lege; das wird sie herbeiführen, *auch wenn sie lange Zeit ausgeblieben ist.*"

Im übrigen sind die Rezepte zur Auslösung der Regel manchmal dieselben, die der Fruchtbarkeit dienen. So verhält es sich mit der Wallfahrt zur heiligen Eulalia im Mâconnais, von der Jeanton berichtet: „Die jungen Mädchen, die dort den Kranz der ersten Kommunion niederlegen, um in die Regel zu kommen, die Segnung roter oder weißer Bänder für Mädchen oder Frauen, die *die Ankunft oder das Ende ihrer Periode* wünschen, der Kult, den die jungen Frauen, die Mütter werden möchten, diesem Heiligtum widmen – all das macht den Eindruck eines im wesentlichen heidnischen Kultes."

Abgesehen von der naiven Ausdrucksweise des Autors ist festzustellen, daß in dem Ritus die Erscheinung der ersten Regel, die Fruchtbarkeit und die Rückkehr der Regel miteinander verknüpft sind. Darin zeigt sich, daß man mit diesen Bräuchen anstrebte, Kinder zu empfangen oder ihre Ankunft aufzuschieben, daß sie aus der Sicht der Beteiligten jedoch nicht als Abtreibungsmaßnahmen verstanden werden. Andere Mittel – abgesehen vom klassischen Koitus interruptus, einer Domäne des Mannes – werden von der Frau, die eine Schwangerschaft aufzuschieben wünscht, ständig angewendet. So berichtet de Westphalen: „Eine Frau, die die Empfängnis verhüten möchte, nimmt während der ersten drei Tage nach der Regel neun Samenkörner des Efeus oder regelmäßig den Samen der Weide. Andere urinieren so rasch als möglich nach dem Koitus." Andere Vorsichtsmaßnahmen werden nach der Geburt eines Kindes getroffen, um die nächste Geburt aufzuschieben. Vom Stillen abgesehen, von dem man glaubt, es mache zeitweilig unfruchtbar, gehören diese Praktiken einer symbolischen Ordnung an. So etwa die folgende Sitte, die in verschiedenen Regionen Frankreichs beobachtet wurde: „Die Patin schenkte dem Neugeborenen einen Strauß Betonien, der dem des Paten ähnelte; nach der Taufe mußte die Mutter den Taufstrauß ihres Kindes so hoch wie möglich hinter dem Bett befestigen, um eine neue Schwangerschaft hinauszuzögern."

Wir haben bereits erwähnt, daß eine schwangere Frau ansteckend ist. Es gilt sie also, gewissermaßen aus Gründen der Verhütung, zu meiden. Ebenso muß eine Frau, die gerade niedergekommen ist, „den Stab" an eine andere Frau „weiterreichen": „Die erste Frau, die nach der Niederkunft das Zimmer einer Wöchnerin betritt, nimmt ihren Platz ein und wird schwanger." Dies denkt man im Süden Frankreichs – eine zweischneidige Bemerkung, ist sie doch zugleich Empfehlung und Warnung.

Aus den genannten Beispielen geht hervor, daß Kinderlosigkeit zwar verurteilt wird, unbegrenzte Fruchtbarkeit aber auch nicht unbedingt geschätzt wird. In manchen Sprichwörtern klingt eine gehörige Verachtung für Familien an, die nicht versuchen, ihre Fruchtbarkeit unter Kontrolle zu bringen. Eine Geißel, die man sehr häufig der Trunksucht zuschreibt: „D'enfant et de verres à boire, il n'y en a jamais trop." (Kinder und volle Gläser gibt es nie zuviel.)

Unfruchtbarkeit, Religion und phallische Riten

Dennoch ist Unfruchtbarkeit eine Tragödie für eine Familie, und Wallfahrten im Dienste der Fruchtbarkeit waren einst sehr häufig. Heute gibt es sie größtenteils nicht mehr. Was bezeugt, daß sich die betreffende Einstellung der Gesellschaft gewandelt hat. Die Unfruchtbarkeit wird häufig als Strafe für den Bruch eines Verbots angesehen, wie es der alte Glaube zeigt, der einst bei „Modellen" verbreitet war: „Wenn eine Frau oder ein junges Mädchen einem Maler oder einem Bildhauer Modell zur heiligen Jungfrau steht, die das Jesuskind im Arm hält, wird sie niemals Kinder haben." Unfruchtbarkeit kann auch auf einen Zauber zurückgehen, der beispielsweise von einem der „Noueurs d'aiguilette" stammt. De Westphalen berichtet: „Das waren Zauberer oder Hexen, die im Augenblick, da ein Priester ein Paar vereinigte, Knoten von besonderer Form in eine Hanfschnur knüpften. Die Zahl der Knoten gab die Zahl von ‚ungeborenen' Kindern an. In extremen Fällen verurteilten die ‚Noueurs d'aiguillette' den Mann zur Impotenz."

Ob der Ursprung der Unfruchtbarkeit die Strafe für eine Sünde oder die Verhexung durch einen Zauberspruch ist, in beiden Fällen ist es verständlich, daß man in erster Linie bei der Religion Zuflucht sucht. Im allgemeinen ist das die Wallfahrt zu einem heilkräftigen Heiligen. Dabei wird jedoch nicht irgendein beliebiger Heiliger angerufen und nicht ein beliebiger Ritus praktiziert. Die Einzelheiten unterstreichen die Bedeutung des Wortlauts in den Anrufungen der volkstümlichen Medizin. In dem Ritual spielen nämlich die Namen der Heiligen oder ihre physischen Besonderheiten eine große Rolle. Häufig liegt die phallische Bedeutung deutlich zutage.

Zahlreiche Heilige werden zur Heilung der Unfruchtbarkeit angerufen. Abgesehen von der verbreiteten Verehrung der heiligen Anna, der Mutter der Jungfrau, die durch ein Wunder von ihrer Unfruchtbarkeit geheilt wurde, wechseln ihre Namen von einem Landstrich zum anderen. Häufig sind es lokale Heilige oder bekannte Persönlichkeiten, die in den Rang von Heiligen gehoben werden, bei denen eine Episode aus ihrem Leben, der Klang des Namens oder eine Besonderheit der Statue die Anbetung erklärt. Es wäre ermüdend, sie alle zu nennen. Das auffälligste Beispiel für eine Namenssymbolik ist die Verehrung des heiligen Génitour (Genitor), den die unfruchtbaren Frauen in der Touraine anrufen, indem sie einen Finger in ein Loch stecken, das die Statue aufweist. Gewisse Bräuche, die sich auf den heiligen Guerlicon im Bourbonnais oder den heiligen Greluchon (heimlicher Liebhaber) in der Creuse richten, waren noch deutlicher: „Die unfruchtbaren Frauen kamen in die Kirche und kratzten mit dem Messer an einem gewissen Teil des heiligen Greluchon. Sie heilten sich von ihrer Krankheit, indem sie das so gewonnene Puder morgens auf nüchternen Magen mit gutem Weißwein vermischt zu sich nahmen. Als der heilige Greluchon zu abgeschabt war, wurde ein neuer Pflock eingesetzt! Aber der Pfarrer, der jetzt dort zuständig ist, empfand ‚diese Sitten als anstößig' und hat den wundertätigen Heiligen in die abgelegenste Ecke des Speichers verbannt. Daraufhin haben sich die unfruchtbaren Frauen, um diesen Verlust wettzumachen, an der liegenden Figur auf dem Grab des Guillaume de Naillac, eines adligen Herren aus dem 12. Jahrhundert, schadlos gehalten. Als es nichts mehr gab, woran sie hätten kratzen können, begannen sie, Löcher in den Stein zu graben. Das so gewonnene Steinpulver wird auf die gleiche Weise wie das abgeschabte Holz eingenommen. Als das Loch zu tief wurde und beunruhigende Ausmaße annahm, hat der Pfarrherr es mit sehr hart werdendem Gips füllen lassen. Doch die Frauen kehrten heimlich zurück und bohrten mit einem spitzen Messer dicht daneben ein neues Loch, das in eine Richtung führte, die man sich unschwer vorstellen kann."

In Marlieux in den Dombes wird der Name des Heiligen mit einem naturverbundenen Fruchtbarkeitsritus assoziiert: Die Frauen schütteln einen Kirschbaum, wobei sie den heiligen Guignefort[7] anrufen. Zahlreiche Rituale simulieren den Geschlechtsakt. So erzählt P. Sebillot, daß die unfruchtbaren Frauen nach der Messe in Saint-Léonard im Périgord den Riegel der Kirchentür hin und herschieben, bis ihr Mann sie holen kommt und an der Hand nach Hause führt. Derselbe Volkskundler beobachtete in der Haute-Bretagne, wie einige unfruchtbare Frauen heimlich zu nächtlicher Stunde den Bauch an der Statue des heiligen Mirli rieben (und er bringt den Namen „Mirli", der einen lokalen Heiligen aus der Legendengeschichte bezeichnet, mit dem Ausdruck „pirli" zusammen [dem walisischen Wort für Phallus]). Diese unverblümten Riten richteten sich meist an männliche Heilige, die als Ersatz des Ehemanns fungierten. Bei

---

[7] La guigne = Herzkirsche; guigner = liebäugeln.

den Wallfahrten, die der heiligen Jungfrau und der heiligen Anna gelten, kreist die Anbetung um den Wunsch nach einem Kind: Es werden Wachspuppen von kleinen Kindern dargebracht oder Gegenstände aus dem persönlichen Besitz der jungen Frau, die Fruchtbarkeit symbolisieren: Finger- und Ohrringe (als Symbol der Eheschließung) oder Gürtel (die den Leib, den Sitz der Mutterschaft, berührt haben).

Die Riten, die den männlichen Heiligen gelten, erinnern an die außerordentlich zahlreichen phallischen Bräuche, die mit alten Gräbern verknüpft sind, mit Menhiren oder einfach großen Steinen, deren Namen häufig sehr vielsagend sind. So verhält es sich mit dem galloromanischen Grab des heiligen Ladres in Déols: „Die Frauen, die sich ein Kind wünschten, begaben sich unter dem Grab hindurch, wobei sie eine absichtlich ausgesparte Öffnung benutzten; sie ist abgeschliffen, glattpoliert von häufigem Gebrauch; wenn die Frauen unter dem Sarkophag hindurchkrochen, mußten sie ihn mit ihrem Bauch berühren.“ Die Frauen, die nach Sarrance (am Fuße der Pyrenäen) wallfahrten, „reiben sich stets an dem riesigen Menhir am Rande des Weges, um ‚empregnaderes‘ zu werden; die meisten lösen einen kleinen Stein ab und nehmen ihn mit“. In Authy, in Savoien, befindet sich der Stein Des Baraques. Dorthin „begaben sich noch vor gar nicht so langer Zeit die verheirateten Frauen ohne Kinder, um sich an ihm zu reiben, wobei sie die Röcke rafften und sich an einer seiner geneigten Seiten hinabgleiten ließen, um der Gnade eines Kindes teilhaftig zu werden“.

All diese Fruchtbarkeitsriten standen in dem Ruf, wirksam zu sein. Erinnern wir uns an die Bedingungen der ländlichen Ehe früherer Zeiten, wie etwa den höchst unzulänglichen Charakter der Sexualerziehung: Im wesentlichen bestand sie darin, daß man Tiere beobachtete oder daß die Hochzeitsnacht durch die rituellen Späße der Dorfjugend gestört wurde. Daraus läßt sich entnehmen, daß die Unfruchtbarkeit der Frau sehr verbreitet und durch Frigidität zu erklären war. So hatte die Symbolik eines ritualisierten Geschlechtsaktes wahrscheinlich auch therapeutische Wirkung.

Übermaß und Unfruchtbarkeit

Im übrigen drückte sich die Fruchtbarkeit im Körper bestimmter Frauen aus. Wie so häufig in der volkstümlichen Physiognomik[8] steht die wahre Bedeutung der Körperzeichen im Gegensatz zu dem, was der erste Blick aus ihnen herausliest. So gelten in der Lorraine die kleinen und mageren Frauen als außerordentlich fruchtbar. „Chair grasse, chair de glace" (fettes Fleisch, eisiges Fleisch), sagt hingegen ein Sprichwort. Das erklärt auch bestimmte symbolische Sanktionen von Handlungen. Dies gilt für den Inzest, selbst wenn er nicht tatsächlich stattfindet: Man darf „niemals einen kleinen Jungen zu einer alten Frau legen" – was durchaus vorkommen konnte angesichts der wichtigen Rolle, die die Großeltern für die Kindererziehung spielten – „er wird später impotent". Schließlich wird ein Übermaß an Fruchtbarkeit sofort kompensiert. Bei Zwillingen ist der eine zur Impotenz oder Unfruchtbarkeit verurteilt, der andere ist in Gefahr, Zwillinge zu bekommen. Die Sprichwörter werfen, wie die volkstümliche Medizin, die Übertreibungen nach oben oder nach unten, das Zuviel oder Zuwenig, in einen Topf; beides fällt der gleichen Mißbilligung anheim und zieht die gleichen Konsequenzen nach sich.

Ein Übermaß an Fruchtbarkeit, wie es sich in Zwillingsschwangerschaften zeigt, wird also wenig geschätzt, ebenso wenig wie zu häufige oder zu rasch aufeinanderfolgende Schwangerschaften. Darüber hinaus werden Zwillinge häufig zu früh geboren oder sind besonders zart, so daß sie mehr als andere Kinder der Gefahr einer Totgeburt ausgesetzt sind. Auch sind die betreffenden Empfehlungen meist negativ formuliert. Im allgemeinen ist der Genuß oder die Berührung bestimmter sym-

---

[8] F. Loux, *Sagesse du corps* ..., a. a. O.

bolträchtiger Pflanzen Ursache für Zwillingsgeburten. Das gilt beispielsweise für die Berührung der großen „consoude" (Schwarzwurz) – also der Pflanze, die „soude les chairs" (das Fleisch fest verbindet); insbesondere gilt das für Zwillingsfrüchte oder Früchte mit Doppelkern, vor allem für Eier mit zwei Dottern: „Man darf kleinen Mädchen keine Eier mit zwei Dottern geben, sie bekommen sonst Zwillinge", heißt es in der Gascogne. Die Fruchtbarkeitssymbolik von Eiern liegt auf der Hand. Manchmal wird sie durch besondere Umstände verstärkt. So tragen die ersten Eier eines jungen Huhns zur Fruchtbarkeit bei. Der unmäßige Verzehr von Eiern kann ihnen sogar parthenogenetische Kraft verleihen: „Eine Frau, die an einem Tag sieben gleiche Eier ißt, kann ohne Mann empfangen", heißt es in der Gegend von Dinan.

Die Unfruchtbarkeit bestraft also im allgemeinen den Verstoß gegen ein Verbot, das meist symbolischer Art ist, wobei sich entweder die Betroffene selbst (interessanterweise ist in den Volksbräuchen praktisch nur von der Unfruchtbarkeit der Frau die Rede) oder ihre Eltern des Verstoßes schuldig gemacht haben. Man heilt sie mit Hilfe magisch-religiöser Bräuche, deren Ziel es ist, diese Fruchtbarkeit durch einen symbolischen Geschlechtsakt wiederzugewinnen. Die Bedeutung, die der Unfruchtbarkeit beigemessen wird, besagt jedoch nicht, daß allzu viele Geburten geschätzt worden wären. Das Verdikt trifft die Zwillingsgeburt ebenso wie die Unfruchtbarkeit. Im übrigen läßt sich erkennen, daß es in zahlreichen Praktiken um Empfängnisverhütung und „Rückkehr der Regel" ging. Das Ideal ist also, wie grundsätzlich, wenn es um den Körper geht, die Mäßigung; die einander gegenüberstehenden Extreme von Un- und Überfruchtbarkeit befinden sich im Gegensatz zur „normalen" Fruchtbarkeit, bei der die Geburten kurz nach der Hochzeit beginnen und in regelmäßigen Abständen aufeinander folgen, wobei das Maß – wie wir noch sehen werden – durch die Dauer der Stillzeit gesetzt wird.

Geschlecht des künftigen Kindes

„Ventre pointu
Enfant fendu
Ventre rond
Garçon."[9]

Entscheidend ist es, ein Kind zu haben. Doch ist sein Geschlecht nicht gleichgültig. Zahlreiche Verfahren ermöglichen es, es entweder zu bestimmen oder – allgemeiner – vorherzusagen. Der Wunsch, Genaues zu wissen, die Ungeduld, die nicht der Augenfarbe oder den Haaren gilt, zeigen deutlich, wie wichtig man das Geschlecht nahm, diesen Grundfaktor aller Familienstrategien. Bevorzugt wird das männliche Kind, was einerseits an den unterschiedlichen gesellschaftlichen Rollen von Männern und Frauen liegt und andererseits an der patrilinearen Weitergabe von Erbe und Namen. Dennoch ist die Geburt der Tochter gleichermaßen erwünscht, meist von der Mutter, die in ihr das Vertraute und die Wiederholung sucht. Die Bedeutungsunterschiede der folgenden beiden Sprichwörter zeigen den ganzen Unterschied, den der Sozialstatus von Junge und Mädchen aufweist. „La *bonne ménagère* fait sa servante la première."[10] „Dans un jour, la femme de bien, pétrit le pain, lave la lessive et fait un garçon."[11] Wenn eine Familie nämlich nicht Kinder beiderlei Geschlechts besitzt, gilt sie nicht als vollständig. Aus diesem Grunde betreffen die Empfehlungen und Vorzeichen ebenso Mädchen wie Jungen.

---

[9] Sprichwort aus dem Languedoc. (Ist der Bauch spitz, / Kind mit Schlitz. / Ist der Bauch rund, / wird's ein Jung.)

[10] Sprichwort aus der Dauphiné. (Die gute Hausfrau macht als erstes ihre Magd.)

[11] (Eine tüchtige Frau macht das Brot, die Wäsche und einen Jungen an einem Tage.)

Regeln, die zu befolgen sind, um ein Kind des gewünschten Geschlechts zu bekommen

Solche Regeln sind nicht sehr zahlreich. Fünf Arten lassen sich unterscheiden: Praktiken zum Zeitpunkt der Eheschließung; Einfluß des letzten Kindes auf das künftige; Ernährung der zukünftigen Eltern; Wallfahrten; Mondphasen zum Zeitpunkt der Empfängnis. Die Einzelheiten des Hochzeitszeremoniells beeinflussen die Fruchtbarkeit des Paars; sie können sich auch auf das künftige Kind auswirken, besonders auf sein Geschlecht, was nach der Gesundheit das wichtigste ist. So heißt es in der Creuse: „Wenn zwei Hochzeiten gleichzeitig in der Kirche stattfinden, bekommt das Paar, das *zuerst* hinaustritt, einen Jungen als erstes Kind." Am Rande sei dazu bemerkt, daß der Junge also in den Praktiken wie im sozialen Leben Vorrang besaß.

Die regelmäßige Folge der Geburten im Zyklus des traditionellen Lebens führte zu der Auffassung, die Art und Weise, wie man sich einem Kinde gegenüber verhalte, wirke sich auf nachfolgende Kinder aus. So wurde in der Haute-Bretagne folgender Glaube beobachtet: „Wenn eine Mutter einem Kind ihren Namen gibt, wird sie keine Mädchen mehr haben." Um dieses Verbot zu verstehen, müssen wir uns klarmachen, welche Bedeutung der Vorname in der traditionellen Gesellschaft besaß. Er wird nicht frei gewählt, sondern bildet den Menschen ab, der ihn trägt, im allgemeinen einen der Großeltern. Einem Kind den eigenen Namen zu geben, heißt, sich ein bißchen von ihm vertreten, ersetzen zu lassen. Das verträgt sich jedoch nicht mit der elterlichen Funktion. So birgt ein solches Vorgehen in Lothringen die Gefahr, die Lebenserwartung der Kinder zu vermindern. In etwas anderer Weise besagt die oben genannte Sitte, daß die Mutter, wenn sie der Tochter ihren Namen gibt, durch eine so perfekte Nachbildung ihre Fähigkeiten erschöpft, noch jemanden nach ihrem Bilde zu machen. Hinzuweisen ist gleichfalls auf die Bedeutung bestimmter Nahrungsmittel. Die symbolische Beziehung zwischen Ernährung und Sexualität, die sich deutlich in allen sprichwörtlichen Redensarten zeigt, findet eine bevorzugte Anwendung in allen Praktiken, die dazu bestimmt sind, fruchtbar zu machen oder das Geschlecht des Kindes zu bestimmen. Wenn also eine schwangere Frau den Bodensatz einer Flasche Wein trinkt (männliche Kost), bekommt sie eine Tochter (gewiß eine Sanktion); wenn hingegen der künftige Vater das Hirn eines Ochsen oder Hammels ißt, wird er einen Jungen haben. In Lothringen empfiehlt man, die Frau müsse, um Jungen zu haben, viel Knoblauch und Salz zu sich nehmen, also kräftige und männliche Kost, die ziemlich kraß von den eigentlichen Diätvorschriften für Schwangere abweicht. Wir werden wiederholt auf die Schwangerschaftsernährung zurückkommen. Es gab sie und sie war von großer Wichtigkeit, trotz allem, was zu diesem Punkte vorgebracht wurde; allerdings verstieß sie gegen die Grundsätze, die heute gelten. Wenn in der Haute-Bretagne eine schwangere Frau einen Sohn haben wollte, empfahl man ihr, viele Karotten, aber keine Zwiebeln zu essen, eine Kost also, deren Sexualsymbolik auf der Hand liegt.

Die Aufgabe einiger Wallfahrten ist es, für die Geburt von Jungen zu sorgen. Dies kann ein besonderer Kult sein (wie die Wallfahrt nach Saint-Raphaël in der Gironde) oder die offene und rückhaltlose Anwendung von Fruchtbarkeitsriten. Die Strafe für einen nicht vorschriftsmäßig ausgeführten Ritus besteht häufig darin, daß ausschließlich Mädchen geboren werden. So bringt im Beauvaisis „jede junge Frau, die während ihrer ersten Schwangerschaft nicht mindestens dreimal von dem Wasser der Quelle von Saint-Michel trinkt, nur Mädchen zur Welt“. Umso größer ist die Kraft der Menhire, dieser Männlichkeitssymbole, für Jungen zu sorgen. So berichtet P. Sebillot zum Menhir von Plouarzel (Finistère): „Die Eheleute suchen den Menhir in der zweiten Nacht nach der Hochzeit auf; die Frau umfängt den Menhir von der einen, der Mann von der anderen Seite, und wenn ihre Lippen einander genau gegenüberliegen, so ist gesichert, daß dem Paar Kinder männlichen Geschlechts geboren werden."

Einfluß des Mondes
auf das Geschlecht des künftigen Kindes

Die Mondphase im Augenblick der Empfängnis ist sehr wichtig. Entsprechend wird ihr Einfluß in der Landwirtschaft berücksichtigt: „La vache que l'on mène au taureau à la lune nouvelle donne une velle; la vache que l'on mène au taureau à la lune vieille donne un veau."[12] Diese Regel, die bei Tieren ganz allgemein gilt, wird bei der Frau modifiziert. Sie läßt sich beim Menschen schwer anwenden, weil man zuwenig über den Zyklus der Frau weiß und damit über den genauen Empfängniszeitpunkt. Die Vorzeichen, die das Geschlecht des künftigen Kindes vorhersagen lassen, gehören in der Regel zwei Kategorien an. Entweder orientieren sie sich an der Mondphase zum Zeitpunkt der Geburt, oder sie richten sich nach dem Körper der Mutter und ihren Gesten als unbewußten Symbolen des Kindes, das sie in sich trägt. Auch andere Verfahren der Prophezeiung werden angewandt – etwa die klassischen Ordalien oder der Bericht über bestimmte Umstände bei der Geburt des vorangehenden Kindes. Diese Verfahren sind sehr zahlreich, und manche sind noch für die Gegenwart bezeugt, wo zwar der Wunsch nach einem Jungen nicht mehr so ausgeprägt ist, das Interesse am Geschlecht des Kindes aber immer noch sehr lebhaft ist. Auch zu diesem Punkt fehlt uns noch eine Untersuchung über die Variation dieser Einstellungen bezüglich der Schichtzugehörigkeit und dem Ge-

[12] Sprichwort aus der Auvergne. (Die Kuh, die man bei Neumond zum Stier führt, bringt ein weibliches Kalb zur Welt; die Kuh, die man bei abnehmendem Mond zum Stier führt, bringt ein männliches Kalb zur Welt.)

schlecht. Der Einfluß des Mondes auf alle Dinge, die Empfängnis und Schwangerschaft betreffen, wird häufig erwähnt. Wir werden darauf noch anläßlich der angeborenen Krankheiten des Kindes zurückkommen. Der Einfluß des Mondes auf das Geschlecht des künftigen Kindes ist um so wichtiger, als dieses von alters her als feucht und weiblich geltende Gestirn für die Launen der Frauen verantwortlich sein soll. Zahlreiche – volkstümliche wie gelehrte – Schriften bezeugen das. Hören wir Mizauld, wie er bei Saintyves zitiert wird: „Der Mond übt eine besonders große Macht über die Frauen aus, vor allen Dingen über jene ihrer Teile und Glieder, die der Erzeugung, Bildung, dem Schutz und der Ernährung ihrer Leibesfrucht, ihrer Kinder, bestimmt sind." Hören wir auch die folgende bretonische Klassifizierung des Universums, von der Lecalvez berichtet: „Der *Mann,* das gottgesegnete Werk, befindet sich da im Gegensatz zur *Frau,* dem mißlungenen Werk, wie das Pferd zum Esel, das Korn zum Unkraut, der Tag zur Nacht, das *Land* zum *Wasser,* die *Sonne* zum *Mond,* das Leben zum Tode." Es ließe sich viel über „weiblich" und „feucht" im Zusammenhang mit der Mondsymbolik sagen; halten wir hier nur soviel fest, daß sich aus ihr zwanglos zu ergeben scheint, warum zum Zeitpunkt der größten Kraft des Mondes (im allgemeinen bei Neumond, aber auch manchmal bei abnehmendem Mond) vor allem Mädchen empfangen werden. Zwar läßt sich nicht genau feststellen, wann die Empfängnis stattfindet, doch kann man wenigstens mit Hilfe des Mondes das Geschlecht des nächstfolgenden Kindes vorhersagen: Es sieht so aus, als nehme man an, nach der Geburt eines Kindes bilde sich im Körper der Mutter der – männliche oder weibliche – Keim des neuen Kindes. Doch so kompliziert denkt man nicht: Es geht nur um die Beziehung zwischen der Phasenveränderung und der Veränderung des Geschlechtes: „Wenn sich der Mond in den acht Tagen, die auf die Geburt eines Kindes folgen, nicht verändert, wird das folgende Kind von gleichem Geschlecht sein wie dasjenige, das gerade geboren wurde", sagt man in der Haute-

Bretagne. Entsprechend heißt es in der Picardie: „Wenn sich der Mond während der ersten drei Tage des Milchfiebers ändert, wird das folgende Kind von anderem Geschlecht sein, wenn nicht, bleibt das Geschlecht unverändert." Gelegentlich bleibt der alte Glaube in seiner ursprünglichen Gestalt erhalten; so meint man in den Hochvogesen: Die Frau, die bei zunehmendem Mond niederkommt, schenkt bei ihrer nächsten Niederkunft einem Jungen das Leben; das nächste Kind der Frau, die bei abnehmendem Mond niederkommt, wird ein Mädchen sein."

Eine andere Konsequenz dieser Mondkräfte ist der Umstand, daß, abgesehen von anderen Einflüssen, die hier beiseitegelassen werden, alle Kinder, die in der gleichen Mondphase geboren werden, das Geschlecht aufweisen müssen, das das erste in dieser Phase geborene Kind hat.

Das Kind, das geboren wird, und das erwartete Kind

Die Anpassungsfähigkeit und die Logik dieser volkstümlichen Vorhersagen liegt in der Vielfalt der Einflüsse, die sich gegenseitig aufheben können. Das Nichteintreffen des Vorhergesagten läßt sich immer erklären, ohne daß deshalb der Zusammenhang verlorenginge. Mehrere Formen von Vorzeichen und Einflüssen bestehen nebeneinander, ohne daß eine vor der anderen immer den Vorrang hätte. So erstreckt sich die Kette der Vorzeichen lückenlos von einem Kind zum anderen. Viele Ereignisse haben Auswirkungen, die über die besonderen Umstände der Geburt hinausreichen: die Mondphasen oder bestimmte Handlungen der Mutter, insbesondere ihr Blick. Das Geschlecht des ersten Menschen, dem eine Wöchnerin bei ihrem ersten Kirchgang (also beim ersten Ausgang) begegnet, bestimmt das Geschlecht des Kindes, auch wenn sie noch nicht wieder schwanger ist. Wieder begegnen wir hier der Vorstellung, daß die Frau von dem Augenblick an, da sie ein Kind geboren hat, im Grunde vor jedem neuen Geschlechtsverkehr, den (geschlechtsbestimmten) Keim des nächsten Kindes in sich trägt.

Die Zeichen in der Natur

Auch die Deutung der Wechselbeziehung zwischen Mensch und Natur enthüllt - global oder individuell - das Geschlecht des Kindes. So ist die Fruchtbarkeit in einem bestimmten Bereich der Natur, in einem bestimmten Jahr, Vorzeichen für eine größere Zahl von Jungen- oder Mädchengeburten des gleichen Jahres: „Années de noisettes, années de filles; années de poires sauvages, années de garçons" (Jahre mit Nüssen, Jahre mit Mädchen; Jahre mit wilden Birnen, Jahre mit Jungen). Die Unterschiede zwischen den Früchten verweisen in offenkundiger Weise auf Geschlechtsunterschiede.

So nimmt man in der Gegend von Baugé nach der Hochzeit, „um in Erfahrung zu bringen, welchen Geschlechts das erstgeborene Kind sein wird", die Knospe einer Klatschrose, trennt die beiden Kelchblätter voneinander und betrachtet die Form der heraushängenden Blütenblätter: „Wenn sie wie eine Hose geteilt sind, wird es ein Junge sein, wenn die Blütenblätter keine Trennung aufweisen, wird es ein Mädchen sein."

Was sich am Körper der Mutter ablesen läßt

Vor allem aber läßt der Körper der Mutter erkennen, welches Geschlecht das Kind hat, das sie trägt. Zuerst einmal steht es auf ihrem Gesicht geschrieben. Schwangerschaftsdermatosen deuten auf einen Jungen, eine schöne und glatte Haut bezeugt, daß es ein Mädchen wird. Mädchen sind eben immer eitler. Wie das Motto zeigt, kündigt ein spitzer Bauch eine Tochter, ein runder einen Jungen an. Von einer Mutter, die einen Jungen erwartet, heißt es, sie sei gesünder als die künftige Mutter einer Tochter, als ob die Kraft des Jungen, von der man meint, daß sie größer sei, beide Körper erfülle. „Un garçon remonte sa mère, une fille la déprime." (Ein Junge richtet die Mutter auf, ein Mädchen betrübt sie.) So sagt man im Languedoc. Wenn es der Schwangeren schon in den allerersten Wochen öfter übel wird, kündigt das angeblich ein Mädchen an. Allgemeiner drückt sich in allen Körpermerkmalen, die die Schwangerschaft betreffen, das jeweilige Geschlecht des künftigen Kindes aus. Wenn man auf Korsika „Milch von der schwangeren Frau nimmt, kommt sie bei einem Mädchen normal, bei einem Jungen tritt sie spiralförmig aus". Viele Vorzeichen gründen sich auf die unwillkürlichen Gesten der Frau. Ihr Körper ist sozusagen insgeheim von dem Kind in Kenntnis gesetzt und kann darum dessen Geheimnis verraten. So wird im allgemeinen eine Frau, die sich für verschiedene Handlungen mehr ihrer rechten als ihrer linken Körperseite bedient, einen Jungen gebären. Saintyves zitiert einen antiken Autor namens Cleophanus. Dieser behauptete, daß die Männchen aus dem rechten und die Weibchen aus dem linken Hoden stammten. Rechts und Männlichkeit sind auch in anderen volkstümlichen Vorstellungen eng miteinander verknüpft. So das folgende Sprichwort: „A table et au lit, la droite appartient au mari." (Bei Tisch und im Bett gehört der Platz zur Rechten dem Mann.) In der Lorraine heißt es entsprechend, daß ein Fötus weiblichen Geschlechts gewöhnlich in der linken Wand der Gebärmutter liegt, die dem Herzen der Mutter zugewandt ist. Immer herrscht der Gegensatz zwischen der offiziellen gesellschaftlichen Bevorzugung des Jungen und der heimlichen Zuneigung der Mutter. Zahlreiche Praktiken haben deshalb das Ziel, festzustellen, ob die werdende Mutter mehr die rechte oder die linke Körperseite benutzt, wenn sie spontan handelt. Komplizierte Arrangements dienen dazu, sie abzulenken:

In der Aube beobachtet man beispielsweise, „welchen Fuß sie auf die Querleiste der Stühle stellt, wenn sie sitzt: ist es der linke, wird es ein Mädchen sein; ist es der rechte, ein Junge". In der Haute-Bretagne läßt man sie sich auf den Schoß des Mannes setzen. „Wenn der rechte Fuß weiter hinabreicht als der linke, ist das künftige Kind ein Junge." Manchmal, jedoch sehr selten, lautet die Deutung umgekehrt. Wichtig ist aber vor allem die ständige Assoziation von Rechts-Links-Orientierungen der unbewußten Gesten der Frau mit dem Geschlecht des künftigen Kindes. Andere Bräuche ähneln den klassischen Weissagungsverfahren. So ist es in zahlreichen Gegenden, besonders in der Normandie, und – so fügt der Volkskundler hinzu – in allen Gesellschaftsschichten üblich, „daß sich eine schwangere Frau, wenn sie im Hemd dasteht, ein Fünffrancstück oben reinsteckt und zur Erde fallen läßt: Kopf heißt Junge, Zahl Mädchen". Wie wir sehen, handelt es sich hierbei einerseits um die Berührung mit dem Bauch der künftigen Mutter, also mit dem erwarteten Kind; andererseits um die Verwendung des Münzwurfs, allerdings nicht, um das Schicksal zu versuchen, sondern um es kennenzulernen. In einem anderen Brauch, der auch als Vorzeichen für die Ehe betrachtet wird, wirft das junge Mädchen einen Geflügelknochen in die Luft: Wenn er in einer bestimmten Weise zur Erde fällt, wird sie einen Jungen haben.

Die Schwangerschaftsdauer ist – wie man glaubte – bei Mädchen und Jungen verschieden. Letztere bleiben (da sie vollkommener werden?) länger im Leib der Mutter. Schließlich bestimmt das Kleinkind, das seiner Mutter immer noch sehr nahe ist, in gewisser Weise das Schicksal der Kinder, die nach ihm kommen. Wenn sich dieses Phänomen auch vor allem bei der Geburt zeigt, erstreckt es sich doch auch auf andere Umstände der frühen Kindheit; die ersten Worte zum Beispiel sind ein entscheidender Augenblick in dieser Welt, in der der Rede so viel Bedeutung zukommt: „Wenn das Kind, sobald es zu sprechen beginnt, Papa sagt, bevor es Mama sagt, wird es bald einen Bruder haben; im umgekehrten Fall wird es eine Schwester sein", glaubt man in den Hochvogesen. Diese Bräuche, die von der Ungeduld zeugen, das Geschlecht des künftigen Kindes zu kennen, führen vor Augen, wie kohärent das Universum ist, wie dicht das Netz symbolischer Beziehungen, in das der Mensch eingebunden ist. Das stärkste Band ist jenes, das die Mutter mit ihrem künftigen Kind verbindet, eine zugleich bewußte und unbewußte Verbindung, da der Körper der Mutter intuitiv, noch bevor die Vernunft es begreift, weiß, was für ein Kind sie trägt. Dies drückt sich auch in ihren mechanischen Bewegungen aus. Diese enge Beziehung zwischen den beiden Körpern tritt deutlich in dem Glauben an „Muttermale" und allgemeiner in bestimmten Vorstellungen über Vererbung und Verwandtschaft zutage.

Vom Körper der Mutter zum Körper des Kindes

„La faute de la vache, c'est le veau qui la paye."[13]

Muttermale und Widerwillen

Der Glaube an „Muttermale" ist auch heute noch tief im Bewußtsein des Volkes verwurzelt. Richerand beschreibt sie in seiner Abhandlung über die „volkstümlichen Irrtümer hinsichtlich der Medizin": „Wenn wir jetzt die verschiedenen Arten von Leberflecken oder Muttermalen betrachten, die die Haut von Kindern aufweisen kann, stellen wir fest, daß diese Male unterschiedlicher Form und Farbe sein können, wobei die Farbe von Hellrosa bis Dunkelbraun reicht. Die Male gleichen in der Regel einer Erbse oder Linse. Es wurden aber auch Muttermale beobachtet, die aussahen wie das Korn einer Johannisbeere, wie eine Kirsche, eine Erdbeere, eine Pflaume, eine Weintraube, eine Auster. Häufig ist die Haut dort behaart, und die Haare, von denen sie bedeckt ist, unterscheiden sich auch in Quantität und Farbe. Um die Sache noch wunderbarer erscheinen zu lassen, berichtet man, daß die ‚Erdbeeren' im Gesicht alle Erscheinungsweisen der Vegetation aufgewiesen hätten, im Frühling geblüht hätten, sich zur Erdbeerreife verfärbt hätten und dann verblüht seien." Aus den meisten französischen Regionen haben Volkskundler von ähnlichen Beobachtungen berichtet. So beobachtet der Domherr Sol im Quercy, daß „die schwangere Frau, die ein Ekelgefühl verspürt, dessen Spur an ihr Kind weitergeben kann; gleiches gilt für ein Gelüst, das sie hat. Die Muttermale nehmen eine stärkere Färbung an, wenn die von ihnen dargestellten Früchte

---

[13] Sprichwort aus der Gascogne. (Den Fehler der Kuh bezahlt das Kalb.)

reifen". Häufig gehören solche Gelüste in den Bereich der Ernährung (wieder ein Berührungspunkt von Ernährung und Gebären), doch ist das nicht immer der Fall. So wird von einem bretonischen Kind berichtet, das mit einer roten „Blume" geboren wurde, weil es seine Mutter heftig nach einem roten Kleid verlangt hatte. Noch heute haben uns zahlreiche Frauen in der Normandie eine entsprechende Erklärung für das Zustandekommen der „Kaffeeflecken" oder „Erdbeeren" auf dem Körper ihrer Kinder geliefert. Meist haben sie uns an die traditionelle Vorsichtsmaßnahme erinnert, die darin besteht, daß man sich in dem Augenblick, da man das entsprechende Gelüst verspürt, an keiner sichtbaren Stelle berühren oder kratzen darf, weil sonst das Kind das Mal an dieser Stelle tragen werde: Zwischen Mutter und Kind gibt es also eine Doppelbeziehung – einerseits die Vermittlung durch das Verlangen der Mutter, das seine Form dem Körper des Kindes aufdrückt, andererseits durch die Vermittlung der mütterlichen Hand, die den Körperteil bezeichnet, an dem das Kind das Mal empfängt. Die Folgen sind nicht immer Hautmale. In der Haute-Bretagne wird „das Kind mit heraushängender Zunge geboren" (als Zeichen des Durstes, des ungestillten Verlangens) und bleibt so, bis man ihm den Gegenstand darauf gelegt hat, nach dem es seine Mutter verlangt hat. Nach der Geburt kehren sich die Dinge um. Die Gegensätze berühren sich, das übermäßige Verlangen der Mutter wird zur Abneigung beim Kind.

Es gilt deshalb, ein solches Verlangen nach Möglichkeit, aber mit aller erdenklichen Vorsicht, zu stillen. In der Gegend von Baugé läßt man sich das solchermaßen verlangte Nahrungsmittel nicht bezahlen, um nicht ein Unglück für Mutter oder Kind heraufzubeschwören. In anderen Regionen ist es gefährlich, einer schwangeren Frau die mögliche Befriedigung eines Wunsches zu verwehren, weil das Unglück dann den Menschen, der die Befriedigung verweigert hat, treffen kann und nicht das Kind. So bekommen auf Korsika „häufig jene Leute Gerstenkörner, die einer schwangeren Frau etwas abgeschlagen haben". Die Bedeutung und Hartnäckigkeit dieses Glaubens an Muttermale erklärt sich aus seiner tiefen Symbolbedeutung. Dieser Glaube orientiert sich nämlich ganz an dem Verlangen der Mutter, einem Verlangen, das man zugleich für unvermeidlich (wie sehr schön die Redensart „envieux comme une femme grosse", lüstern wie eine schwangere Frau, zeigt) und unwiderstehlich hält. De Westphalen berichtet uns von dem „häufig merkwürdigen Verlangen schwangerer Frauen, durch die sie sogar zu gesetzeswidrigen Handlungen verleitet werden können". Dieser Begriff der Unbefriedigtheit ist sehr modern, obwohl er den Klischees von der Schwangerschaft zuwiderläuft, denen zufolge sie eine Zeit des Aufblühens sei. Er dürfte die Sachlage wohl richtig wiedergeben, wenn er uns die werdende Mutter als ein Wesen zeigt, das ganz und gar nicht zufrieden ist und verzweifelt wünscht, mehr über das Kind zu wissen, das sie trägt. Um bei der Unbefriedigtheit der Frau zu bleiben: Offenbar unterscheiden sich die verborgenen Wünsche der werdenden Mutter von denjenigen, die der Mann ausdrückt oder die die Gesellschaft insgesamt akzeptiert. Die Bedeutung, die den Wünschen der Mutter zugestanden wird, ist um so bemerkenswerter, als es sich hier vielleicht um den einzigen Augenblick im Leben der Frau handelt, in dem man ihr so viel Aufmerksamkeit schenkt. Trotzdem ist anzumerken, daß ihre Wünsche nur anerkannt werden, um sogleich verurteilt zu werden: Die Strafe wird dem Körper des Kindes eingeprägt.

Eine andere Dimension dieses Glaubens an „Muttermale" ist die immer vorausgesetzte unmittelbare Beziehung zwischen Mutter und Kind. Alles verläuft so, als ob der Körper der Mutter tatsächlich der Körper des Kindes wäre. Was dem einen zustößt, prägt sich also notwendig dem anderen ein.

Dieser Glaube ist eine besondere Form der Anwendung alter Vorstellungen über den Zusammenhang zwischen Innen und Außen: Der Körper des Menschen spiegelt das Universum in zahlreichen Entsprechungen wider. Eine solche Entsprechung offenbart sich im Verlangen oder im Ekel, eine andere ist der Blick. Eine schwangere Frau darf nämlich nur schöne Gegenstände betrachten, wenn sie das körperliche Erscheinungsbild des Kindes, das sie trägt, positiv beeinflussen will. Vor kurzem hat man uns in der Normandie berichtet, ein Kind sei mit zerquetschter Nase geboren worden, weil seine Mutter die Auslagen eines Fleischers betrachtet habe, in denen Schweineköpfe ausgestellt waren.

Im allgemeinen besteht man nicht darauf, daß eine schwangere Frau an allzu langen Messen in der Kirche teilnimmt. Man fürchtet, ihre Aufmerksamkeit könne erlahmen und ihr Blick auf die unförmigen Figuren und Mißbildungen fallen, die häufig die Kapitelle von Kirchen schmücken. Die Furcht ist um so größer, weil es den Anschein hat, als triebe – wie im Falle der Gelüste – eine geheimnisvolle Kraft die Frauen dazu, jene Dinge zu betrachten, die sie besser nicht sehen sollten. In der Franche-Comté berichtet man beispielsweise, daß eine schwangere Frau aus Germigney in Gray gelehrige Affen und Hunde gesehen habe. Lebhaft beeindruckt habe sie ein häßlicher Affe, der die Zähne gefletscht habe. Als sie niedergekommen sei, habe sie einen kleinen behaarten Affen zur Welt gebracht, der der Hebamme aus den Händen geschlüpft, den Bettvorhang emporgeklettert und sich über dem Betthimmel verborgen habe. Man habe ihn wieder eingefangen und ihn – nachdem man ihn zur Vorsicht einer Nottaufe unterzogen habe – erstickt. Zahlreiche Anekdoten dieser Art ließen sich anführen. Sie alle könnten zeigen, welche Macht dem Blick der Mutter innewohnt. Er verleiht dem Kind sein Geschlecht und prägt es mit der Häßlichkeit oder Schönheit der Umgebung.

In manchen Fällen gesellt sich jedoch noch zu der Bedeutung des Blicks, der bereits Verlangen ist, die Übertretung eines Verbots. In den Hochvogesen behauptet man, daß „eine schwangere Frau, wenn sie am vierzehnten Tage des Mondes (dessen Bedeutung wir hier abermals konstatieren können) irgendein scheußliches Geschöpf betrachtet, mit einem Kind niederkommt, das dessen genaues Abbild ist". In der Haute-Bretagne „kann eine Frau, die sich über das Gebrechen eines armen Menschen lustig gemacht oder ihm ein Almosen verweigert hat, mißgebildete Kinder bekommen".

Angst

Die Leidenschaft kann also – ob sie sich als Verlangen oder als Blick äußert – dem Kind schaden, und dies umso mehr, wenn die Mutter sie nicht beherrschen kann. Gleiches gilt für die Angst. Noch heute glaubt man in der Normandie, die Angst – besonders wenn sie durch den Blick vermittelt werde – könne zu der Geburt von Kindern führen, die von der Macht dieses Gefühls schrecklich gezeichnet seien. De Westphalen merkt an, daß eine schwangere Frau alle Anlässe vermeiden müsse, bei denen es zu heftigen Gefühlen kommen könne. Sie müsse deshalb so selten wie möglich ausgehen und dürfe das Haus von Sonnenuntergang bis Sonnenaufgang keinesfalls verlassen. „Denn ist die Nacht nicht den Geistern der Finsternis günstig gesonnen, den Phantomen, denen, die im Grabe keine Ruhe finden, den Zauberern und Hexen, die um die Wohnungen streichen, verwandelt in Eulen, Katzen und Fledermäuse?" Oberflächlich betrachtet könnte diese Empfehlung an die zukünftige Mutter, Aufregung zu vermeiden, sehr modern erscheinen. Auch heute noch hält man es für besser, wenn eine Frau, die ein Kind erwartet, heftigen Emotionen aus dem Wege geht, weil man die Konsequenzen fürchtet, die das für sie selbst haben könnte, und weil man meint, der zu starke Adrenalinstoß, den ein solches Gefühl möglicherweise auslöse, könne zu Störungen beim Kinde führen. Diese Konsequenzen sind indirekt. Sie werden über den Körper der Mutter vermittelt. Dagegen unterschieden die traditionellen Vorstellungen nicht zwischen dem Körper der Mutter und dem Körper des Kindes. Folglich betraf jede Konsequenz einer Handlung der Mutter das Kind unmittelbar und direkt ohne Umweg über den Körper der Mutter. Darin liegt gewiß einer der fundamentalsten Unterschiede zwischen der Krankheitsvorsorge, wie wir sie heute verstehen, und den Vorsichtsmaßnahmen vom traditionellen Typus, die keinen solchen Umweg vorsahen.

So kristallisiert sich eine spezifisch volkstümliche Vererbungstheorie heraus, welche vielfältige und bedeutsame Konsequenzen hat. Diese Theorie reicht über die Lehre von der Weitergabe des körperlichen Erbteils hinaus, wenn diese auch einen großen Teil der volkstümlichen Auffassung ausmacht.

Vererbung und Übertragung erworbener Merkmale

Die geringsten Handlungen der Mutter prägen also nachhaltig den Körper ihres Kindes. Wir werden auf diesen Punkt zurückkommen, wenn wir uns allgemeiner mit den verschiedenen Vorsichtsmaßregeln befassen, die eine schwangere Frau zu treffen hat. Im übrigen können auch verschiedene Handlungen, die die Eltern lange vor der Empfängnis ausgeführt haben, in ihren Kindern und insbesondere am Körper ihrer Kinder zutage treten. In dieser Gesellschaft, für die die Weitergabe von Besitz an die nächste Generation grundlegend war, gelten auch zahlreiche Körpermerkmale als Strafen für die Übertretung von Verboten oder als Belohnungen für normgerechtes Verhalten. Entsprechend können auch sie weitergegeben werden. So ist die „Gabe“

des Heilens in manchen Fällen erblich. Ein Beispiel dafür ist die folgende Anekdote, die von Westphalen berichtet. Dort wird die „Gabe“ als Belohnung für eine fromme und symbolische Tat verliehen.

„Michel Waris hat die Gabe zu heilen von der heiligen Jungfrau erhalten, sagt man. Als Kind besuchte er eine Schule in einem Nachbarort seines Heimatdorfes. Dabei ging er jeden Tag an einer alten Statue der Jungfrau Maria vorbei, die fast völlig verstümmelt war. Michel kam auf den Einfall, die Bruchstücke zusammenzusuchen, die in der Umgebung herumlagen, und begann damit, das Marienbild wiederherzustellen. Doch es fehlte eine Hand. Michel setzte seine Suche fort und fand das Stück schließlich in einer Hecke. In dem Augenblick, als das Kind die Steinhand aufhob, hörte es, wie die heilige Jungfrau zu ihm sagte: ‚Wie du jedes Stück meiner Statue an den richtigen Ort setzen konntest, mein Sohn, so wird es dir gelingen, gebrochene Knochen wieder zusammenzufügen.‘ “

Michel Waris hat seine Gabe an seinen Sohn weitergegeben. In der Mehrzahl der Fälle bleibt die Vererbung ohne Wirkung, wenn die Gabe nicht auch verbal weitergegeben und entsprechende Praktiken gelehrt werden. Es fehlt noch an eingehenden Untersuchungen dieser besonderen Art von Vererbung und Weitergabe. Dabei wären deren genaue Kenntnis wichtig für das Verständnis volkstümlicher Vorstellungen vom Funktionieren der Vererbung. So kann eine dauerhafte Berufstradition auf lange Sicht die Weitergabe einer solchen Gabe sichern. In der Gironde „geht bei den Böttchern seit drei Generationen die Fähigkeit vom Vater auf den Sohn über, den ‚Fourcat‘ (ein Geschwür, das zwischen den Zehen auftritt) durch Berührung zu heilen“.

Die alltäglichen Beobachtungen in der bäuerlichen Umwelt spielen – durch den Begriff der „Rasse“ vermittelt – eine wichtige Rolle in diesen volkstümlichen Vererbungsvorstellungen. Davon zeugen verschiedene Sprichwörter: „De race, le chien chasse.“ (Wenn ein Hund von guter Rasse ist, jagt er auch.) Oder: „De bon plant, plante ta vigne, de bonne race, prend la fille.“ (Pfropfe deinen Weinstock mit gutem Reis; nimm ein Mädchen von guter Rasse.) Teilweise ist hier der Grund für die außerordentlich detaillierten Eheregeln der ländlichen Gesellschaft zu suchen. Läßt sich nicht denken, daß die Empfehlung, nicht in die Ferne zu heiraten, zu einem Gutteil auf diesen Begriff zurückgeht, der beim Menschen dann durch Ausdrücke wie Land oder Provinz vertreten wird? Hinzu kommen die Regeln, nach denen Grundbesitz und Körpereigenschaften vererbt werden.

Die Sprichwörter spielen häufig auf diesen Vererbungsbegriff an, insbesondere auf die vorhandene oder fehlende Ähnlichkeit der Kinder mit ihren Eltern. Auf den ersten Blick scheinen sie widersprüchlich zu sein. Man findet viele Sprichwörter von der Art: „Qui de poule naît, comme la poule gratte sol.“ (Was von Hühnern kommt, kratzt gern.) Oder: „Les chiens font des chiens et les chats des chats.“ (Die Hunde machen Hunde und die Katzen Katzen.) Daneben gibt es solche die verkünden: „On peut être frères sans se ressembler.“ (Brüder müssen sich nicht ähneln.) Oder: „Tous les frères de même ventre ne sont pas de même trempe.“ (Nicht alle Brüder, die aus einem Leib kommen, sind vom gleichen Schlag.) Oder: „De mauvais bois, on peut tirer un bon copeau.“ (Aus schlechtem Holz kann man einen guten Span gewinnen; vgl. das deutsche Sprichwort: Auf einen wilden Stamm kann man wohl ein edel Reis setzen.) Die Sprichwörter halten sich nämlich an die Beobachtungen der Wirklichkeit und legen Zeugnis davon ab, daß diese geordnet, aber komplex ist. Dem Begriff der Vererbung fügen sie den der Blutsverwandtschaft[14] hinzu: Das von den Eltern stammende Erbgut kann sich verändern.

---

[14] Wollte man diesen Punkt genauer erörtern, müßte man den gesamten Bestand an Sprichwörtern analysieren, die sich mit diesem Thema beschäftigen. Wir verweisen deshalb auf unsere Sprichwortstudie, wo diese Arbeit geleistet worden ist.

Man findet in diesen Sprichwörtern sogar die Angst davor, daß bestimmte latente Merkmale wieder auftauchen könnten: „Tare d'homme vient souvent de loin." (Die Fehler des Menschen kommen oft von weit her.) Oder: „Chaque cent ans la vache brune revient à l'étable." (Alle hundert Jahre kehrt die braune Kuh in den Stall zurück.) Oder: „Au bout de cent ans, les maladies reviennent." (Nach hundert Jahren kehren die Krankheiten zurück.) Das Wissen um latente Merkmale illustriert die Bedeutung, die man guter Rasse beimißt. Gut ist eine Rasse, wenn sich ihre Qualität sehr weit in aufsteigender Linie zurückverfolgen läßt, wenn viele Generationen für Reinheit bürgen und deshalb keinerlei erworbene Fehler übertragen können.

Vererbung und Schuld

So vereinigt sich also die Idee der Vererbung mit jener von der Schuld der Eltern. Häufig werden auch Krankheiten und Fehler, die das Kind hat, in einen solchen, an der Herkunft des Kindes ausgerichteten Gedanken einbezogen. Nun wird die Krankheit im Denken des Volkes meist als Sanktion für eine Sünde verstanden. Das Kind bezahlt also für Fehler, die begangen wurden, noch bevor es auf der Welt war. Krankheiten, die für erbbedingt gehalten werden, werden zugleich als Schande angesehen, die es sorgfältig zu verbergen gilt. Sie sind Zeugen für „Schandflecken" in der Familie, und da diese „Schandflecken" vererbt werden, stigmatisieren sie den einzelnen; er gilt als unfähig, eine gesunde Nachkommenschaft zu zeugen. Dr. Bonnet berichtet dies von zahlreichen Krankheiten im Franche-Comté: „In einem Dorf gelten Menschen, die unter Skrofeln leiden, fast als Parias: ‚In der Familie haben sie die Skrofeln. Die sind nicht von gutem Blut!'" Eine solche Behauptung genügt, um die ganze Verwandtschaft zu entehren. Gleiches gilt, wenn Leistenbrüche vom Vater auf den Sohn vererbt werden. „Der so geplagte Bauer verbirgt sein Gebrechen mit größter Sorgfalt; nur heimlich und mit unendlicher Vorsicht zieht er den Arzt zu Rate und kauft er sich seine Bruchbänder." Das gleiche gilt bei Krampfadern: „Nur sehr zögernd und mit großer Scham wird ein Bein entblößt, das eine Krampfader aufweist. Man schämt sich auch, Eltern mit Krampfadern zu haben." Oder bei Skrofulose: „Unglücklich derjenige, der Narben im Nacken trägt, dessen Hals vernäht ist, wie man sagt; er ist ein unreines Geschöpf, voll mit schlechten Säften."

Diese Betonung der negativen Seite der Vererbung ist auch heute noch sehr deutlich. Sie zeigt sich in dem großen Interesse, das vom Publikum und von der Presse genetischen Problemen entgegengebracht wird. Sie findet sich auch in dem Schuldvorwurf wieder, der die Diagnose von Erbkrankheit begleitet, in der Hartnäckigkeit, mit der sich verächtliche Äußerungen halten wie: „Das ist ein ‚Taré' (ein erblich Belasteter)!" Man kann sie auf dem Lande hin und wieder aus dem Munde von Honoratioren hören, wenn die Rede auf bestimmte Kinder kommt.

Dieser Schuldvorwurf wird dadurch verstärkt, daß die Begriffe „vererbt" und „angeboren" häufig durcheinandergebracht werden. So prägen bestimmte Handlungen das künftige Kind vor seiner Empfängnis, etwa indem sie sein Geschlecht bestimmen. Es gibt also keinen grundsätzlichen Unterschied zwischen den Folgen von Handlungen, die vor der Empfängnis und solchen, die während der Schwangerschaft ausgeführt werden. Es gibt nur einen graduellen Unterschied. Deshalb müssen alle Handlungen der Mutter und der Menschen in ihrer Umgebung vor der Geburt sorgfältig beobachtet und bewertet werden.

Vorsichtsmaßnahmen für das Kind vor der Geburt

„Pas de samedi sans soleil;
Ni de vieille sans conseil;
Ni de femme grosse sans souci.“[15]

In zahlreichen Sprichwörtern zeigt sich, daß die schwangere Frau ständig Besorgnis erweckt. Zum Beispiel: „La grossesse, un pied dans la tombe et un autre dehors.“ (Deutsch entsprechend: Einer schwangeren Frau steht das Grab allzeit offen.) In diesen Äußerungen gilt die Aufmerksamkeit den Frauen, den zugleich gefährlichen und freudvollen Aspekten der Zeit vor der Geburt. In der Tat dreht sich alles um das Leben der Mutter, die für das Kind, das da kommen soll, unentbehrlich ist. Das Wissen, das das künftige Kind betrifft – jenes Wissen, um das es uns in dieser Arbeit geht – wird, abgesehen von der sprichwörtlichen Rede, durch die Frauen – von der Mutter zur Tochter – weitergereicht. Im wesentlichen gründet es sich auf die unmittelbaren Beziehungen zwischen Mutter und Kind. Kind und Mutter sind ein Leib. Auch ist, was später unheilvoll für das einmal geborene Kind sein wird, unselig von Anfang an. Wir werden sehen, daß es gefährlich ist, einen Säugling zu wiegen. Entsprechend hat man eigentlich überall in Frankreich der schwangeren Frau geraten, sich nicht zu wiegen, wenn sie nicht das Leben ihres Kindes in Gefahr bringen wolle. Dies ist nämlich der Bruch eines Verbotes, die Sanktion für unziemliche Neugier: das heißt für den Wunsch, das Gewicht des künftigen Kindes in Erfahrung zu bringen, wodurch es zu einem Stillstand der Gewichtszunahme kommt, also zum Tod.

---

[15] Sprichwort aus Aquitanien. (Kein Samstag ohne Sonne; / keine Alte ohne Rat; / keine Schwangere ohne Sorge.)

Die Möglichkeit, daß das Kind erdrosselt auf die Welt kommen könnte, versetzt die werdenden Mütter in Angst und Schrecken. Darum ist alles verboten, was als Symbol dafür gelten könnte, besonders Kordeln oder Schnüre, die ein Abbild der Nabelschnur sind. In der Vendée „nimmt eine schwangere Frau alle Ketten und Schnüre von ihrem Hals, weil sonst die Nabelschnur des Kindes, das geboren wird, sich so viele Male um seinen Hals schlingen würde, wie die Mutter während ihrer Schwangerschaft weiterhin Halsketten oder Schnüre getragen hat". Wenn sie näht, darf sie sich keinen Reservefaden über die Schulter legen. Denn wenn dieser Faden sich um ihren Hals legt, schlingt sich die Nabelschnur um den des Kindes. Der Hals der Mutter und der Hals des Kindes sind also korrespondierende Orte. Weniger unmittelbar ist die Entsprechung in den Hochvogesen: „Sobald eine Frau feststellt, daß sie schwanger ist, muß sie so rasch wie möglich den Ehering vom Finger ziehen, wenn sie nicht ihre Leibesfrucht erdrosseln will."

Wir werden sehen, daß es gefährlich für das Kind ist, wenn man über es hinwegtritt; ebenso heißt es in den Hochvogesen, „daß man jedes Mal, wenn man über eine schwangere Frau hinwegsteigt, eine Schnur um den Hals des Kindes legt, das sie in ihrem Leib trägt. Man muß sich beeilen, zurückzutreten, das heißt in umgekehrter Richtung über sie hinwegsteigen, wenn man nicht Gefahr laufen will, das Kind zu erdrosseln."

Die Beziehung zwischen Mutter und Kind im Innern desselben Organismus verlangt auch, daß die Mutter nicht alle guten Dinge für sich behalten darf, daß sie sie gerecht mit ihrem Kind teilen muß. Es ist bekannt, welche Bedeutung in diesem Zusammenhang die Ernährungsvorschrift, man müsse „für zwei essen", spielt: Die Frau soll herzhafte Kost zu sich nehmen, die während dieser Zeit auch dem Kind zugutekommt. Zahlreiche Sprichwörter legen großen Nachdruck darauf, daß die werdende Mutter nicht zu blühend erscheinen darf, wenn sie nicht will, daß ihr künftiges Kind darunter leide: „Belle brebis, agneau maligne" – schönes Schaf, schwächliches Lamm; „vache grasse, veau diarrhéique" – fette Kuh, Kalb mit Durchfall; „brebis maigre, agneau gras" – mageres Schaf, fettes Lamm. Diese Beziehung zwischen Mutter und Kind wird wie alle anderen lange vor der eigentlichen Schwangerschaft hergestellt. Sie zeigt sich vor allem im Falle von Übertreibung: „Mädchen, die ständig den Saft von Löwenzahn nehmen, um sich die Haut zu reinigen, werden später schwächliche Kinder haben", das heißt rachitische Kinder, die man unter anderem eben an der Hautblässe erkennt, die sich die Mutter wünschte, als sie ein junges Mädchen war. Für eine Mutter ist es also nicht unbedingt erstrebenswert, schön und mollig auszusehen, weil ihr Kind es sonst büßen muß. Die Summe der positiven Eigenschaften, über die dieser doppelte Körper verfügt, ist begrenzt: Wenn der eine Leib übermäßig viel davon hat, drückt sich das notwendigerweise als Mangel beim anderen aus.

Einstellung zur Zukunft

Eine Reihe anderer Empfehlungen – zum Beispiel das Verbot, die Mutter zu wiegen, bezieht sich auf die Ungewißheit darüber, wie das Kind beschaffen sein wird. Allzu frühzeitige Vorbereitung seiner Ankunft gilt als schädlich. Das entspringt einer allgemeinen Einstellung zur Zukunft: Es ist gefährlich, zu viel von ihr vorher zu wissen, und das in vielen Bereichen. „L'avenir est perclus de la moité de ses membres", die Zukunft lahmt an der Hälfte ihrer Glieder, heißt es in einem baskischen Sprichwort. So „darf man die Wiege eines Neugeborenen nicht im voraus bereiten, im übrigen auch nicht zu prächtige Vorbereitungen treffen; alles muß im siebten Monat der Schwangerschaft fertig sein". Mit sieben Monaten gilt die normale Frist als abgelaufen. Die Frühgeburt wird, wenn sie erfolgt, als unvermeidlich, wenn auch als nicht wünschenswert, angesehen.

Die werdende Mutter darf auch nichts mit einem toten Kind zu tun haben, damit sich dieser Tod nicht auf das Kind in ihrem Leib überträgt. So heißt es im Maine, daß eine schwangere Frau nicht zum Begräbnis gehen darf, denn „das Kind führt sein Totenbett mit". Wegen des ähnlichen Alters ist der Tod eines Kindes besonders ansteckend. Aber auch sonst darf eine schwangere Frau nicht zu Begräbnissen gehen und nicht länger als drei Monate Trauer tragen. Auch hier begegnen wir wieder der Vorstellung, daß das Unglück durch die Macht des Blickes auf das Kind übertragen werde. Die Schwangere darf auch keine Kranken besuchen, weil ihr Kind sonst möglicherweise bleich zur Welt kommt, verfällt und rasch stirbt. Sie darf während dieser Zeit nicht mit Puppen spielen, weil sie sonst ein totes Kind zur Welt bringt. Offenbar evoziert und symbolisiert die steife Puppe die Totenstarre.

Aussehen des künftigen Kindes

Verschiedene Vorsichtsmaßnahmen betreffen das Aussehen des künftigen Kindes. An anderer Stelle haben wir festgestellt, daß die große Zahl von Sprichwörtern, die sich mit der Schönheit beschäftigen, den Gedanken nahelegen, daß diese Körpermerkmale – was immer sich auch sonst darüber sagen läßt – eine große Bedeutung für die den Körper betreffenden Vorstellungen im ländlichen Milieu haben. Vor allem gilt das Interesse der Farbe und Beschaffenheit der Haare. Auf den ersten Blick scheint die Vererbung auf diesem Gebiet keine große Rolle zu spielen; zwar weisen bestimmte Sprichwörter nachdrücklich auf die Ähnlichkeit im allgemeinen hin, doch eher aus Gründen, die mit der Sozialordnung zusammenhängen: „Si l'enfant ressemble au père, je ne dis pas putain à la mère." (Wenn das Kind dem Vater gleicht, nenne ich die Mutter keine Hure.) Die Übertragung körperlicher Merkmale scheint im übrigen umgekehrt oder über Kreuz vor sich zu gehen: „Les garçons ressemblent à leur mère et les filles à leur père.“ (Knaben gleichen ihrer Mutter und Mädchen ihrem Vater.) So sagt man in der Champagne. In der Bretagne aber glaubt man: „Il faut deux noirs pour faire un blond; il faut deux beaux pour faire un laid.“ (Es braucht zwei Schwarze um einen Blonden, zwei Schöne um einen Häßlichen zu machen.) Die Eltern sind also wohl beteiligt, doch nicht auf augenscheinliche oder unmittelbare Weise. Dennoch lassen die Sprichwörter erkennen, welche Bedeutung die Ähnlichkeit mit den Eltern tatsächlich hat, zu wie vielen Beobachtungen sie Anlaß gibt. Auch heute ist es noch – wie eh und je – eine liebe Gewohnheit, daß die Eltern sich gleich nach der Geburt über die Wiege ihres Kindes beugen und seine auffallendsten Züge in allen Einzelheiten mit ihren eigenen und denen der Verwandten vergleichen. So binden sie den Körper des Kindes in das Netz der Verwandtschaft ein.

Einige andere Bräuche haben das Ziel, schon vor der Geburt die Schönheit des Kindes zu sichern. So heißt es in den Vogesen, daß die Mutter, „um schöne Kinder mit reiner Haut und schwarzen Augen zu bekommen, von Zeit zu Zeit Kirschwasser oder Branntwein trinken muß“.

Es gibt aus fast allen Regionen Berichte über Wallfahrten, auf denen man um krause Haare für das künftige Kind bittet – eine Eigenschaft, die ganz besonders geschätzt wird. Die Wallfahrten gelten verschiedenen Heiligen, häufig auch der heiligen Jungfrau, wie Unserer Lieben Frau von Poitou und Unserer Lieben Frau von Conches. Eine normannische Redensart sagt: „Wer Kinder mit blondem und krausem Haar haben will, muß eine Wallfahrt zu Unserer Lieben Frau von Conches machen.“

Die Nacht ist eine ständige Gefahr für schwangere Frauen: „In der Haute-Bretagne darf eine schwangere Frau abends nie allein ausgehen, der Teufel würde sie sonst holen." Sie darf sich nicht auf die linke Seite legen – wieder die Bedeutung der Links-Rechts-Orientierung des Körpers der Mutter –, denn die linke ist „die Seite des Teufels, der das Kind holen könnte, bevor es die Taufe empfangen hat".

Sie muß sich auch vor dem Mond hüten; darf ihn nicht betrachten, weil ihr Kind sonst zur Mondsucht oder zum Schlafwandeln neigen würde; sie muß vermeiden, allzu entblößt bei Vollmond zu urinieren, weil sie sonst Gefahr läuft, einem vom Mond befruchteten mißgestalteten Geschöpf das Leben zu schenken. Überliefert ist auch die Angst vor jenen hybriden und mißgestalteten Wesen, die „Mondkälber" heißen. Daneben führen auch noch andere Vorkommnisse zur Geburt von Mißbildungen. So berichtet Dr. Pommerol, man meine in der Auvergne, daß eine Frau oder ein junges Mädchen schwanger werde und nach neun Monaten mit Igeln niederkomme, wenn es auf einen Igel trete. De Westphalen berichtet von anderen Ursachen, auf die die Geburt mißgestalteter Geschöpfe zurückgeführt wird. Immer wieder spielen die Ängste und Einbildungen der Mutter die Hauptrolle:

„Schwerwiegende morphologische Anomalien bei Neugeborenen haben die Vorstellungskraft des Volkes stets in ihren Bann geschlagen. Es meinte, sie auf bestimmte Ursachen zurückführen zu müssen. Den einen zufolge deuten Mißgeburten auf bevorstehendes Unglück hin. Andere sehen darin die Strafe Gottes dafür, daß die Mutter während ihrer Schwangerschaft geflucht oder sich einer Blasphemie schuldig gemacht habe. Wieder andere schreiben Mißgeburten dem gewollten oder ungewollten Beischlaf mit dem Dämon oder mit einem Zauberer zu, der sich den tiefen Schlaf der Frau zunutze gemacht habe, um sich ihr zu nähern. Oft hat er dazu die Gestalt einer Maus, einer Laus oder einer Kröte angenommen. Manche glauben auch, darin die Folge der Sünde der Sodomie erkennen zu können, die angeblich von der Frau begangen worden sei. Die Heilkundigen schließlich machen einen unglückseligen astrologischen Einfluß zum Zeitpunkt der Empfängnis dafür verantwortlich."

Die Wahl des Empfängniszeitpunktes ist von entscheidender Bedeutung. Während bestimmter Mondphasen und während der Menstruation – Zeiten, die in den volkstümlichen Theorien über den Einfluß des Mondes übrigens eng miteinander verknüpft sind – ist der Geschlechtsverkehr strikt verboten. Saintyves zitiert Levin Lemnes, dessen Buch über die „Occultes merveilles et secrets de nature", also über die „verborgenen Wunder und Geheimnisse der Natur", in der zweiten Hälfte des 16. Jahrhunderts großen Erfolg hatte. Lemnes verurteilt es, daß „der Mann mit seiner Frau bei Neumond und am vierten Tag seiner Erneuerung verkehrt, zu dem Zeitpunkt also, *da die Frauen menstruieren*". Und er fügt hinzu: „Wenn der Mann mit seiner Frau zur Zeit der Menstruation verkehrt, verstopft er den Ausfluß, so daß das Blut zurückfließt und sich staut, wie es sich bei Weinfässern und bei Nasenbluten beobachten läßt. Wenn wir dort einen Zapfen einsetzen oder das Ende eines Taschentuches einführen, gebieten wir dem Wein Einhalt und bringen das Blut zum Stillstand. Diese Stauung des Monatsbluts ist weder gut noch notwendig, wenn man bedenkt, daß der Same (sobald er einmal mit diesem Saft vermengt ist) *keinen reinen und wohlgebildeten Menschen hervorbringen kann.* Auf eine so unreine Weise läßt sich keine schöne und geziemende Gestalt erzeugen."

Die volkstümliche Überlieferung ist in ihrem Urteil weniger kategorisch. Immerhin: Menschen mit rotem Haar werden, so glaubt man, im allgemeinen während der Menstruation empfangen. Rotes Haar gilt als gefährliches Zeichen für einen verräterischen Charakter. Das bezeugen viele Sprichwörter: „Homme roux et chien poilu, mieux vaut mort que connu." (Rothaarige

Menschen und langhaarige Hunde sollten besser nicht geboren werden.) Oder: „Barbe rouge et cheveux noirs, qui le tuerait ne ferait que son devoir". (Wer Menschen mit rotem Bart und schwarzen Haaren totschlägt, tut nur seine Pflicht.)

Im übrigen gibt Jean Liebault in seinen „Trois livres sur la santé, fécondité et maladies des femmes", also über „Gesundheit, Fruchtbarkeit und Krankheit der Frau", genau an, welche Folgen die Empfängnis zur Unzeit hat: „Zwei Zeiten müssen von dem jungen Paar bei der Ausübung des ‚ehelichen Werkes' sorgfältig beachtet werden: die eine richtet sich nach den Geboten Gottes; denn da Gott der Urheber der Ehe ist und da – wie man sagt – die Ehen eher im Himmel als auf Erden geschlossen werden, muß man sich mit seinen fleischlichen Gelüsten so einrichten, daß den *heiligen Tagen* gebührende Ehrerbietung entgegengebracht wird. An ihnen hat man sich mit Geist und Körper der Betrachtung göttlicher Dinge und guter Werke zu widmen, nicht wollüstigen oder fleischlichen Handlungen. Andernfalls wird Gott euch nicht die Gnade erweisen, euch Kinder zu schenken, oder wenn ihr welche habt, werden sie *krank, schwächlich und sittenlos* sein." So wird von der Eheschließung im Mai ausdrücklich abgeraten. Zwischen Ehe und Empfängnis wird nämlich nicht unterschieden. Der Mai aber ist der Monat der Jungfrau und damit der Keuschheit geweiht. Die Folgen eines Bruchs dieses Verbots fallen auf die Kinder zurück. In verschiedenen Gegenden meint man, daraus würden Narren, Idioten oder zumindest schwererziehbare Kinder entstehen.

Gleichfalls muß man das Ritual mit großer Sorgfalt befolgen, welches für den Hochzeitstag vorgeschrieben ist. So ist es sehr wichtig, daß man vor der Hochzeitsmesse nicht gegessen hat, denn während der Messe empfangen die Eheleute ja die Kommunion. Die Übertretung dieses Nüchternheitsgebotes beschwört für das künftige Kind die Gefahr herauf, daß es an der Zunge leidet, jenem Teil des Körpers, der die Kommunion empfängt: Es wird stumm sein, stottern oder sabbern. Die Brautleute dürfen während der Dauer des Aufgebotes an keiner Messe teilnehmen, sonst werden ihre Kinder rotznäsig sein, das heißt kränklich.

J. Liebault beschreibt den Einfluß einer ungünstigen Mondphase auf die Empfängnis wie folgt: „Die Vereinigung des Mannes mit der Frau ist stets gefährlich, ungünstig und unglücklich bei abnehmendem Mond oder bei Konjunktion von Mond und Sonne, das heißt bei Neumond. Kinder, die in diesem Zeitraum empfangen werden, werden nicht nur entstellt, verstümmelt, schief, verwachsen und schwächlich geboren, sondern auch blöd, närrisch, schwerfällig, ohne alle natürlichen Vorzüge und Gaben, ohne Sinn und Verstand, ohne Vernunft, Weisheit und Urteil – in jeder Hinsicht verstümmelt und völlig unfähig, irgendetwas Vernünftiges zustandezubringen." Aus diesem Mißtrauen gegenüber bestimmten Mondphasen erwächst auch das Verbot, sich am Montag, am Tag des Mondes, zu verheiraten: Wenn man an einem Montag heiratet, „ist man nach einem Jahr entweder zu dritt oder allein". Den gleichen Ursprung haben die Bemerkungen über die Unfruchtbarkeit bestimmter Eier in bestimmten natürlichen oder religiösen Perioden: „Pendant la lune de février, œuf infécond." (Während des Februarmondes ist das Ei unfruchtbar.) Oder: „Entre les deux Notre-Dame, les œufs sont inféconds." (Zwischen den beiden Marienfesten sind die Eier nicht befruchtet.) Aber: „Nulle femelle ne recherche le mâle en dehors du printemps, sauf la femme." (Kein Weibchen sucht das Männchen außerhalb des Frühlings, ausgenommen die Frau.) Das Problem besteht eben darin, daß der Mensch in seinem Verhältnis zur Natur gestört ist, daß er nicht mehr von sich aus spürt, welche Zeiten für die Befruchtung günstig und welche ungünstig sind.

Auch andere Zeitpunkte sind für die Empfängnis nachteilig. Die Hochzeit am „mardi *gras*" (am Fastnachtsdienstag, wörtlich „*fetter* Dienstag") hat, nach der Symbolik des Gegensatzes, zur Folge, daß *magere* und kränkliche Kinder zur Welt kommen. Umgekehrt werden, nach der Symbolik der Ähnlichkeit, Kinder geboren, die Rotznasen haben und sabbern, wenn es am Hochzeitstag *regnet.*

Verantwortlichkeit von Pate und Patin

Die Eltern – und vor allem die Mutter – tragen also eine enorme Verantwortung für das künftige Kind. Allerdings teilen sie sie mit dem Paten und der Patin, die ihm in gewisser Weise durch „Vererbung" einige ihrer Vorzüge und Fehler weitergeben: „Du parrain et de la marraine, toujours l'enfant a des racines." (Einiges stammt immer vom Paten und von der Patin.) Oder: „Des sept qualités d'un nouveau-né, une vient toujour du parrain." (Von sieben Eigenschaften eines Neugeborenen kommt eine immer vom Paten.) Dieses provenzalische Sprichwort erinnert an Dornröschen und die Feen, die sich über die Wiege ihres Patenkindes beugen. In der Gegend von Nantes meint man, daß die Jungen in ihrem Charakter ihrer Patin nachschlagen und die Mädchen ihrem Paten.

Dieser sehr verbreitete Glaube bewirkt, daß man sich in vielen Gegenden Frankreichs hütet, dem Kind einen Paten oder eine Patin zu geben, der oder die körperlich mißgebildet (vor allem lahm oder einäugig) bzw. moralisch unvollkommen ist. Das kann empirische Gründe haben. Im allgemeinen wird der Pate oder die Patin nach einem ziemlich genau festgelegten Ritual innerhalb der Familie ausgewählt. Dann ist die Ähnlichkeit einfach eine Frage der Vererbung. Sauvé berichtet allerdings, daß man sich in den Hochvogesen bei der Wahl von Pate oder Patin nicht sonderlich um den Verwandtschaftsgrad kümmerte, sondern daß es in dieser Hinsicht vor allem darauf ankomme, intelligente Leute auszuwählen: „Es ist nämlich anzumerken, daß das Kind in geistiger Hinsicht immer mehr dem Paten und der Patin – vor allem ersterem – ähnelt als Vater und Mutter. Dummer Pate, törichtes Patenkind."

Zur Bedeutung der Vererbung, auf die wir hingewiesen haben, gesellt sich also noch das symbolische Gewicht der Patenschaft. Pate und Patin haben die Aufgabe, dem Kind *einen Namen zu geben;* sie bringen es nochmals zur Welt, geben ihm eine soziale Existenz, was die Beziehung zu anderen und die Sprache betrifft. Ähnlich sind sich Pate und Patenkind in erster Linie geistig, intellektuell. Das Patenkind ist also ein bißchen das Kind von Pate und Patin. Daher erklären sich alle Empfehlungen, die einer schwangeren Frau verbieten, ein Kind zum Taufstein zu tragen und ihm ihren Namen zu geben. Ebenso wie eine Frau nicht gleichzeitig stillen und empfangen kann, kann sie sich nicht gleichzeitig eine soziale und eine physische Geburt zur Aufgabe machen: „Zwei Jungvermählte dürfen keine Patenschaft annehmen, weil die Frau, wenn sie schwanger ist, Gefahr läuft, ihr eigenes oder ihr Patenkind zu töten." Außerdem kann das Geschlecht des Kindes, das das erste Patenkind eines jungen Mädchens wird, das Geschlecht ihrer künftigen Kinder unwiderruflich bestimmen. Auf Korsika erklärt sich deshalb ein junges Mädchen „niemals bereit, Patin eines Mädchens zu werden, wenn es sich um ihre erste Patenschaft handelt, denn es würde sonst nur Töchter bekommen".

In der Regel bekommt das Kind den Eigennamen vom Paten oder von der Patin. Der Vorname ist also Teil eines Rituals und ordnet das Kind in einen Familienzyklus ein. Der Name hat eine ganz andere Bedeutung als heute. In diesem Zusammenhang muß man auch den – einst sehr häufigen – Brauch sehen, Kindern aus gleicher Familie den gleichen Namen zu geben (beispielsweise in Übereinstimmung mit Paten, die den gleichen Namen trugen) oder ein neugeborenes Kind auf den Namen zu taufen, der für ein früh gestorbenes Kind bestimmt war. Statt also das Kind an sich zu ersetzen – wie Psychologen heute bezüglich des „Ersatzkindes" meinen – folgt es ihm eher wie das Glied einer Kette im Beziehungsgefüge der Familie. Während der Name nicht immer persönliche Bedeutung hat, so ist sie beim

Beinamen stets vorhanden. Beispielsweise merkt D. Bourchemin für den Béarn an: „Ein Familienoberhaupt trägt im allgemeinen zwei Vornamen: der eine (der richtige) ist derjenige, auf den er getauft wurde; den anderen kennt jedermann, er bezeichnet den Menschen sein ganzes Leben lang. *Häufig erhalten alle Kinder* – auf dem Papier – *denselben Vornamen.*“

Dies macht den sozialen Wert des Vornamens verständlich, ein Wert, der heute weithin verlorengegangen ist, den man aber noch in dem zweiten oder dritten Vornamen findet, den das Kind erhält. Der Vorschlag, Pate oder Patin eines Kindes zu werden, heißt, jemandem die soziale, geistige Elternschaft anbieten. Wenn also keines der oben genannten Hindernisse vorliegt, darf man diese Elternschaft nicht ablehnen. Das würde darauf hinauslaufen, daß man das Kind verweigert, und würde durch ein Unglück bestraft werden, das entweder denjenigen träfe, der das Angebot ausgeschlagen hat, oder das Kind. Andererseits darf man in bestimmten Regionen den Paten oder die Patin nicht vor der Geburt auswählen, gewiß weil man zum einen die Zukunft nicht zu genau festlegen darf (derselbe Vorgang, den wir bei den Vorbereitungen beobachten konnten) und zum anderen weil offenbar das Kind, mit dem die Mutter schwanger geht, ausschließlich als ihr Produkt, ihre Leibesfrucht gilt und zu diesem Zeitpunkt nicht geteilt werden darf.

Symbolik und Wirklichkeit

Die Mutter muß also im Interesse ihres Kindes auf viele Dinge achten, die einen Einfluß darauf haben, daß es wohlbehalten zur Welt kommt. Aus moderner Sicht sind ihre Sorgen zugleich fremd und vertraut. Vertraut, weil sie verknüpft sind mit Vorstellungen, Phantasien und Wünschen, die die werdende Mutter einst wie jetzt heimsuchen. Fremd sind sie, weil sie die werdende Mutter in ein Netz symbolischer Verbote einbinden, die diese

Ängste und Phantasien buchstäblich und wörtlich nahmen. Sie sind vertraut, weil sie nachdrücklich auf die Verbundenheit von Mutter und Kind hinweisen, auf die Auswirkungen der Mutterliebe, auf das körperliche Gedeihen des Kindes; sie sind fremd, insofern sie von den beiden Körpern sprechen, als seien sie einer, als seien sie ein Fleisch und Blut. Sie sind vertraut, insofern sie die soziale Bedeutung von Sprechen und Sprache in den Blick rücken; sie sind fremd, insofern die Empfehlungen sich auf eine bloß symbolische Ebene beziehen, insofern die Ratschläge kaum den Alltag der Frau betreffen, die ein Kind erwartet, insofern sie nicht erfährt, welche konkrete Vorsorge angebracht wäre. So sagt man ihr zwar, daß sie weniger arbeiten, keine anstrengenden Tätigkeiten verrichten und vor allem keine schweren Lasten tragen solle. Doch finden sich solche Empfehlungen selten. Gewiß kann man sich fragen, ob die Volkskundler nicht dem Sensationellen mehr Aufmerksamkeit als dem Alltäglichen gewidmet haben. Dennoch sagten auch heute noch die befragten Frauen in der Normandie, sie hätten ihre gewohnte Arbeit – wenn auch gewiß ein bißchen langsamer – bis zum Augenblick der Niederkunft fortgesetzt, bis zu dem Moment, da „die Koliken begannen". „Es gab viel Arbeit, ich mußte einfach ran, und mein Mann ist zwar kein schlechter Kerl, aber er arbeitet schwer; wenn ich mich gedrückt hätte, wäre es nicht gegangen. Außerdem sagten die Hebammen, die mich behandelt haben – genau wie unsere Altvorderen –, es sei besser, wenn man arbeite." Immer wieder stößt man auf die Feststellung, es sei gut zu arbeiten. Zum einen aus körperlichen Gründen: manche der Befragten erklärte, die „schmerzlose Geburt" (sie meinten damit bloß die vorbereitende Gymnastik) sei in der Stadt von Nutzen, nicht aber auf dem Lande, wo die Arbeit eine ebenso wertvolle körperliche Übung darstelle. Zum anderen sei die Arbeit auch aus psychologischen Gründen von Wert: Sie helfe dabei, daß man nicht zu viel an die Schmerzen denke, die einen erwarteten. Die Untersuchung in der Basse-Normandie zeigte, daß niemand besonders stark von diesem traditionellen Modell abwich. Es ist anzumerken, daß die Frau wegen ihrer für den landwirtschaftlichen Betrieb äußerst wichtigen Funktion daran gehindert wird, die Arbeit für längere Zeit niederzulegen. Mit dem Melken setzt sie nur aus, wenn dringende und unumgängliche ärztliche Gründe vorliegen. Im allgemeinen vermeidet sie allerdings zu schwere Arbeiten oder zu große Anstrengungen; es sei denn, man legt ihr für die letzten Wochen – wie in bestimmten Gegenden, etwa in der Lorraine – schwere Arbeiten nahe, „damit das Kind sich senkt und leicht austritt".

Frühgeburt, Fehlgeburt und Spätgeburt

In all diesen Empfehlungen – ob sie nun Ruhe oder Arbeit nahelegen – ist vom künftigen Kind nicht viel die Rede. Sie betreffen die Mutter, ihr Wohlbefinden, ihre Beanspruchung, die Schmerzen der Niederkunft. Kein Wort über die Frühgeburt, die dabei offensichtlich als ein Ereignis angesehen wurde, auf das man sich gefaßt machen mußte, wie es sich in dem Sprichwort zeigt: „La femme propre et soigneuse doit être prête dès les sept mois de sa grossesse." (Eine ordentliche und sorgsame Frau muß vom siebten Monat ihrer Schwangerschaft an bereit sein.) Kein Wort über Mittel und Wege, Fehlgeburten zu vermeiden und das Kind zu behalten. „Les enfants sans os jettent les mères au tombeau" – Kinder ohne Knochen werfen die Mütter ins Grab: Das ist eine fatalistische Feststellung dessen, was häufig genug geschah. Solche Resignation kann nicht erstaunen, wenn wir uns vergegenwärtigen, daß die medizinischen Fortschritte auf diesem Gebiet sehr auf sich warten ließen. Bedenken wir, wie wenig ärztliche Vorschriften es in dieser Hinsicht gab. Dr. Tissot stellt fest, daß die Schwangerschaften auf dem Lande im allgemeinen ohne Komplikationen verliefen, und fügt hinzu: „Manchmal, wenn sie zu schwere Lasten getragen oder zu anstrengende Arbeiten verrichtet haben, wenn sie allzu heftigen Erschütterungen ausgesetzt waren oder gefallen sind, verspüren sie heftige Kreuzschmerzen, die bis in die Schenkel reichen und sich im Unterleib konzentrieren, was in der Regel darauf hindeutet, daß sie vor einer Fehlgeburt stehen." Dann zählt er im einzelnen auf, was getan werden kann, um eine Fehlgeburt zu verhindern (Ruhe, Aderlaß, Diät, Arzneien), er gibt aber keine Ratschläge zur Vorbeugung. Mehr vorbeugende Empfehlungen finden sich in dem Handbuch von Baudelocque aus dem Jahre 1806 über die Kunst der Geburtshilfe (keine übermäßige Anstrengung, nicht barfuß gehen, keine zu engen Mieder). Auch da ist aber nur vom Wohlergehen und der Gesundheit der Mutter zu lesen, obwohl in zahlreichen anderen Teilen dieses Handbuchs vom Kind durchaus die Rede ist. Deshalb ist es nicht erstaunlich, wenn die Volksüberlieferung kaum erwähnt, wie man Frühgeburten vorbeugen kann. Für Spätgeburten interessiert man sich dagegen sehr. Auch hier gibt es zahlreiche phantastische Vorstellungen: Abhandlungen zur Geburtshilfe, wie die von Mme du Coudray, schließen mit Beobachtungen über Sonderfälle und berichten von Fötussen, „die mehrere Jahre im Bauch der Mutter geblieben sind, ohne zu verderben". Das Blut der Stute, die bekanntlich elf Monate lang trägt, hat angeblich Einfluß auf die Dauer der Schwangerschaft. Der Volkskundler L. Morin bezeugt für die Aube: „Eine Nachbarstochter hat – so heißt es – ihr Kind zehn Monate getragen, weil sie unvorsichtigerweise in das Blut einer Stute getreten ist, die man gerade getötet hatte. Das Kind ist mit Zähnen und sehenden Auges zur Welt gekommen."

Die schwangere Frau hat also einen Sonderstatus, der durch eine komplizierte Symbolik geregelt wird und auf der Vorstellungsebene angesiedelt ist. Anders als heute ging man damals nicht davon aus, sie müsse durch konkrete Maßnahmen geschützt werden. Im übrigen verlieh ihr dieser Sonderstatus eine Macht symbolischer Art, die sich im allgemeinen unheilvoll auswirkte. „Wenn ein Rekrut auf dem Weg zur Aushebung durch das Los einer schwangeren Frau begegnet, wird er eine schlechte Zahl ziehen." Manchmal ist diese Macht auch wohltätig. So heißt es in der Haute-Bretagne, daß „der Blitz niemals ein Haus trifft, in dem sich eine schwangere Frau befindet", oder daß „eine geflügelte Schlange, die eine schwangere Frau sieht, auf der Stelle umkommt". Wenn eine schwangere Frau über einen Menschen hinwegsteigt – dies also die Umkehrung jener gefährlichen Handlung, von der oben die Rede war –, befreit ihn das, wie man in den Hochvogesen glaubt, von Rückenschmerzen.

Wie wichtig die Beziehung zwischen dem Körper der Mutter und dem Körper des Kindes ist, wurde bereits dargelegt. Beide gehören nämlich zum selben Organismus, und alles, was die Mutter macht, hat unmittelbare Folgen für die Gesundheit des Kindes. Vererbung und Blutsverwandtschaft verbinden sich so in einem Beziehungsgeflecht, in das vor allem die Mutter eingebunden ist, aber auch der Vater und die Pateneltern – und dies schon vor der Geburt. Wenn etwas schiefgeht, fällt die Schuld sehr leicht auf die Mutter, da nämlich jede Mißbildung des Kindes bei der Geburt ihr zum Vorwurf gemacht werden kann. Und was noch schlimmer ist, die Verantwortung fällt immer und ausschließlich der Frau zu, nicht dem Mann. Wenn ihre Verbindung unfruchtbar ist oder wenn kein Junge geboren wird, wird sie allein für unfähig gehalten, weil es um ihre soziale Rolle geht. Wir haben bereits von dem komplexen Beziehungsnetz gesprochen, das die Mutter über den Rest des Universums mit dem Kind verbindet, über die Pflanzen und die Gegenstände, von denen sie umgeben ist, über deren Schönheit, Häßlichkeit und Form, über die Mondphasen, über den Rhythmus der Tage und der Jahreszeiten. Alles bewegt sich auf der Ebene einer präzisen Symbolik, die manchmal nach dem Gesetz der Ähnlichkeit, manchmal nach dem des Gegensatzes funktioniert, wobei sie sich häufig des Mittels der Erwählung bedient, ob diese nun durch den Blick, das Verlangen oder die Rede vorgenommen wird.

Es gab also eine traditionelle Vorbeugung, und wir sind der Meinung, ihr Ausmaß genügend vor Augen geführt zu haben. Doch diese Vorbeugung war vor allem symbolischer Art. Sie richtete sich über die Mutter auf das Kind; jedoch lag es außerhalb jeder Vorstellung, daß das Kind schon ein autonomes Dasein führen könne. Der Katalog traditioneller Vorbeugemaßnahmen liefert kaum konkrete Ratschläge, und wenn dies geschieht, so gelten sie eher der Bequemlichkeit als der Vorbeugung. Der Inhalt jener Empfehlungen ist heute so gut wie vergessen, abgesehen von Gebieten, auf denen die moderne Medizin keine Erklärungen liefert: Dort herrscht der Glaube an die alte Symbolik ungeschmälert weiter, wie etwa bei den „Muttermalen". Die unbewußten Wünsche und Phantasien, auf die sich die traditionellen Anschauungen gründeten, blieben jedoch ebenso wie die ihnen zugrundeliegenden Voraussetzungen erhalten. Noch heute wird von den jungen Müttern vor der Geburt kaum irgendwelche Vorsorge getroffen. Sie haben die meisten der symbolischen Vorbeugemaßnahmen aufgegeben, haben sich aber noch nicht an den Gedanken gewöhnt, daß die konkrete Vorbeugung von Nutzen sein könnte. Vielmehr gilt letztere in mancherlei Hinsicht als unglückbringend – etwa wenn man sich vor der Geburt wiegt, die Nahrungsaufnahme einschränkt oder salzarme Kost zu sich nimmt. Und selbst wenn diese jungen Frauen die Bräuche ihrer Mütter nicht übernehmen, zeigt sich die Stärke der Tradition darin, daß sie nur schwer zu bewegen sind, modernen Empfehlungen zu folgen. Dazu kommt, daß praktische Ärzte solche Empfehlungen fast nur in dringenden Notfällen geben und dann noch ohne weitere Erläuterungen – wie in einer kürzlich durchgeführten Studie in der Haute-Normandie festgestellt werden konnte.

Dennoch ist falsch, was im allgemeinen über die Interesselosigkeit der Mutter gegenüber ihrem noch ungeborenen Kind gesagt wird. Eine groß angelegte Gesundheitserziehung könnte diese Sorge der Mutter um das Gedeihen ihres Kindes zum Ausgangspunkt nehmen – eine Sorge, die mit ihrer Überzeugung zusammenhängt, sie allein trage die Verantwortung für das Kind.

II. Geburt, Taufe und der Körper des Kindes

Die vorrangige Bedeutung der Beziehung zur Mutter vor der Geburt und der prägende Einfluß der „Parallelelternschaft“ vom Zeitpunkt der Geburt an lassen erkennen, daß die beiden für die Zukunft des Neugeborenen, für dessen Überleben und künftige Stärke wichtigsten Augenblicke im Kindesalter Geburt und Taufe sind, also der Eintritt in die physische Welt und der Eintritt in die soziale Welt.

Bestimmte Umstände der Geburt zeichnen unwiderruflich die Beziehung des Kindes zur Medizin vor und machen entweder ein schwaches oder kraftloses Geschöpf aus ihm oder statten es im Gegenteil mit wundertätigen Kräften aus. Bei der Taufe sind die Handlungen der verschiedenen Protagonisten minuziös vorgeschrieben. Verstöße gegen das symbolträchtige Ritual können sich dem Körper des Kindes wie Zeichen einprägen.

Im übrigen wird unter Umständen, die doch von Angst und Furcht begleitet sind und in denen sich heute häufig die technische Effizienz gegenüber anderen Aspekten durchsetzt, der Affektivität und allen Dimensionen der Psyche große Bedeutung eingeräumt. Einige moderne Lehrbücher der Geburtshilfe protestieren gegen die Gewalt, die dem Kind durch diese Priorität von Technik und Effizienz angetan wird, und scheinen in gerader Linie an die Tradition anzuknüpfen, die zeitweilig ob der unbestreitbaren Fortschritte der Geburtshilfe in Vergessenheit geraten war.

Wir werden uns nicht mit der Frage befassen, wie die Frau zu ihrer Niederkunft stand. Das Thema, welche Pflege das Kind erhielt, steht für uns im Zentrum. Es wäre allerdings viel zu diesem Punkt zu sagen – über die tiefgreifende Veränderung der Beziehung zum Körper, eine Veränderung, zu der es durch den Wandel der Umstände jenes einst als ausschließlich familiär betrachteten Aktes gekommen ist. Immer mehr fremde Personen sind in den Kreis um das Bett der jungen Frau eingedrungen, der zuerst aus dem Gatten, den Großmüttern, einigen Nachbarinnen und einer alten Frau aus der Nachbarschaft bestanden hatte, die gewohnt war, unter diesen Umständen zu „helfen". Dann kamen die diplomierte Hebamme und der Arzt hinzu, und der Ort der Niederkunft wurde verlegt. Kennzeichen dieser Entwicklung ist eine komplexe Rollenverteilung. Aus der Domäne spezialisierter aber bekannter und vertrauter Frauen geht die Geburt in die Hände des Familienarztes über, der die Frau aber zu Hause läßt, bis die Geburt dann in der Regel wieder Angelegenheit einer Frau wurde, der Hebamme auf der Entbindungsstation, aber einer Frau, die nur in dem besonderen Rahmen der Niederkunft in Erscheinung tritt, der werdenden Mutter in ihrem Alltag also völlig fremd ist. Die Rolle des Mannes hat eine ähnliche Entwicklung durchgemacht: Wenn die Geburt zu Hause stattfand, war er in der Regel anwesend und machte sich häufig nützlich; dann wurde er eine Zeitlang aus der technischen Welt des Gebärsaales ausgeschlossen; heute wird er manchmal wieder zugelassen, doch meist als diskreter und eher störender Zuschauer. Ohne naiv und nostalgisch den Umständen nachtrauern zu wollen, unter denen einst geboren wurde – und zu denen bekanntlich Schmerzen und zahlreiche Komplikationen gehörten –, läßt sich doch fragen, ob diese radikale Veränderung nicht die Beziehung zwischen Mutter und Kleinkind, vor allem zwischen dem Säugling und seiner unmittelbaren Umgebung, grundsätzlich verändert hat, indem sie aus diesem sehr wichtigen Augenblick des Familienlebens einen medizinischen und technischen Vorgang gemacht hat. An die Stelle des heftigen Ausdrucks von Gefühl und Schmerz ist die „schmerzlose", manchmal allzu leise Geburt getreten. Es ist deshalb wichtig zu wissen, wie die Geburt sich einst auf das Kind ausgewirkt hat und welche Anstalten unmittelbar darauf getroffen wurden. So können wir besser verstehen, warum der heutigen Technik bestimmte Widerstände entgegengebracht werden, die sich sonst nur schwer erklären lassen.

Wir werden also zuerst die Beziehungen zwischen Mutter und Kind während der Niederkunft untersuchen. Insbesondere interessiert uns die symbolische Bedeutung des Schmerzes. Wir werden dann besser beurteilen können, warum gewisse Ausnahmebedingungen bei der Geburt von großer Wichtigkeit waren und welche symbolische Bedeutung die Pflege hatte, die man dem Kind nach der Geburt angedeihen ließ. Schließlich werden wir die zahlreichen Beziehungen zwischen der sozialen Geburt, als die sich die Taufe darstellt, und der Formung des kindlichen Körpers untersuchen.

Die Niederkunft
und die Maßnahmen während der Geburt

„Le petit enfant né
Les douleurs sont oubliées."[1]

Wir konzentrieren uns nun auf das Kind und können deshalb nur wenig von den Umständen der Geburt selbst sprechen. Wir tun dies nur, soweit die Beziehung zwischen der Mutter, der Familie insgesamt und dem Kind während der Geburt betroffen sind, oder soweit es um besondere Maßnahmen geht, die sich auf das Kind richten.

Praktiken zur Beschleunigung der Niederkunft

Viele Maßnahmen hatten das Ziel, die Geburt zu erleichtern, vor allem sie zu beschleunigen. Dadurch wollte man einerseits das Leiden der Mutter lindern, gleichzeitig aber auch die Aussichten des Kindes verbessern, diese Prüfung zu überleben. Die Berücksichtigung einer möglichen Schädigung des Kindes, die in der klassischen gelehrten Medizin ein wenig vergessen wurde, hat heute wieder in die Theorie der schmerzlosen Geburt Eingang gefunden. Diese Maßnahmen zur Beschleunigung der Geburt beruhten häufig auf Erfahrung und waren dazu bestimmt, den Geburtsvorgang auszulösen. Die Frau sollte bis zum letzten Moment schwere Arbeit verrichten und sogar „von vier Fuß Höhe herabspringen, um den Austritt des Babys zu fördern". Sobald die Geburt eingesetzt hatte, sollten verschiedene Kräutertees sie beschleunigen.

---

[1] Elsässisches Sprichwort. (Ist das Kleine geboren, sind die Schmerzen vergessen.)

Je nach Region unterscheiden sie sich, doch im allgemeinen handelt es sich um Pflanzen mit menstruationsfördernder Wirkung. So verwendet man in Lothringen zahlreiche Verfahren, die bei De Westphalen eingehend beschrieben werden: „Um die Niederkunft zu beschleunigen, verabreicht man gewöhnlich auch Aufgüsse von Beifuß, von Goldlacksamen, ein oder zwei große Löffel Veilchenschnaps oder auch ein Glas Weißwein, dem man drei Löffel Branntwein und sieben feingemahlene Lorbeerblätter hinzufügt. Manche Hebammen geben der Gebärenden zwei Prisen feingemahlene Aalleber, dazu die Gallenblase dieses Tiers, die im Backofen getrocknet und kleingestoßen wurde." Wahrscheinlich hatte jedes dieser verschiedenen Rezepte spezifische Funktionen, die heute vergessen sind. Bekannt ist, daß die Hebammen sehr genau Bescheid wußten über die verschiedenen Phasen der Geburt (auch wenn sie im Fall von Komplikationen nicht helfen konnten). Um die Schmerzen zu lindern, gab man der Frau häufig große Salzbrocken, die sie in ihren Händen zu Puder zerdrücken mußte. Dadurch sollten die Wehen gefördert werden. In gewisser Weise ist diese Maßnahme eine Vorläuferin der Atemtechniken für die schmerzlose Geburt.

Symbolik des Schmerzes

Nun liegt allerdings die Vorstellung einer schmerzlosen Geburt noch außerhalb des herkömmlichen Vorstellungsvermögens auf dem Lande. Denken wir beispielsweise an das Gebet gegen Meningitis aus der Champagne, von dem Fertiault berichtet: Es zeigt sich sehr deutlich, daß man glaubte, nur die Jungfrau Maria habe bei der Geburt nicht leiden müssen. Außerdem erkennen wir, daß Exorzismus und Niederkunft als parallele Phänomene verstanden wurden und daß es eine symbolische Beziehung zwischen dem Schmerz oder dem Fehlen von Schmerz einerseits und der Macht über die Krankheit andererseits gibt.

„Cathère
Dieu te conjure
La Sainte Vierge te confond
Saint Jean te dérompt
Saint Pierre, saint Paul, saint Abraham et saint Bonaventure
Te prient et te conjurent
De sortir de cette créature,
De son corps, de son sang, de ses veines,
Sans qu'elle n'éprouve ni tourment ni peine
Pas plus que la Sainte Vierge n'en a eu
Lorsqu'elle a enfanté Jésus."[2]

Bei den Befragungen in der Normandie, von denen bereits die Rede war, machten die Frauen einen Unterschied zwischen den Körpertechniken der schmerzlosen Geburt – wie etwa der Gymnastik, die sie für geeignet hielten, den Austritt des Kindes zu beschleunigen – und dem Schmerzbegriff. Es schien ihnen unmöglich, daß ein Kind geboren werden könne, ohne daß seine Mutter Schmerz empfinde. Verschiedene, tief in ihrem Unbewußten verankerte Gründe scheinen dabei eine Rolle zu spielen.

Alle Vorstellungen von der Geburt kreisen um die Begriffe von Schmerz und Zerreißen, denen die damaligen Verhältnisse konkrete Realität verliehen. Ferner handelt es sich bei der Niederkunft um einen sozial sehr bedeutsamen Initiationsritus, bei dem deshalb (wie beispielsweise bei der Exzision und der Beschneidung) Schmerzen und besondere Taten auf seiten des Bewerbers erforderlich sind. Dies um so mehr, als der Ritus im Schoße der Familie stattfand, in Gegenwart des Mannes, und häufig von

---

[2] Krankheit! / Gott gebietet dir Einhalt / Die heilige Jungfrau macht dich zuschanden / St. Johannes zerreißt dich / St. Petrus, St. Paulus, St. Abraham und St. Bonaventura / Bitten und beschwören dich / Dieses Geschöpf zu verlassen, / Seinen Körper, sein Blut, seine Adern, / Ohne daß es Qual oder Schmerz empfindet / Ebenso wenig wie die heilige Jungfrau gehabt hat, / Als sie Jesus gebar.

einem älteren Familienglied vorgenommen wurde. So besteht ein tiefgreifender Unterschied zwischen der bloßen Linderung des Schmerzes und seiner gänzlichen Aufhebung: Diese erscheint als unmöglich. Die Beziehungen zwischen Mutter und Kind, die teilweise durch dieses Leiden gestiftet werden, sind im übrigen sehr komplex: „Es ist fast besser, Schmerzen zu haben; man ist dann glücklicher, wenn man sein Baby hat", meinte in diesem Zusammenhang eine junge Frau aus der Normandie.

Die Rolle des Psychischen

Maßnahmen gegen den Schmerz und zur Erleichterung der Niederkunft sind weit eher symbolischer als materieller Art. Diese Bedeutung des Symbolischen und des Psychischen werden in den alten Abhandlungen zur Geburtshilfe hervorgehoben. So weist Madame du Coudray (1773) in ihrer Darstellung mehrfach darauf hin, daß die Gebärende von einer Atmosphäre des Friedens umgeben sein müsse:

„Beim Warten auf den Augenblick der Entbindung muß man die Frau so liebevoll wie möglich trösten – dazu verpflichten ihre Schmerzen; doch muß man dabei eine fröhliche Miene aufsetzen, die in ihr keine Angst vor drohender Gefahr weckt. Man darf in ihrer Umgebung nicht flüstern, wodurch sie nur beunruhigt und in Angst vor unliebsamen Folgen versetzt würde. Man muß ihr von Gott sprechen und sie veranlassen, ihm dafür zu danken, daß er sie aus aller Gefahr errettet hat. Wenn sie Zuflucht bei Reliquien sucht, muß man ihr klarmachen, daß diese auf dem Nebenbett liegend die gleiche Wirkung tun; würde man die Reliquien auf sie legen, so würde das die Frau doch nur stören."

Zwei Aspekte der traditionellen Niederkunft sind also für Mutter und Kind äußerst bedeutsam: Die Macht der Symbolik und die Rolle des Psychischen. Wir wollen uns ausschließlich mit diesen beiden Aspekten beschäftigen.

Die Macht der Symbolik und die magisch-religiösen Praktiken

Die oben genannten Anweisungen sind zugleich konkret und symbolisch. Grobes Salz zu zerdrücken scheint eine wirksame Anweisung zu sein; doch daß es sich um Salz handelt, um ein Produkt, dem aufgrund seiner Seltenheit und seines Wertes in alten Zeiten große Bedeutung zukam, ist nicht zufällig. So wirft man während der Niederkunft Salz in das Feuer, um die Entbindung zu erleichtern – ein Brauch, der keine konkrete Wirkung hat. So gut wie überall in Frankreich war man bei der großen Jahreswäsche besonders vorsichtig, wenn eine schwangere Frau im Hause war. Die tiefe symbolische Bedeutung der Wäsche – die sich einerseits aus dem Ausnahmecharakter erklärt, den der Vorgang einst besaß und andererseits aus der wichtigen Beziehung zwischen Schmutz und menschlichem Körper – tritt in den Sprichwörtern sehr deutlich hervor. Deshalb durfte man das leere Wäschefaß nie auf seinem Untersatz stehen lassen, weil die Frau des Hauses sonst „bei ihrer Niederkunft so lange leiden würde, wie das Wäschefaß dort geblieben sei". Die magisch-religiösen Praktiken, derer man sich bedient, um Kinder zu bekommen, sorgen ebenso für eine glückliche Niederkunft. Im Ain rutschen schwangere Frauen auf einer schrägen Felsplatte hinunter. Zahlreiche Wallfahrten dienen diesem Zweck; meist sind es Wallfahrten zur heiligen Jungfrau, zu Notre-Dame-de-la-Délivrance[3], oder zu Notre-Dame-de-la-Crèche[4], daneben aber auch zu anderen Heiligen, am häufigsten zur heiligen Margaretha

[3] Délivrance = „Erlösung", „Entbindung".

[4] Crèche = „Krippe".

oder zum heiligen Raphael. Vielen dieser Heiligen wird außerdem nachgesagt, sie seien auch Kindern gegenüber mit Heilkräften ausgestattet. Der heilige Leonhard hilft schwangeren Frauen bei der Entbindung, aber auch rachitischen Kindern. Doch im Unterschied zu den Fruchtbarkeitsbräuchen gehört zu diesen Anrufungen im allgemeinen, daß die Frauen im Augenblick der Geburt Reliquien bei sich tragen. Manchmal handelt es sich dabei um Medaillons von Heiligen, mit dem Bild des heiligen Raphael oder der heiligen Margaretha zum Beispiel; häufig sind es Gürtel, die schon lange in der Familie sind und den Gürtel der Jungfrau oder eines Heiligen nachbilden. Im Pariser Musée des Arts et Traditions Populaires ist ein solcher Gürtel zu sehen. Manchmal sind es auch Amulette, zum Beispiel jenes Säckchen, das von einem Familienmitglied auf das andere überging und eingehend von A. Aymar beschrieben wurde. Es enthielt Amulette, Gebettexte und ein Seidenband von 1,79 m Länge mit der Aufschrift „Größe unseres Herrn Jesus Christus". Im allgemeinen trugen die Frauen diese Amulette bei sich oder legten den Gürtel im Augenblick der Entbindung an. Auch andere Bräuche waren verbreitet: Im Berry tauchte man die Unterwäsche, die die Frau bei der Entbindung tragen wollte, in das Wasser bestimmter Brunnen; in Notre-Dame-de-la-Délivrance in der Gegend von Baugé „läßt die Frau, die eine leichte Geburt haben möchte, durch Vermittlung einer dritten Person zwei ihrer Hemden durch den Priester segnen. Sobald die Schmerzen beginnen, zieht sie eines dieser Hemden an; in das andere wird das Kind bei seiner Geburt gehüllt".

Überhaupt findet die ganze Niederkunft in einer religiösen Atmosphäre statt: Man zündet Lichtmeßkerzen an und spricht Gebete. So ist es in der Haute-Loire üblich, „daß, sobald die Hebamme – die schreckliche Mutter, wie sie gemeinhin heißt – das Nahen des Kindes ankündigt, jemand aus dem Haus in den Stall zum Freßtrog des Viehs geschickt wird, wo er (oder sie) bis zum Ende des Geschehens Gebete sprechen muß". Zahlreiche Spezialgebete sind bekannt. Nehmen wir beispielsweise das Ende jenes Gebetes, das für das Departement Loir-et-Cher bezeugt ist: „So wahr Jesus Christus am Weihnachtstag *geboren* und Karfreitag gekreuzigt wurde" – immer diese Verbindung zwischen Geburt und Leiden –, „wurde dieses Gebet 1505 unter dem Grab unseres Herrn gefunden. Eine Frau, die niederkommt, braucht dieses Gebet nur zu lesen, zu hören oder es bei sich zu tragen" – man sieht, nebenbei bemerkt, welche Macht der geschriebene Text an sich besitzt – „und sie wird sofort entbinden und eine *zärtliche Mutter* bleiben. Nach der Geburt muß man den Gebetstext an die rechte Seite des Kindes legen, wodurch dieses vor einer Vielzahl von Unfällen beschützt wird."

Die Beziehung, die in diesem Gebet zwischen der Mutter und dem Kind hergestellt wird, macht deutlich, daß wir nicht vom Thema abschweifen, wenn wir vom Leiden der Mutter sprechen. Die Verbindung zwischen diesem Leiden und dem Zustand des künftigen Kindes wird im volkstümlichen Denken ständig geknüpft.

Entsprechende andere symbolische Praktiken haben weniger Bezug zur Religion, betten das Ereignis aber immer in eine natürliche und soziale Ordnung ein. So erleichtert in der Lozère „ein hornartiger und von Adern durchzogener Achat, der sorgfältig in Silber gefaßt ist, die Niederkunft der Frauen, die ihn um ihren Hals tragen". Diese Kraft wird im Bas-Médoc einer Axt aus Jade zugeschrieben. Bekanntlich werden viele prähistorische Gegenstände, die man auf dem Felde fand, mit symbolischem Wert ausgestattet, insbesondere sagt man ihnen nach, sie hülfen gegen Blitzschlag und Viehkrankheiten.[5]

Mit dieser Axt, die von ihrer Besitzerin gegen Geschenke, aber niemals gegen Geld ausgeliehen wurde, rieb man den Bauch gebärender Frauen, um die Entbindung zu beschleunigen.[6] Manch-

---

[5] F. Loux, *Amulettes.*

[6] F. Daleau, *Légendes et superstitions préhistoriques*, RTP, 1906.

mal gelten auch die auf verschiedenerlei Art konservierten Blüten des Johanniskrauts als mit solchen Kräften ausgestattet.[7]

Geburt und Tod

Diese ganze magisch-religiöse Atmosphäre erklärt sich aus der ständigen Bedrohung durch den Tod – durch den Tod der Mutter, aber auch und vor allem durch den Tod des Kindes. Die alten Abhandlungen über Geburtshilfe sind gespickt mit schrecklichen Geschichten, die sich dem Gedächtnis ähnlich einprägen wie die Drohung mit der Folter. Mme du Coudray zum Beispiel unterstreicht die Notwendigkeit von Hebammen dadurch, daß sie die Tätigkeit der nicht ausgebildeten Geburtshelfer in den schwärzesten Farben schildert. Dadurch trägt sie zur Verbreitung mancher phantastischen Vorstellung bei. Im Abschnitt über „die Niederkunft, bei der das Kind steckenbleibt, weil es zu breite Schultern besitzt" schreibt sie: „Durch diese (ihre) Methode kann man das Leben vieler Kinder retten, die durch die Unwissenheit von manchen Landärzten und Frauen ohne Erfahrung zugrunde gehen. Diese wissen sich nicht anders zu helfen, als daß sie dem Kind den Kopf abtrennen und den Rest des Körpers mit Hilfe von Haken oder einem Schöpflöffel stückweise herausholen." An anderer Stelle liest man über die „Niederkunft, bei der das Kind mit dem Arm und Ellenbogen nach vorne liegt": „Durch die Beanspruchung wird der Arm so schwerwiegend verletzt, daß die gereizte Gebärmutter sich zusammenzieht, und nichts anderes bleibt, als den Arm abzutrennen, um die Niederkunft zu beenden; ein Unglück, das auf dem Lande nur allzu häufig vorkommt." Die Tatsache, daß der Tod des Kindes derart im Vordergrund steht, erklärt, warum von den Hebammen in er-

---

[7] E. Edmont, *Les Usages de la Saint-Jean dans le Pas-de-Calais*, RTP, 1907.

ster Linie verlangt wird, sie müßten „tief religiös" sein. Wenn das Kind nämlich vom Tode bedroht ist, muß man es sofort taufen: „Bei allen Geburten wider die Natur muß man dem Kind, sobald man im Geburtsweg eines Fußes habhaft wird, die Taufe erteilen, bevor man noch den zweiten Fuß holt. Die Zeit, die man braucht, um ihn zutage zu fördern, könnte das Kind um die ewige Seligkeit bringen. Wenn man es versäumt, macht man sich hinterher vielleicht schwere Vorwürfe." Mit modernen Augen gelesen ist dieser Text grausam, scheint er doch das irdische Leben des Kindes gering zu achten. Versetzt man sich allerdings in die Geisteshaltung einer Zeit, in der das irdische Leben ohnehin bei einer „Geburt wider die Natur" in großer Gefahr war, in der darüber hinaus den „ohne Taufe gestorbenen Kindern" ein trauriges Schicksal sicher schien, führen diese Zeilen deutlich vor Augen, welche Beziehung zwischen dem Schmerz der Mutter und dem des Kindes herrschte und wie wohlbegründet die magisch-religiösen Bräuche waren, die von dieser Beziehung ausgingen.

Häufig wird der Mann in das schützende Netz einbezogen. Das als Kreuz über das Bett gebreitete Band, mit dem man die Frau gürtet, kann sein Hochzeitsgürtel sein; noch deutlicher verfährt man in manchen Gegenden, wo man ihr Kleidungsstücke ihres Mannes – Hemd, Hut, Hose – auf den Bauch legt oder auch anzieht.

So kommen wir zur Bedeutung von Familie und Gesellschaft, in die die Niederkunft eingebettet ist, und zu der Bedeutung, die diese Einbettung für das Kind hat.

Die Wärme der Geburt

Die Umgebung der Wöchnerin läßt vor allem an große Wärme denken – an körperliche Wärme, aber auch an soziale Wärme, und dies ungeachtet eines Schauspiels, das fremden Augen unerträglich sein muß, ungeachtet eines häufig dramatischen Geschehens und ungeachtet der ganzen Aufregung (oder vielleicht gerade ihretwegen).

Die Abhandlungen über Geburtshilfe unterstreichen den Eindruck von Wärme, den man vom Zimmer der Wöchnerin gewinnt oder genauer, vom Raum, in dem sie sich aufhält. Daß man für Wärme sorgen solle, ist eine Empfehlung, die ganz generell für alle Krankheiten ausgesprochen wird (um so notwendiger in diesem Fall, da es um zwei schwache Geschöpfe geht: die Mutter und das Kind). Auch die Abhandlung von Mme du Coudray betont, daß Wärme notwendig sei. Dreißig Jahre später stellt Baudelocque sie hingegen in Frage: „Man achte darauf, daß sich im Zimmer der Frau nur die unbedingt notwendigen Personen aufhalten, damit es dort leiser zugehe, damit die Luft dort nicht knapp werde und nicht zu sehr mit Ausdünstungen belastet werde. Man mache selbst im Winter nicht zuviel Feuer, um dieselben Unzuträglichkeiten zu vermeiden, und öffne von Zeit zu Zeit ein Fenster oder die Tür, damit die Luft sich erneuern kann." Diese strengen hygienischen Grundsätze waren gewiß unverzichtbar. Sie lassen jedoch die Wärme des menschlichen Körpers außer acht, deren Notwendigkeit man heute zumindest für das Kind wiederentdeckt. Ohne sie kann die Niederkunft, als ganzheitliches Geschehen verstanden, nicht nach Wunsch verlaufen.

Diese Notwendigkeit war implizit in den traditionellen Bräuchen enthalten, die alle das Bedürfnis nach Wärme unterstrichen, das um so dringlicher war, als ja die Bauernhäuser feucht und zugig waren.

Anwesenheit des Mannes

Ausnahmslos umgab die ganze Familie das Kind, um es mit ihrer Wärme zu empfangen und in ihr Netz aufzunehmen. Die symbolische Rolle des Vaters findet ihren Höhepunkt in dem außergewöhnlichen Brauch des „Männerkindbetts", der für den Südosten Frankreichs bezeugt ist. In der Haute-Bretagne meint man, daß das Kind große Aussichten habe, ein Tor zu werden, wenn der Vater zum Zeitpunkt der Geburt betrunken ist. Die Teilnahme des Vaters an der Niederkunft war in der Tradition sehr erwünscht. Die genannte Untersuchung in der Normandie zeigt, daß der Mann in so gut wie allen Fällen von Hausgeburten anwesend war – was der geläufigen Vorstellung ein wenig widerspricht, es handle sich ausschließlich um eine „Frauenangelegenheit". Ein Grund dafür ist praktischer Natur: Die Tatsache, daß man die Kraft eines Mannes braucht. Die körperlichen Techniken der Entbindung waren nämlich sehr eigenartig und ließen der Aktivität von Geburtshelfern mehr Raum als heute. Wenn die Frau etwa stehend entband, mußte man sie stützen. Betrachten wir beispielsweise die folgende Beschreibung von Jeanton für das Mâconnais: „Bei der Niederkunft stand die Gebärende aufrecht und hielt sich mit den Händen an einem hohen Kamin fest, um stärker pressen zu können. Manchmal riß die Nabelschnur, und das Neugeborene konnte sich beim Sturz auf den Boden der Feuerstelle tödliche Verletzungen zuziehen. In manchen Dörfern brachte die Frau ihr Kind zur Welt, während sie auf den Knien des Mannes saß, der sie unter den Achseln hielt."

Überdies kann in Gebieten mit viel Viehzucht die Erfahrung, die der Mann beim Kalben gewonnen hat, eine gewisse Hilfe für die Hebamme bedeuten. Heute noch hat uns ein Viehzüchter aus der Normandie mit scharfsinnigen Belegen aus der Tierwelt erklärt, warum er für die schwierige Geburt seiner Frau lieber einen Spezialisten als einen praktischen Arzt hinzugezogen habe. Zu diesen konkreten Gründen gesellen sich Motive psychologischer Art, die uns von einer alten normannischen Frau ziemlich drastisch dargelegt wurden. Sie erklärte, der Mann müsse natürlich die Schmerzen seiner Frau miterleben und fügte hinzu: „Er war dabei, als es begann, da ist es normal, daß er auch am Ende dabei ist." Der Unterschied zur heutigen Ideologie der schmerzlosen Geburt liegt gewiß in dem Umstand, daß die Rolle des

Mannes bei der traditionellen Niederkunft zugleich konkret, aktiv und symbolisch ist; bei der schmerzlosen Geburt steht der Mann etwas im Abseits, wenn er nicht gar als bloßes Hindernis betrachtet wird. Selbst im besten Falle ist seine rein symbolische und psychologische Rolle schwer faßbar, da sie einer konkreten Grundlage entbehrt. Dagegen werden wir bei den traditionellen Bräuchen ständig feststellen können, wie wichtig hier die konkrete Basis ist, auf die sich die symbolische Wirksamkeit stützt. Trotzdem ist die traditionelle Geburt Frauensache. Der anwesende Ehemann ist die einzige männliche Ausnahme. So berichtet Sebillot, daß in der Haute-Bretagne „der Mann seine Freunde auffordert, seine Frau zu halten, falls die Niederkunft schwierig sein sollte“ (was gegen die geäußerte Hypothese sprechen würde), fügt aber sofort hinzu: „Es wird versichert, daß manche Frauen rascher niederkommen, aus Angst, auf solche Art gehalten zu werden.“

Frauen, die bei der Geburt anwesend sind

Abgesehen vom Ehemann sind vor allem Frauen während der Geburt anwesend. Im allgemeinen gehören sie zur Familie. Es sind Frauen, mit denen die werdende Mutter verbunden ist, und sie bezeugen durch ihre Anwesenheit, wie stark das Netz der Verwandtschaft ist. So ist die Person, die bei der Geburt „hilft“ – traditionellerweise eine alte Frau aus dem Dorf –, häufig Mitglied der weiteren Familie. In manchen Gegenden, beispielsweise in der Lorraine, glaubt man, daß ihre Vorzüge und Fehler auf das Neugeborene übergehen. Diese Überzeugung ist von gleicher Art wie diejenige, die Pate und Patin betrifft, und läßt sich auf zwei Ebenen erklären. Einerseits wird sie empirisch bestätigt, da echte Vererbung manchmal durchaus möglich ist, zum anderen verweist sie auch auf die wichtige soziale Rolle dieser Frau, die durch ihre Teilnahme an der Geburt symbolisch zu den

Eltern des Kindes gehört. Ihre Aktivitäten sprengen auch den engeren Rahmen der Geburt. Sie trägt das Kind zur Taufe. Häufig bleibt sie die ersten Tage, um der jungen Frau bei der Kinderpflege zu helfen und den Beschäftigungen außerhalb des Hauses nachzugehen, die der Wöchnerin vor ihrem ersten Kirchgang untersagt sind.

Aus medizinischen und hygienischen Gründen, die auf der Hand liegen und keinesfalls bestritten werden sollen, hat man in immer stärkerem Maße versucht, diese alte Frau aus dem Dorf zuerst durch besser ausgebildete Hebammen, dann durch praktische Ärzte und schließlich durch die Gynäkologen des Krankenhauses zu ersetzen. Die Geburt, einst ein familiäres Ereignis, ist mehr und mehr zu einer Angelegenheit der Medizin geworden. Der zunehmende Vorrang der Medizin hat ziemlich komplexe Folgen gehabt. Die „Techniker“, meist Männer, drängen sich in diesen Ritus des Übergangs. Zwar haben Frauen auch weiterhin stets eine wichtige Rolle gespielt; bei der Hausgeburt war häufig eine ältere Frau anwesend, die dem Arzt half. Auch bei der Niederkunft auf der Wochenstation haben die Hebammen eine weit wichtigere Aufgabe als der Arzt. Aber in einem tieferen Sinne ist die Geburt ein medizinischer und technischer Vorgang geworden, der nicht mehr in die Familie eingebettet ist. Auch wenn sich also nicht unbedingt sagen läßt, daß die Entbindung ganz zu einer Sache der Männer geworden sei, so wird sie doch häufig so empfunden. Die Technisierung der menschlichen Beziehungen und der Vorrang des männlichen Elementes werden nämlich allgemein als paralleler Vorgang angesehen. Im Gegensatz zu den alten Frauen, die „halfen“, standen die Hebammen häufig in dem Ruf, einen schwierigen, einen „männlichen“ Charakter zu haben. Dieser Ruf läßt sich zwischen den Zeilen aus der Anweisung von Mme du Coudray herauslesen, welche ihnen Sanftmut und christliche Barmherzigkeit ans Herz legt. Auch die Beinamen, die man ihnen gab, zeugen davon. In den Hochvogesen hießen sie „schreckliche Mutter“; im Mâconnais „Mères gandrilles“ –

böse Mütter. Jeanton fügt hinzu: „Sie standen in dem Ruf, Mannweiber zu sein, die weder Tod noch Teufel fürchteten; auch hieß es allgemein, sie seien Teufelsbraten, ein Ausdruck, mit dem alle Frauen belegt wurden, die sich nicht die Butter vom Brot nehmen ließen und die kühn wie Männer waren."

Man empfand also ein gewisses Widerstreben, die „Hebamme" zu holen, denn „quand ça va bien, pas besoin de matrone" – wenn es gut geht, braucht man sie nicht... Dies um so mehr, als hier gewisse Gefahren lagen. Um nicht in diesem – vor allem für das Leben des Kindes – besonders gefährlichen Augenblick einen bösen Zauber auf sich zu ziehen, mußte man zu zweit gehen. Die Tatsache, daß die Angst sich speziell auf diese Person konzentriert, zeigt deutlich, daß zu einer Geburt „mit natürlichem Verlauf" eine fremde Person kaum Zutritt bekam. Wenn heute die Geburt nicht mehr zu Hause stattfindet, liegt das zum großen Teil am berechtigten Einspruch der Ärzte. Doch die Tatsache, daß die Frauen vom Lande großen Wert darauf legen, in den örtlichen Entbindungsheimen niederzukommen, obwohl die Bedingungen der Geburtshilfe dort häufig unzulänglich sind, erklärt sich unter anderem aus dem Bedürfnis, an einem nahegelegenen und vertrauten Ort zu bleiben und sich nicht von einem fremden Arzt, sondern vom Hausarzt entbinden zu lassen, der sich auch später um das Kind kümmern wird.

Die eigentliche Geburt betrifft also vor allem den Körper der Mutter. Ständig ist aber auch das Kind beteiligt – durch die Beziehung, die der Schmerz zwischen ihm und der Mutter schafft, durch die Gefahr, die seinem Leben ständig droht, durch die familiäre und soziale Einbettung dieser Geburt.

So kann es nicht erstaunen, daß die Bedingungen der Geburt – vor allem, wenn sie außergewöhnlich sind – nachhaltigen Einfluß auf den Körper des Kindes in seiner Beziehung zu Schmerz und Krankheit haben.

Die Umstände der Geburt

„Aux poussins nés en juillet, la tête fait mal.“[8]

Während das Auftreten der ersten Regel, die Heirat und die Empfängnis in das gleiche Vorstellungssystem gehören, ist die Geburt ein ganz besonderer Augenblick: Durch sie gewinnt das Kind seine Autonomie innerhalb des Kontinuums der Vererbung, das sich von der Empfängnis (sogar von der Zeit davor) bis zum Kleinkindalter erstreckt.

In den volkstümlichen Vorstellungen ist die Geburt im wesentlichen der Augenblick, da das Kind, das eins mit dem Körper der Mutter war, ja, das ganz und gar die Mutter war und wie sie reagierte, ein eigenständiges Wesen wird. So ist es nicht erstaunlich, daß den Umständen der Geburt besondere Aufmerksamkeit entgegengebracht wird. Zugleich wirken sich diese Umstände auf die körperlichen Besonderheiten des Kindes aus und betten es in das physische und soziale Universum ein. Sie deuten auf seine soziale Zukunft hin (Glück und Unglück). Aber auch ihr Einfluß auf die körperliche Entwicklung des Kindes (Gesundheit oder Tod) ist groß. Unter anderem können sie auf den Körper des Kindes die Fähigkeit, andere zu heilen, übertragen. Diese Wunderkraft wird durch die Geburt in doppelter Hinsicht bezeichnet: Die Vererbung der Wundergabe ebenso wie ihre Vermittlung durch die Umstände der Geburt verstärken die ganz besondere Beziehung, die sich zwischen Kleinkindalter und Krankheit herausbildet.

---

[8] Sprichwort aus der Gascogne. (Küken, die im Juli geboren werden, tut der Kopf weh.)

Wenn ein Kind mit einem Teil des Amnium auf dem Kopf geboren wird, gilt dies generell als Unterpfand des Glücks. Einem solchen Kind wird alles gelingen, versichert man in den Hochvogesen. In zahlreichen Gegenden Frankreichs hebt man das „Glückshäubchen“ sorgfältig als Talisman auf. N. Belmont leitet diese Kraft daraus ab, daß das Kind mit seinem Häubchen – ein Abbild des Phallus – symbolische Bedeutung habe. Wir sind durchaus bereit, die Symbolik irgendeines vereinzelt genommenen Zeichens zu berücksichtigen, doch hier geht es eher darum, zu zeigen, wie die Deutungen aller Zeichen der außergewöhnlichen Geburt in einem Punkt zusammenlaufen: Es geht vor allem um das Vorhersagen des „Glücks“. Dieses „Glück“ betrifft in erster Linie den Körper und seine Zukunft. Denn in einer ländlichen Gesellschaft sind Körper und physische Gesundheit für Mensch wie Tier zugleich Kapital und wertvollstes Arbeitswerkzeug.

Auch die außergewöhnlichen Lagen der Nabelschnur werden berücksichtigt. Wenn das Kind erdrosselt zur Welt kommt, werden dafür bestimmte Handlungen der Mutter verantwortlich gemacht. Umgekehrt gilt es im Maine als Glückszeichen, wenn das Kind überlebt, wenn es also die Gefahr der Strangulierung übersteht, obwohl es mit der Nabelschnur um den Hals geboren wurde. Gleiches gilt für den Fall, daß die Nabelschnur auf der Schulter des Neugeborenen liegt oder um seine Taille geschlungen ist.

Die anderen untypischen Geburten werden kaum erwähnt. Man spricht beispielsweise sehr selten von Fußlagen oder noch komplizierteren Geburten. Es ist festzustellen – und die älteren Abhandlungen über Geburtshilfe, die wir angeführt haben, bezeugen es – daß diese Geburten meist sehr unglücklich verliefen und im allgemeinen mit dem Tod des Kindes endeten. Bei der schlechten medizinischen Versorgungslage auf dem Lande war das leicht möglich. So kann es nicht überraschen, daß die Überlieferung von diesen Geburten kaum spricht. Doch wenn es geschieht, betont sie das Glück jener, die überlebt haben, und überträgt es auf ihr ganzes Leben. Das bestätigt also unsere Hypothese. Wenn diese Kinder außergewöhnliche Geburtsbedingungen überleben, beweist das ihr besonderes „Glück", kündigt es also auch an.

Körpermerkmale bei der Geburt

Auch bestimmte Körpermerkmale des Kindes werden berücksichtigt. Die Sprichwörter zeigen deutlich, wie wichtig solche Merkmale sind. Es gibt eine volkstümliche Physiognomik, die sich allerdings mehr mit dem Kind befaßt, dessen Züge bereits ausgebildet sind. Beim Neugeborenen gilt das Interesse nur bestimmten sehr ausgeprägten Merkmalen. Im allgemeinen sucht man nach Ähnlichkeiten des Kindes mit den Familienmitgliedern. Auch freut man sich über bestimmte Zeichen für Frühreife, die als glückliche Vorzeichen gelten. So ist es ein gutes Vorzeichen, wenn das Kind mit offenen Augen geboren wird oder bereits Zähne hat, wenn es also Zeichen einer körperlichen Vollendung aufweist, aufgrund derer sich eine größere Robustheit prophezeien läßt.

Insbesondere interessiert man sich für äußerst flüchtige Merkmale. Vor allem für die Haare, deren doppelte Besonderheit zu dieser Zeit ist, daß sie oft im Übermaß, aber nur für kurze Zeit vorhanden sind. So heißt es in Nantes: „Wenn ein Kind mit vielen Haaren geboren wird, ist das für die Mutter ein Zeichen, daß sie zahlreiche Nachkommen haben wird." Abermals sei auf die Verbindung zwischen dem Neugeborenen und dem künftigen Kind hingewiesen! In Lothringen stellt eine sehr direkt verfahrende Physiognomik zwischen Stärke und Aussehen des Haarwuchses bei der Geburt und Stärke und Charakter des späteren Erwachsenen einen Zusammenhang her: „Das Neugeborene, dessen Haare wie eine Mähne aussehen, wird kräftig sein, eine gute Ehe schließen und reich werden." So kann man auch mit Hilfe einer vielfältigen Symbolik die Verbindung zwischen einem üppigen (also kräftigen) Haarwuchs und der Fruchtbarkeit erklären. Umgekehrt „wird das Kind, das mit sehr blonden oder weißen Haaren geboren wird (das heißt mit Haaren, die auf dem Kopf des Neugeborenen nur schwer zu sehen sind) nie Glück haben und im Elend sterben". Schließlich „wird das Kind, das von Geburt an krause Haare hat, von schalkhaftem Charakter sein". Wie auch sonst häufig sind Haupthaar und Körperhaar nicht von gleicher Bedeutung. So sieht man es in den Hochvogesen nicht gern, wenn ein Kind mit Haaren auf den Schultern oder im Kreuz geboren wird, weil dann die Gefahr besteht, daß es später häufig müde ist und mit der Not Bekanntschaft macht. Abermals sei auf die Beziehung zwischen Gesundheit und Reichtum hingewiesen, die wir in den Sprichwörtern sehr deutlich aufzeigen konnten und deren zentrale Bedeutung wir im Glücksbegriff nachgewiesen haben.

Es ist schließlich sehr wichtig, daß das Kind sofort nach der Geburt schreit. Die Gründe dafür sind zugleich konkret – man weiß, wie wichtig noch heute dieses Lebenszeichen ist – und symbolisch. So heißt es im Anjou, daß „das Kind, wenn es sogleich schreit, Musiker wird; wenn es schweigt, steht es mit seiner Gesundheit nicht zum besten"; eine Verbindung also zwischen der Kraft seiner Stimme bei der Geburt und der Qualität seiner zukünftigen Stimme.

Schließlich sucht man nach besonderen Malen, die den Körper „zeichnen": nach kleinen Warzen oder hervortretenden Adern. Es ist bekannt, daß man glaubte, die französischen Könige trügen auf ihrem Körper ein Zeichen ihres Königtums. Solche Zeichen sind ganz genau zu erkennen und unterscheiden sich grundsätzlich von „Muttermalen". Meist kündigen sie das künftige Glück dessen an, der sie trägt: „Qui a un signe au cou est plus heureux qu'on veut." (Wer ein Zeichen am Hals trägt, dessen Glück läßt nichts zu wünschen übrig.) Diese – in den meisten Fällen gottgewollte – Prädestination kann auch unglückselige Ursprünge haben: „Tous ceux que le Bon Dieu marque, par le diable sont pris en charge.“ (Vgl. deutsch: Wen der liebe Gott zeichnet, des nimmt sich der Teufel an. Oder: Wen Gott und die Natur gezeichnet hat, vor dem hüt sich Roß und Mann.) Auch können – obschon solche Male im Normalfall eine glückliche Vorbedeutung haben – bestimmte Zeichen Unglück bedeuten. So verhält es sich in zahlreichen französischen Gegenden mit der bläulichen Ader zwischen den Augen. In der Basse-Normandie führt man sie darauf zurück, daß die Mutter während der Schwangerschaft einen Toten angesehen hat. Das erwartete Kind ist dadurch verurteilt. Man nennt es „das Kind auf der Bahre“. Die Ader ist das entsprechende Zeichen auf seinem Körper. Wenn sich diese sichtbaren Adern an der Schläfe befinden, sind sie keine ganz so gravierende Vorzeichen. Die betreffenden Kinder laufen lediglich Gefahr, anfällig zu sein. In der Gegend von Menton hält man diese Kinder stattdessen für glücklich, wobei der gleiche Vorgang wie oben zugrundeliegt: Wenn es ihnen gelingt, die Klippe einer gefährlichen Geburt zu umschiffen, wird ihnen das Glück für den Rest ihres Lebens treu bleiben: „Veine sur le nez, quand ils viennent à sept ans, ils vivent jusqu'à cent ans.“ (Wenn diejenigen, die Adern auf der Nase haben, sieben Jahre alt werden, leben sie, bis sie hundert sind.)

Der Mond und der Augenblick der Geburt

Der Augenblick der Geburt ist ebenfalls von Bedeutung. Das läßt sich noch heute daran erkennen, daß der Astrologie in den Publikumszeitschriften ein so bedeutender Platz eingeräumt wird. Allerdings sind die ländlichen Traditionen in dieser Hinsicht bei weitem nicht so kompliziert. Eine größere Rolle spielen nur die Mondphasen. Doch werden auch viele andere Konstellationen gefürchtet oder verehrt.

Die Bedeutung, die verschiedenen Planeten in den Stundenbüchern und Almanachen eingeräumt wird und einige sehr genaue Beobachtungen des Volkskundlers De Westphalen geben immerhin zu der Vermutung Anlaß, daß die anderen Gestirne nicht völlig außer acht gelassen werden, wenn auch der Mond in der volkstümlichen Überlieferung eine zentrale Rolle spielt. Ihr Einfluß wird von der Bedeutung des Mondes häufig überdeckt. Dies um so mehr, als er immer an der Wirkung der Gestirne beteiligt ist. Beispielsweise merkt De Westphalen an, daß in der Lorraine ein Kind, das unter dem Einfluß von Merkur geboren wird, „einen sanften, empfindsamen, wenig vorausschauenden Charakter haben wird". Wer von Venus regiert wird, „wird liebenswert sein und viel geliebt werden". Doch unbestreitbar ist meistens vom Mond die Rede. Wir haben festgestellt, welchen Einfluß er auf das Geschlecht des künftigen Kindes hat. Ebenso greift er in das Schicksal des Kindes ein, insbesondere beeinflußt er sein physisches Wachstum – also sein Leben – und die Entwicklung seines Geistes. So führt die Tatsache, daß man bei zunehmendem Mond geboren wird, zu körperlichem Wachstum und Frühreife, und dies natürlich vor allem bei Mädchen, von deren besonderen Affinität zum Mond wir berichtet haben. Auf den Geist dagegen wirkt sich zunehmender Mond zwiespältig aus: Wenn er einerseits zu dessen Entwicklung beiträgt, so fördert er andererseits auch seine Krankheit. Diese Vorstellung ist einer sehr alten Gelehrtenüberzeugung verwandt. Saintyves erinnert an den Text von Bartholomäus Anglicus: „In Natur und Empfinden richtet sich das Gehirn nach dem Lauf des Mondes, denn wenn dieser zunimmt, nimmt es auch zu, und wenn er abnimmt, nimmt es auch ab, zieht sich in sich selbst zusammen und hört nicht mehr recht auf die Tugend der Seele, wie sich bei jenen zeigt, die *mond-* oder *fallsüchtig* sind. Sie werden nämlich bei Neu- oder Vollmond heftiger gequält als zu anderen Zeiten." Im Morbihan heißt es, daß „ein Kind, das geboren wird, wenn der Mond aufgeht, töricht wird“ und daß „diejenigen, die bei Vollmond geboren werden, im Alter verrückt werden können“. Nach diesen Überzeugungen hat also der Mond einen schädlichen Einfluß. Günstig für die Entwicklung der Intelligenz ist eine mondlose Nacht bei der Geburt: „Kinder, die an einem Tag geboren werden, da der Mond nicht scheint, haben Mühe zu leben, aber sie sind *intelligent* und sie haben den Vorteil, daß sie Geister sehen und Zaubersprüche wirkungslos machen können“, sagt man in den Hochvogesen. Körper und Geist stehen also in dieser wie auch in anderer Hinsicht im Widerspruch zueinander. So haben „diejenigen, die bei Neumond geboren werden, eine schärfere Zunge als andere“ (körperliche Qualität); „diejenigen, die bei abnehmendem Mond geboren werden, sprechen weniger, denken aber mehr“ (geistige Qualität). Der Mond legt bei der Geburt auch die Fortpflanzungsfähigkeiten des Kindes fest: „Menschen, die bei abnehmendem Mond geboren werden, haben keine Kinder; Tiere, die zu solchen Zeiten geboren werden, sind zur Fortpflanzung nicht geeignet“, heißt es in den Hochvogesen.

Die „lune rousse“ (das heißt die Mondphase, die im April beginnt und Anfang Mai zum Vollmond führt) hat einen ganz besonderen Einfluß auf das Wetter, die Ernte und die Gesundheit. Deshalb ist es nicht erstaunlich, daß man Geburten, die in diesen Zeitraum fallen, für besonders wichtig hält. Kinder, die vom „roten Mond“ regiert werden, sind im allgemeinen gesund und kräftig. Der „rote Mond“ macht die Pflanzen mittels des Frühlingsfrostes „rot“, macht aber dank einer analogen Symbolik auch Kinder „rot“, d. h. stattet sie mit einem ähnlichen Charakter aus, wie er allgemein Rothaarigen nachgesagt wird: „Sie sind eifersüchtig, heimtückisch, verräterisch, rachsüchtig.“ Eine andere Art von Analogie tritt in der Entsprechung zwischen dem Erscheinungsbild des Mondes und dem Schicksal des Kindes zutage. So berichtet Sebillot von einem merkwürdigen Glauben, der sich auf das mögliche Gehenktwerden bezieht: „In der Basse-

Bretagne meint man, der Tod durch Erhängen sei jenen Kindern vorherbestimmt, die geboren würden, wenn der Mond sich erhänge, das heißt wenn er beim Zunehmen aussieht, als hänge er wie ein Seil an der Spitze einer Wolke, das eine Ende der Sichel oben, das andere unten. Ebenso betrachtet man in der Haute-Bretagne, wenn ein Kind nachts geboren wird, den Stern unmittelbar über dem Schornstein. Leuchtet er, wird das Kind glücklich sein, ist er blaß, wird die Gesundheit des Kindes stets angegriffen sein."

Bedingungen, die gleichfalls an bestimmte Mondphasen gebunden sind, bestimmte Monate oder bestimmte Tage, sind besonders günstig oder ungünstig. Allerdings wird in ihrem Fall nie explizit auf den Mond angespielt. So haben Menschen, die im Mai geboren werden, mehr Kinder als andere (obgleich die Hochzeit in dieser Zeit zu Unfruchtbarkeit führt); dagegen sind sie im allgemeinen weniger klug – im Bourbonnais nennt man sie „Maitröpfe". An diesem Gegensatz zwischen Wachstum der Physis oder der Fortpflanzungsfähigkeit und dem Wachstum des Geistes kann man den Einfluß des Mondes erkennen.

Im übrigen orientieren sich viele dieser Überzeugungen an einer ausdrücklich religiös geprägten Symbolik, die die gesegneten und verfluchten Tage bestimmt. Wenn ein Kind am Sonntag geboren wird, wird es immer Glück haben und nicht an der Pest sterben. Hingegen ist es nicht gut, an einem Freitag geboren zu werden. Es wird schwerer sein, solch ein Kind „zum Guten zu führen". Allerdings trifft dies nicht für den Karfreitag zu, der ein ganz besonders heiliger Tag ist und die Bedeutung des gewöhnlichen Freitags auf den Kopf stellen kann.

Bestimmte religiöse Feste „regieren" durch ihre Ähnlichkeit das Geschick des Kindes, das unter ihren Auspizien geboren wird. So heißt es in den Hochvogesen, daß der „neunundzwanzigste Tag ein Unglückstag ist, da Herodes an einem neunundzwanzigsten Tag in seiner Grausamkeit das Jesuskind vernichten wollte. An diesem Tage muß jedes Unternehmen fehlschlagen und schlecht enden. Jedes Kind, das an diesem Tage geboren wird, wird bös sein, verräterisch, diebisch und grausam. Mit einem Wort, es wird alle schlechten Eigenschaften von König Herodes besitzen". In der Franche-Comté ähnelt jeder Junge, der am Tag des heiligen Joseph geboren wird (der – erinnern wir uns – der Schutzheilige der betrogenen Ehemänner ist) seinem Paten, wenn dieser gleichfalls am Josephstag geboren worden ist. Außerdem werden Kinder, die in der Weihnachtsnacht (das heißt in der durchwachten Nacht *par exellence*) zur Welt kommen, schlafwandeln.

Schließlich ist der Zeitraum zwischen elf Uhr abends und ein Uhr morgens, der für den Übergang von einem Tag zum anderen steht, besonders unglückselig. In erster Linie handelt es sich um die Nacht, in zweiter um eine Zeit des Übergangs, also eine kritische Zeit. Auch Sauvé bemerkt: „Wenn die Wehen manche Frauen so überkommen, daß eine Niederkunft während schrecklichen Stunden droht, bittet die untröstliche Familie die Hebamme mit flehend erhobenen Händen, das Unmögliche zu versuchen, um die Geburt zu beschleunigen oder zu verzögern."

Andere – wenn auch seltenere – Umstände spielen bei der Einordnung des Kindes in das Gefüge der Verwandtschaftsbeziehungen mit. So hält man es für gut, wenn bald nach dem Tod eines alten Menschen eine Geburt erfolgt. In manchen Gegenden meint man, ein Kind, das an dem Tag geboren werde, da ein sehr alter Mensch gestorben ist, sei vom Glück begünstigt. Erbe es doch die große Zahl von Jahren, die der soeben Gestorbene gelebt habe.

Geburt und wundertätige Kraft

Die Umstände der Geburt prägen den Körper des Kindes nachhaltig. Viele Eigenschaften, die er vor der Geburt noch nicht besaß, erhält er in diesem Augenblick. Der außergewöhnliche Vorrang des Körperlichen zu diesem Zeitpunkt ist allerdings nicht erstaunlich, da der Körper des Kindes jetzt zum ersten Mal autonom in Erscheinung tritt – und das noch dazu unter einer Fülle von Schreien und Schmerzen, also von Körpermanifestationen. Schmerz und Hinfälligkeit hängen eng mit diesem Augenblick zusammen. Das alles führt dazu, daß auch die Macht des Kindes über den Körper anderer, die Kraft, andere zu heilen, sich in diesem Augenblick einstellt.

Häufig vermitteln außergewöhnliche Geburtsumstände Heilkräfte. So verhält es sich in manchen Gegenden bei Kindern, die mit einem Helm (oder „Glückshäubchen", vgl. S. 133) geboren werden. In der Gironde heilen sie Krankheiten der Milz.

Zwillingsgeburten sind zugleich außergewöhnlich und gefährlich. Auch wird entweder die Mutter von Zwillingen oder zumindest eines der Kinder mit bestimmten Kräften ausgestattet. In der Lorraine heilt die Mutter von Zwillingen „Verrenkungen"; noch heute verfügen Kinder, die mit einem Helm geboren werden, aber auch Zwillinge einer Erstgebärenden (was sie noch seltener macht), über die Fähigkeit, Verstauchungen zu heilen. Die gleiche Gabe besitzen diejenigen, die „mit den Füßen voran" geboren werden; die Symbolik der Entsprechung tritt hier sehr deutlich zutage: „Wenn ein Kind mit den Füßen voran zur Welt kommt, hat es die Fähigkeit, Verstauchungen zu heilen", heißt es in Ille-et-Vilaine. Am Kap Sizun im Finistère besitzt jemand, der so viele Schwierigkeiten hatte, auf die Welt zu kommen, und der dabei in gewisser Weise selbst zu seiner Heilkraft gefunden hat, ungeheure Gaben. Er ist ein „Diskonter", das heißt, er heilt Krankheiten durch Worte, Zeichen, Heilpraktiken; er kennt sich mit Heilpflanzen aus und fertigt „Louzou" an (Talismane gegen den bösen Blick).

Auch wenn ein Kind mit Zähnen geboren wird, besitzt es häufig Heilkräfte. Was nicht erstaunlich ist, wenn man sich vergegenwärtigt, wie nachdrücklich die Sprichwörter die symbolische Macht des Zahns über Leben und Tod hervorheben.

An bestimmten Tagen geboren zu werden, verleiht besondere Kräfte zur Heilung von Krankheiten. Wenn ein Kind am Karfreitag geboren wird, besitzt es die Fähigkeit, dem Fieber Einhalt zu gebieten. Wird es am Weihnachtstag geboren, kann es „die Haselrute (das heißt die Wünschelrute) führen". Sehr verbreitet ist die Überzeugung, daß, wer am 25. Januar, dem Tag der Bekehrung des heiligen Paulus, geboren wird, die Gabe besitzt, gegen das Gift der Schlangen zu helfen. Häufig meint man auch, er könne Schlangen fangen, ohne deren Gift fürchten zu müssen.

Andere Besonderheiten betreffen mehr die soziale Existenz des Kindes, seine Einbettung in die Familie. Wenn das Kind beispielsweise zu Allerseelen geboren wird, gewinnt es eine besondere Beziehung zu den Vorfahren. Auch haben Kinder, die an diesem Tag geboren werden, häufig eine besondere Verbindung zum Übernatürlichen. Der Domherr Sol berichtet: „Im Haut-Quercy meinte das Volk einst, diese Kinder seien dazu bestimmt, ‚Armotiers' (vom alten Wort *armo* = *âme*, Seele) zu werden, das heißt später die Fähigkeit zu besitzen, Beziehungen zu den Seelen der Verstorbenen zu unterhalten."

Zwei andere Besonderheiten betreffen unmittelbar die Einbettung des Kindes in seine Familie: Der Umstand, posthum geboren zu werden, und die Position in der Reihenfolge der Geburten.

Generell besitzt ein Kind, das nach dem Tode seines Vaters geboren wird (oder auch manchmal ein Kind, dessen Vater stirbt, bevor es das vernunftbegabte Alter erreicht hat) die Kraft, alle Arten von Abszessen, Furunkeln und „Geschwulsten" zu heilen. Kann man nicht annehmen, daß eine Beziehung zwischen dem Fehlen des Vaters und dem Umstand vorliegt, daß diese Krankheiten im allgemeinen von den „schlechten Säften" herrühren und häufig für erblich angesehen werden? Im übrigen wird bei Durchführung des Heilritus oder bei der Heilung ähnlicher Krankheiten direkt auf die Ehe oder die Frau angespielt. So heißt es im Périgord, daß man „Geschwulste", um sie zu heilen, von posthumen Kindern berühren lassen oder die Schürzen jung verheirateter Frauen darauf legen müsse. In der Gironde haben posthume Kinder die Gabe, „die Drachenkrankheit“ (Augenentzündungen) zu heilen. Dabei fahren sie mit dem *Trauring* ihrer Mutter über die Augenlider des Patienten. Es scheint also, daß das posthume Kind seinen Vater ersetzen und daraus seine wundertätige Kraft gewinnen kann.

Manchmal sind die Entzündungen, die das posthume Kind heilt, auch enger gefaßt. Es handelt sich dann um eine Entzündung der Drüsen am Hals, in gewisser Weise um „Skrofeln“, die man im Morbihan „Würmer“ nennt. Das Heilritual schreibt vor, sie *sieben Mal* zu reiben. Das Auftreten der Ziffer sieben wie die Beschreibung der Symptome dieser Krankheit soll kurz Anlaß sein, das komplexe Problem der Skrofelnheilung im Zusammenhang mit der Vererbung und der Zahl sieben zu untersuchen.

Daß der siebte Sohn – wie die Könige von Frankreich – die Fähigkeit besitzt, Skrofeln zu heilen, ist dank M. Blochs Buch „les rois thaumaturges“ weit bekannter als andere Gaben, die bei der Geburt erworben werden. Im allgemeinen handelt es sich um den siebten Sohn in einer Familie, in der nur Söhne vorhanden sind. Mehrere Erklärungen kommen einander dabei zu Hilfe. Zuerst einmal ist, wie M. Bloch in Erinnerung ruft, unbestreitbar, daß der Ziffer sieben magische Kraft zugeschrieben wird. Doch unseres Erachtens muß man gleichfalls berücksichtigen, daß es sich um eine ununterbrochene Reihe männlicher Nachkommen handelt. Seine Stellung in dieser Abfolge verleiht dem siebten Jungen offenbar eine Überfülle besonderer Gaben. Genau wie der posthume Sohn scheint dieses Kind mit der Kraft des Vaters ausgestattet zu werden, mit der es den „schlechten Säften“ wirksam zu Leibe rücken kann, den Skrofeln, aber auch den Geschwulsten. Eine andere Beobachtung bestätigt diese Hypothese. Manchmal kann auch die siebte Tochter in ununterbrochener Reihenfolge heilen. Ihre Wirkung erstreckt sich jedoch meist auf Erkrankungen des Bauches. In ihrem Geschlecht symbolisch durch die ununterbrochene Reihe verstärkt, befassen sich die

Mädchen in erster Linie mit einem im wesentlichen weiblichen Organ, während die Jungen mit einer Heilkraft begabt sind, die die Säfte betrifft, also einen männlichen Aspekt, ist doch das Sperma ebenfalls ein Saft. In der Normandie heilt die siebte Tochter in ununterbrochener Reihenfolge den aufgetriebenen Leib von Kindern. Manchmal fällt diese Gabe auch der fünften Tochter zu: In der Gironde heilt die fünfte Tochter aus einer Ehe die Milz. Die Übertragung dieser Gabe bestätigt J. Lecouer – wenn auch in etwas anderer Weise – für die Normandie: „Manche Familie, von denen einige sogar behaupten, von der Familie des heiligen Martin, des Apostels der Gallier, abzustammen, besitzen den Vorzug, den aufgetriebenen Leib zu heilen, wie die Könige von Frankreich und der heilige Marcon (Marculfus) die Gabe hatten, von den Skrofeln zu befreien. Diese kostbare Fähigkeit, die von Generation zu Generation weitergegeben wird, fällt vor allem dem siebten oder dem dreizehnten Kind und seinen Nachkommen bis ins vierte Glied zu." Am Rande sei angemerkt, daß diese therapeutische Verbindung – oder dieser therapeutische Gegensatz – zwischen Skrofeln und aufgetriebenem Leib, also zwischen zwei Krankheiten, die sonst in der volkstümlichen Nosologie unterschieden waren, von der modernen Medizin bestätigt wird, denn in beiden Fällen handelt es sich um Symptome der Tuberkulose.

Auch das erste Kind verfügt über eine besondere Heilkraft. Wenn es ein Junge ist, erbt es häufig die Gabe vom Vater, wenn es ein Mädchen ist, von der Mutter. Die Heilkraft kann auch auf dem Körper des Kindes verzeichnet sein. Die merkwürdigste dieser Erscheinungen betrifft gerade das siebte Kind. In zahlreichen Gegenden Frankreichs trägt es auf seinem Körper (mit Vorliebe auf der Zunge oder auf der Brust) eine Lilienblüte, das heißt das Wappen der französischen Könige, die ja ebenfalls die Skrofeln heilten. Doch erteilen wir dazu das Wort M. Bloch: „Die Menge, die sich kaum um Logik kümmert (diese Einschätzung des Autors läßt sich bezweifeln; wir hoffen vielmehr, gezeigt zu haben, wie logisch und kohärent das ganze System ist), stellte zwischen den Hexenkünstlern, den geborenen Skrofelnärzten und den Königen von Frankreich eine geheimnisvolle Beziehung her. Man meinte, der Körper ersterer sei mit einem angeborenen Mal versehen, wobei man lange Zeit geglaubt hatte, die Könige selbst seien mit ihm versehen." M. Bloch fügt hinzu, daß diese Kinder häufig den Namen Louis bekommen hätten. Bei den Volkskundlern finden wir davon keine Spur. Vielleicht weil gegen Ende des 19. Jahrhunderts die einzige Erinnerung an die wundertätige Beziehung zum Königstum ins Unbewußte abgesunken war und sich nur noch in der Lilienblüte ausdrückte, die als Zeichen auf den Körpern erschien. M. Bloch analysiert dann die Beziehungen zwischen den einzelnen Heilern und den institutionalisierten Wallfahrten; er stellt fest, daß man diese Kinder oft „Marcou" nannte, um sie enger an den großen Heiligen zu binden, der von den Skrofeln heilte. Auch die Volkskundler berichten von diesem Brauch. So hat im Loir-et-Cher „der jüngste von sieben Jungen in einer Familie, in der es nur Söhne gibt, die Gabe, von schlechten Säften zu heilen. Man gibt ihm den Namen ‚Marcou'".

Gewiß tragen zahlreiche symbolische Elemente zu dieser wundertätigen Heilkraft bei. Dies gilt einerseits für die Art der Krankheit (es ließe sich eine umfangreiche Arbeit schreiben über die „schlechten Körpersäfte" und den „aufgetriebenen Leib" und über die Gründe der Unausrottbarkeit dieser Übel) und andererseits für die Verbindung mit dem magischen Symbolismus. Dieser erfaßt sowohl denjenigen, der nach dem Tode seines Vaters geboren wird und ihn somit zugleich ersetzt und betrauert, wie auch denjenigen, der nach einer magischen Serie von Jungen geboren wird.

Meist weisen die Umstände der Geburt keine Besonderheit auf. Dennoch ist es gelegentlich möglich, auf das Kind von seiner Geburt an einzuwirken, um ihm gewisse Kräfte zu vermitteln. So glaubt man in den Hochvogesen: „Wenn man den ersten Regenwurm, den man findet, von der Hand eines gerade geborenen

Kindes zerquetschen läßt, das noch nicht getauft worden ist", d.h. von einem Kind, dessen Geburtsvorgang folglich noch nicht abgeschlossen ist und das deshalb noch geformt werden kann, „wird diese Hand später die Kraft haben, Nagelgeschwüre durch einen einfachen Druck auf den kranken Finger zu heilen." Die Assoziation zwischen dem Zerquetschen eines Wurms und dem Heilen von Fingergeschwüren erklärt sich sehr deutlich durch eine Symbolik der Ähnlichkeit. Die Abszesse oder Fingergeschwüre sind eine Faulstelle des Körpers, in der man häufig den Sitz der Würmer vermutete.

Schließlich wollen wir, um die Zauber- und Heilkraft der Kinder zu illustrieren, noch daran erinnern, daß von all den Produkten des menschlichen Körpers, die häufig für Heilzwecke verwendet wurden, jenen, die vom Kleinkind stammen, besondere Kraft nachgesagt wurde. Ein Beispiel dafür ist das folgende normannische Rezept gegen die Gelbsucht: „Man tauche eine Mistelbeere in den *Urin eines männlichen Säuglings* und lege diese Beere dann auf den Kopf des Kranken, wobei man einen geheimen Spruch hersage."

Alles, was die Geburt umgibt – die Umstände der Entbindung, die Körpermale, die Konjunktion der Sterne und des Mondes, bestimmte Feste mit der entsprechenden religiösen Symbolik, die Einbindung in das Netz der Verwandtschaft – verweist uns in Wirklichkeit ständig auf den Körper: Es geht um die Zukunft des gerade geborenen kindlichen Körpers und um die Macht, die diese Umstände ihm über die Körper anderer Menschen verleihen. Die Geburt ist in mancherlei Hinsicht ein entscheidender Augenblick: Der kindliche Körper wird autonom, das erfordert einen fundamentalen Übergangsritus; dazu kommt die konkrete Bedeutung des Körpers und der Schmerzen.

Der Symbolismus, der dabei ins Spiel kommt, erweist sich als vollkommen kohärent. Seine Verbindungen sind von symmetrischer oder antithetischer Art. Wenn die Umstände der Geburt anormal sind, das Leben des Kindes also in Gefahr ist, wird demjenigen, dem es dennoch gelingt zu überleben, alles Glück zuteil, häufig werden ihm dazu noch mancherlei Kräfte übertragen.

Nachdem wir diese Bedeutung des Körpers unter den Bedingungen der Geburt untersucht haben, wollen wir uns damit beschäftigen, wieviel Sorgfalt man dem Körper des Kindes in den Augenblicken nach der Geburt angedeihen ließ.

Die Pflege des Kindes nach der Geburt

„Le feu fait du bien à la mère comme à l'enfant.“[9]

Sobald die Hebamme das Kind ans Licht befördert hat, wird es Gegenstand zahlreicher Vorsichtsmaßnahmen, die seinem Überleben dienen und die seinen Körper für die Zukunft formen.

Wie bei der Entbindung besteht man auch hier auf Zuwendung und Wärme. So hat sich der Geist der Empfehlungen des folgenden schönen Textes aus dem vierzehnten Jahrhundert lange Zeit im traditionellen Brauchtum erhalten; erst die strenge Asepsis der Wochenstation hat ihn vertrieben. Nachdem der Autor auf die Wärme hingewiesen hat, die das Kind im Mutterleib genießt, und die verschiedenen Phasen des intrauterinen Lebens beschrieben hat, fährt er fort: „Wenn es geboren ist und die zu kalte oder zu warme Luft spürt, beginnt es zu weinen ob des Elends, das es dort vorfindet, wohin es kommt. Das Fleisch des neugeborenen Kindes ist sehr zart und sehr fein und dafür gibt es glücklicherweise Heilmittel, wie Constantin im zweiundzwanzigsten Kapitel des dritten Buches von Pantegny sagt. Dort heißt es, daß die Kinder, wenn sie aus dem Leib der Mutter kommen, in zerstoßene Rosen, die mit Salz vermischt wurden, eingewickelt werden müssen, damit die Glieder gestärkt und vom schleimigen Saft befreit werden. Danach muß man ihnen den Gaumen sorgfältig mit den Fingern und das Zahnfleisch mit Honig massieren, um das Innere des Mundes zu säubern. Die Süße und Reinheit des Honigs soll dem Kind Appetit machen. Danach muß man es häufig baden, mit Rosenöl einreiben und an allen Gliedern massieren. Dies gilt besonders für männliche Kinder, deren Glieder der Arbeit wegen kräftiger sein müssen als die der Mädchen. Danach muß man es an einen dunklen Ort bringen,

[9] Bretonisches Sprichwort. (Das Feuer tut Mutter und Kind gut.)

damit es schlafen und seine Sehkraft besser bewahren kann, denn wenn der Ort zu hell ist, verliert es seine Sehkraft und nimmt Schaden an den Augen, die noch zu empfindlich sind und erblinden können."

Diese sorgfältige Behandlung des kindlichen Körpers findet sich durchgehend in den traditionellen Praktiken. Der schöne Text bringt anschaulich zum Ausdruck, wie zart und fürsorglich man mit dem Kind umging – trotz aller möglichen Schädlichkeit einzelner Praktiken.

Das erste Bad

Im allgemeinen wird das Kind von der alten Frau, die geholfen hat, oder von der Hebamme einer Ganzwäsche unterzogen, um es von dem noch an ihm haftenden Schleim zu befreien. Sie wäscht das Kind mit lauwarmem Wasser, das manchmal, wie in der Normandie, mit „frischer, nicht gesalzener Butter oder gut aufgelösten Eidottern" versetzt ist, um die Haut beim Säubern nicht zu sehr in Mitleidenschaft zu ziehen. Häufig fügt man dem Waschwasser Wein oder Branntwein hinzu, besonders, wenn das Kind schwächlich zu sein scheint. Manchmal gibt man ihm sogar ein wenig gezuckerten und mit Wasser verschnittenen Wein zu trinken. Wein steht nämlich allenthalben in der Volksmedizin im Rufe großer Heilkraft. Man sagt ihm stärkende Wirkung nach. Er besitzt zugleich konkrete Kraft, als „Heilkraut", als Frucht des Weinstocks, und Symbolkraft, insofern er für das Blut steht. Wein in kleinen Mengen gilt demnach als wirksames Heilmittel, wie deutlich in dem Sprichwort „Chair fait chair, vin fait sang, pain maintient" (deutsch entsprechend: Fleisch macht Fleisch, Wein macht Blut, Brot ist für Leib und Seele gut) zum Ausdruck kommt. Im übrigen haben die Abhandlungen zur Geburtshilfe lange Zeit empfohlen, das Kind mit Butter und Wein zu säubern. Diesem Rat begegnen wir bei Madame du Coudray, aber auch bei Baudeloque: „Zunächst sorgt man dafür, daß (diese Schmiere) ganz flüssig und geschmeidig wird, indem man sie überall dort, wo sie sich befindet, leicht mit Fingern massiert, die man in Öl oder in geschmolzene Butter getaucht hat. Daraufhin läßt sie sich mit einem trockenen Leinentuch entfernen. Nachdem man das Kind von dieser salbenartigen Schicht befreit hat, wäscht man es mit lauwarmem Wasser, das klar oder auch mit Wein vermischt sein kann." Nach dieser ersten Reinigung hüllt man das Kind häufig in das Hemd, das der Vater gerade ausgezogen hat. Sauvé sagt dazu: „Es gibt kein wirksameres Mittel, für die Kraft und Gesundheit des Säuglings zu sorgen, als ihn das erste Mal in diese noch ganz warme Leibwäsche einzuhüllen und es mehrere Stunden darin zu lassen." Neben dieser konkreten Erklärung müssen wir uns auch klarmachen, welche wichtige Rolle der Vater hier spielt: Das Kind kommt aus der Wärme der Mutter in die des Vaters. Dieser Brauch wird in anderen Regionen überhaupt nur auf der symbolischen Ebene erklärt. In der Gegend von Mâcon meint man, das Hemd schütze das Kind vor Blutungen im Bereich des Nabels. Oft wird auch die Mutter während der Entbindung und im Abschluß an sie in ein solches Hemd gehüllt, um sie vor Blutungen zu schützen. Dr. de Westphalen berichtet aus Lothringen: „Bevor man die erste Waschung des Kindes vornimmt, ist es üblich, das Neugeborene in ein getragenes und nicht gewaschenes Hemd des Vaters einzuwickeln. Das Baby soll so die Eigenschaften des Vaters annehmen und gegen Krämpfe und Epilepsie immunisiert werden."

Formung des Körpers

Verschiedene Praktiken sollen den Körper des Kindes formen. Wenn es etwa mit verformtem Schädel zur Welt kommt, mit einer „blutigen Beule oder einem länglichen Kopf" (was häufig bei einer langen oder schwierigen Geburt der Fall war), „bittet die Mutter die Hebamme, dem Kind den Kopf zu richten, ihn durch Kneten zu runden". Der Brauch, das Gesicht zu kneten, wird häufig systematisch bei allen Kindern angewandt.

Man drückt zum Beispiel die Nase kräftig zusammen, in der Meinung, sie wachse dann eher gerade. In der Gegend von Rennes und Dinan, berichtet Sébillot, „formen die Hebammen, die man dort ‚gramettes' (kleine Großmütter) oder ‚mitanes' (deutsch etwa: Butzeweibchen) nennt, den Kopf der Kinder. Sie deformieren die Köpfe nicht, sondern massieren sie bloß leicht, weil die Köpfe – meinen die Hebammen – sonst ihre spitze Form behielten". Im Gegensatz zu der Waschung mit Wein, wird diese Praxis von den Abhandlungen zur Geburtshilfe ausdrücklich verurteilt. Hören wir, was Mme du Coudray dazu zu sagen hat: „Da das gerade geborene Kind noch weich wie Wachs ist und, wie man glaubt, nach Belieben geknetet werden kann, meint man, die Hebamme solle die Mängel der Natur beseitigen und den Kopf des Kindes richten. Sie soll ihm eine rundere Form verleihen oder eine kleinere und hübschere Nase. Diesem unglückseligen Irrtum hängt man überall an, und die Hebammen bilden keine Ausnahme. Die Bitten der Mutter und die Vorwürfe, die sie später zu hören bekommen, wenn der Kopf des Kindes zu lang, zu breit oder zu dick ist, lassen sie diesen Brauch sehr genau befolgen. Man kann sich leicht vorstellen, mit welcher Gewalt diese Handreichung vorgenommen wird. Ich habe erlebt, daß manche Kinder sie nur wenige Tage überlebt haben, daß andere ihr Leben lang einen Schaden davongetragen und wieder andere nicht atmen konnten, weil die Nasenknochen zusammengepreßt waren. Doch um diesem Mißbrauch ein Ende zu machen, müssen die Mütter hier als erste Vernunft annehmen. Sie müssen sich klarmachen, daß sie in ihrer Mutterliebe zum Verlust oder zum Schaden eines Gutes beitragen, das ihnen so teuer ist."

Diese Praxis hat dennoch lange Bestand gehabt, gewiß weil sie wie eine natürliche Fortführung der Techniken und Ereignisse der Geburt erschien.

Häufig schnitt die Hebamme dem Kind auch das Zungenband mit dem Nagel ihres kleinen Fingers durch. So wollte sie verhindern, daß das Kind stumm blieb. Meist tat sie das aber nur bei jenen Kindern, deren Zungenband zu kräftig zu sein schien. Eine Hebamme aus Saône-et-Loire zum Beispiel gab bei einer volkskundlichen Befragung an, sie habe diese Operation in etwa fünfzehn von hundert Fällen bei Neugeborenen vorgenommen, und stets nur auf Bitte der Eltern. Im Morbihan „werden am Tag der Taufe (am Tag nach der Geburt) alle Kinder einer Hebamme zur Durchtrennung des Zungenbandes vorgeführt. Das Zungenband wird untersucht und nur in einigen Fällen durchgeschnitten. Wenn andere Kinder später nicht schreien oder nicht recht saugen, werden sie wieder zur Hebamme gebracht, die den Eingriff dann immer vornimmt und sich dabei ihrer Arbeitsschere bedient." Auch Baudelocque unterstreicht die Notwendigkeit, das Zungenband zu durchtrennen: „Das Zungenband, die Bändchen an der Seite der Zunge, die Atresie des Anus und des Harnleiters sind Fehlbildungen, die man nach Möglichkeit in den ersten Tagen nach der Geburt beseitigen sollte. Es gibt keine Frau, die nicht auf den Gedanken kommt, ihr Kind leide unter dem Zungenband, wenn es Schwierigkeiten beim Saugen hat. Sie weiß sehr gut, daß es sich um eine dünne fast durchsichtige Falte der Schleimhaut handelt, die die Zunge so eng an den Kiefer preßt, daß sie nicht aus dem Mund herausgestreckt und nicht an den Gaumen gelegt werden kann. Einige Hebammen zerreißen diese Falte mit dem Fingernagel, ohne sich darüber klar zu sein, daß das Verfahren von Schaden sein kann; oder sie durchschneiden sie mit einer Schere, ohne zu wissen, daß diese Operation – so einfach sie an sich auch ist – böse Folgen haben kann und von einem Chirurgen durchgeführt werden muß." Schließlich kneift man die Brustwarzen der kleinen Mädchen und drückt so den Tropfen Milch heraus, den sie häufig enthalten, um ihre Brust zu formen, damit sie später gut nähren. Diese Praktiken haben also das Ziel, die Arbeit der Niederkunft abzuschließen, dem Körper des gerade geborenen Kindes seine endgültige Gestalt zu verleihen. Andere Bräuche betreffen die letzten sichtbaren Verbindungen, die Mutter und Kind vereinen: Plazenta und Nabelschnur.

Plazenta und Nabelschnur

Wir wollen nicht weiter auf die symbolischen Zusammenhänge zwischen Plazenta, Helm und Nabelschnur eingehen, die N. Belmont herausgearbeitet hat. Wir wollen vielmehr versuchen, die Beziehung deutlich zu machen, in der die betreffenden Bräuche zum Körper des Kindes stehen. Diese Beziehung ist umso enger, als es sich wie bei den Nagelschnipseln oder dem Schmutz um Teile von Mutter und Kind handelt, die sozusagen für das Ganze stehen. Mißbrauch mit ihnen zu treiben, ist von symbolischer Gefährlichkeit, denn sie sind die letzten Überreste jener Körperbildung, die das Kind im Mutterleib besaß.

Wie N. Belmont anmerkt, bewahrt die Plazenta die fruchtbringende Funktion, die sie schon im Leib der Mutter besaß. So vergräbt man im Anjou „den Mutterkuchen bei einer Blume, und das Kind wird diese sein Leben lang lieben". Außerdem bleibt, abgesehen von dieser fruchtbringenden Kraft, eine Beziehung zwischen Kind und Mutterkuchen bestehen. In gewisser Weise ist die Blume die Milchschwester des Kindes.

Dieser Brauch ist einer schönen Sitte vergleichbar, die aus der Haute-Bretagne und dem Südwesten Frankreichs berichtet wird: „Ein Mann, der bei Geburt jedes seiner Kinder am selben Tag einen Apfelbaum oder einen anderen Baum pflanzt, kann sicher sein, daß der Baum leiden wird, wenn das Kind krank ist, und daß der Baum zugrundegeht und verwelkt, wenn das Kind – selbst zum Manne geworden – stirbt." Ob man nicht auch die Plazenta am Fuß des Baumes vergraben hat? Beachten wir wieder die wichtige Rolle, die der Vater spielt. Die Plazenta gilt im übrigen als die erste Kleidung des Kindes. Ebenso wie die erste

Mütze oder das erste Jäckchen besitzt sie im Auxois deshalb die Kraft, dem Rekruten Glück zu bringen. Insofern ähnelt ihre Rolle, wie wir noch sehen werden, jener der Nabelschnur. Doch hat der Mutterkuchen vor allem – und dies fast überall in Frankreich – die Fähigkeit, die Haut zu regenerieren, die Muttermale zu beseitigen, die ja vor der Geburt entstanden sind, eben als das Kind sich in der Plazenta befand. Der Mutterkuchen spielt also, abgesehen von seiner allgemeinen Eigenschaft als Glücksträger, vor allem eine Rolle als Fruchtbringer und hilft, die Fehler zu beseitigen, die begangen worden sind, als das Kind noch im Mutterleib war. Die aktuelle Tendenz, Hautkrankheiten mit Plazentaextrakten zu behandeln, führt also jene Rolle der Plazenta fort, die man ihr einst zuerkannte. Man darf folglich nicht beliebig mit der Plazenta verfahren: Sie ist zu vergraben (dies am häufigsten) oder zu verbrennen.

Die symbolischen Verwendungsweisen der Plazenta orientieren sich an dem Umstand, daß sie dem Kind als Nahrung gedient hat. Die Nabelschnur hingegen repräsentiert das Kind als Ganzes. So gibt es für den Umgang mit ihr weit mehr Vorsichtsmaßregeln. Das Blut der Nabelschnur hat vermittelnde Eigenschaften, die ein wenig denen der Plazenta ähneln und sich aus der Nährfunktion des Blutes erklären lassen. So fährt man in den Hochvogesen dreimal mit der Nabelschnur über die Augen des Kindes, um seine Sehfähigkeit zu verbessern. Im Anjou drückt man die Blutstropfen über dem Gesicht des Kindes aus der Nabelschnur heraus, damit es einen frischen Teint bekommt. Mit großer Sorgfalt wird die Nabelschnur durchschnitten. Zuerst wird sie mit Salbe bestrichen; dann mit einer Wachsschnur abgebunden und einige Zentimeter vor dem Nabel abgeschnitten. In manchen Gegenden variiert ihre Länge aufgrund der Phallussymbolik je nach dem Geschlecht des Kindes. So berichtet Sauvé, daß in den Hochvogesen „die Nabelschnur bei Mädchen kurz abgeschnitten wird, bei Jungen lang (sonst könne er weder in der Kavallerie dienen noch gewissen Pflichten angemessen nachkommen, wie ein anzügliches Lächeln der Hebamme den alten Frauen zu verstehen gibt, die ihr helfen; ‚Maß für Maß', fügt sie manchmal hinzu)". Jedenfalls ist die Länge der verbleibenden Nabelschnur von großer Bedeutung für die volkstümliche Praxis. Dies bezeugt die Empfehlung von Baudelocque: „Es ist ziemlich gleichgültig, ob die Nabelschnur nahe am Bauch des Kindes oder weiter von ihm entfernt abgebunden wird, da sie sich nie in der Nähe dieser Abbindung löst. Dies geschieht stets unter der Haut des Nabels. Nun geht man aber in der stets unwissenden und häufig irrenden Volksmeinung davon aus, daß der Nabel nach der Ablösung der Schnur weiter hervortritt oder tiefer eingesunken ist, je nachdem, ob man ihn weiter vom Bauch entfernt oder in größerer Nähe zu ihm abgebunden hat. Der gleichen Ursache werden Geschwüre und Brüche in diesem Bereich zugeschrieben. *Dabei wird uns dann vorgeworfen, unachtsam oder ungeschickt zu sein.* Deshalb binden wir die Nabelschnur zwei oder drei Finger breit vom Bauch des Kindes ab, *um alle Vorwürfe zu vermeiden.*"

Die Art und Weise, wie die Nabelschnur entfernt wird, ist hoch bedeutsam. Sie steht für das Kind; je nachdem wie sie verschwindet, kann sie die Todesart des Kindes vorherbestimmen. Man darf sie weder ins Feuer noch ins Wasser werfen, weil das Kind sonst später Gefahr läuft, zu verbrennen oder zu ertrinken. Man darf sie auch nicht irgendwo liegenlassen. In der Gegend von Mentone fürchtet man beispielsweise, ein Tier könne sie finden und fressen. Das Kind würde dann in seinem Fleisch die Schmerzen der Bisse empfinden. Die häufigste Praxis ist, sie zu vergraben (auffällig die Parallelität zum Begräbnis, dem „normalen" Ende des Leibes). Doch darf man sie auch nicht auf eine beliebige Art vergraben. Das muß gelegentlich nachts geschehen, und vor allem hat man sie wie die Plazenta am Fuße eines Baumes zu vergraben. Dieser wird dann dem Kind seine – in erster Linie ästhetischen – Eigenschaften verleihen, wie es den Prinzipien der Zeichen und der Beziehungen zwischen Pflanze und

Mensch entspricht. Mit Vorliebe wählt man einen Rosenstrauch, damit die Farbe der Pflanze die Hautfarbe des Kindes beeinflußt. So verhält es sich in der Gegend um Baugé: „Bei Geburt eines Kindes muß man die Nabelschnur sorgfältig am Fuße eines weißblühenden Rosenstrauches vergraben, wenn man will, daß das Neugeborene eine matte und feine Hautfarbe bekommt; unter einem Busch mit rosa Blüten, wenn man will, daß es frische Farben bekommt, und unter einem Busch mit roten Blüten, wenn man will, daß es kräftige Farben bekommt." In derselben Gegend wird manchmal auch das Neugeborene selbst mit freiem Bauchnabel exponiert. Also fungiert die Nabelschnur tatsächlich als Stellvertreterin des Neugeborenen. Wenn die Schönheit des Teints auch die erstrebenswerteste Eigenschaft ist, so geht es doch auch um andere Vorzüge oder Mängel. In manchen Gegenden glaubt man, das Kind werde eine schöne Stimme bekommen, wenn man die Nabelschnur unter einem weißen Rosenstrauch vergrabe. Im Departement Sarthe „haben die Hebammen die Gewohnheit, die Nabelschnur, sobald sie sich gelöst hat, in einen Rosenstrauch zu legen, wenn es sich um ein *Mädchen* handelt, damit es einen schönen Teint bekomme; wenn es ein *Junge* ist, wird sie in einen Lorbeerbaum gehängt, damit er tapfer wird". Wenn man in der Gegend von Baugé die Nabelschnur am Fuße eines Weinstocks vergräbt, wird das Kind ein Trinker. In manchen Gegenden scheut man sich auch, die Nabelschnur zu vergraben. In der Gegend von Mortain läuft das Kind dann Gefahr, zu ersticken. Sie wird deshalb zwischen zwei Steinen im Mauerwerk des Speichers verborgen.

Andernorts hebt man sie sorgfältig wie einen Talisman auf. Im Bourbonnais wird das Kind keine Krämpfe haben, wenn die junge Mutter die Schnur aufhebt. Sie bringt dem Rekruten auch Glück, wenn man sie ohne sein Wissen im Futter seiner Jacke verbirgt. Dieser Bedeutung der Nabelschnur und der Plazenta für die Rekrutenaushebung erklärt sich daraus, daß die Aushebung der Übergangsritus ist, der die Kindheit abschließt, während Plazenta und Nabelschnur als materielle Zeichen für den Eintritt in die Kindheit stehen.

Schließlich bürgt die Nabelschnur für die manuellen und geistigen Fähigkeiten des Kindes. Als Amulett im Futter oder in der Tasche der Jacke des Kindes, das zum ersten Mal zur Schule geht, garantiert es seine Klugheit. („Es hat seinen Nabel nicht in der Tasche getragen“, hieß es in der Franche-Comté einst von einem geistig minderbemittelten Kinde.) Etwa im selben Alter, dem vernunftbegabten Alter, gibt man dem Kind die Nabelschnur, die von der Hebamme bei der Geburt äußerst kompliziert verschlungen wurde, zum Entknoten. Wenn es dem Kind gelingt, sie zu entknoten, wird es geschickt und besonnen sein. Es ist also klar, daß die Nabelschnur eine wichtige Rolle in den Übergangsriten des Kleinkindalters spielt und daß sie mit der Entwicklung körperlicher und geistiger Fähigkeiten in Beziehung steht.

Mutter und Kind

Wenn die Nabelschnur ihre Wirkung auch in erster Linie bezüglich des Kindes entfaltet, bleibt die Mutter ihrer Wirkung dennoch nicht gänzlich entzogen. Sehr häufig reibt man die Brust der Wöchnerin mit der Nabelschnur ein, um ihr Brustschmerzen zu ersparen. (Hier wird das alte Ernährungssystem des Kindes zum neuen in Beziehung gesetzt.) Gleichermaßen können Nabelschnur und Milch sich in einer homologen Position befinden. So wird zur Vorbeugung gegen Augenentzündungen des Kindes in den Hochvogesen die Nabelschnur verwendet. In der Normandie dient dazu ein anderer Brauch: „Die junge Mutter spritzt ein oder zwei Tropfen ihrer ersten Milch in jedes Auge des Säuglings.“

Eine weitere Verbindung zwischen dem Körper der Mutter und dem des Kindes: „Wenn die Mutter nach der Geburt wenig

‚Nachwehen' oder ‚Koliken' hat, deutet das darauf hin, daß sie dazu geschaffen ist, viele Kinder zu haben. Andererseits aber drohen dann dem Kind häufige Koliken." Es wird also an seinem Körper jene Schmerzen erleiden, die der Mutter erspart bleiben; sie hat sie auf das Kind übertragen. Wieder hat es den Anschein, als sei ein bestimmtes Quantum an Leiden unvermeidlich. Wenn nicht die Mutter leidet, dann eben das Kind.

Alle diese Praktiken haben mit dem Abschluß von Geburt und Niederkunft zu tun: Formgebung des Körpers, Behandlung der letzten Teile, die Mutter und Kind verbunden haben. Andere Praktiken sollen das Kind in dem äußerst gefährlichen Zeitraum zwischen Geburt und Taufe beschützen, entlang jener ungewissen Grenze, auf der das Kind noch keine soziale Existenz besitzt, auf der es unrein ist und Gefahr läuft, Beute des Bösen zu werden.

Schutz des Kindes, bevor es getauft ist

Wenn man das Kind nicht vor Einbruch der Nacht taufen kann, so muß man ihm einen Rosenkranz auflegen und die ganze Nacht bei ihm wachen. So heißt es im Südosten Frankreichs: „Eine Frau, die sich in der Lage fühlt, die ganze Nacht wach zu bleiben, zündet sich zur Seite zwei geweihte Kerzen an, nimmt das Neugeborene auf ihre Knie und wiegt es unablässig, wobei sie die folgenden Worte sagt:

‚Schlaf, schlaf ruhig, hübscher Kleiner,
Der kleine Engel bewacht dich gut.
Morgen werden wir dir einen heiligen Namen geben,
Schlaf, schlaf!'

Während die Frau das Kind wiegt und bewacht, wird sie ihrerseits von anderen Personen überwacht, damit sie nicht vom Schlaf übermannt wird."

Auch darf ein Kind vor der Taufe nicht geküßt werden, sonst besteht – wie man in der Vendée glaubt – die Gefahr, daß es einen „Bec Jaune“ bekommt: „Die Oberlippe tritt wie ein Entenschnabel (Bec de canard) vor und scheint bei jeder Jahreszeit von der Kälte dunkel getönt zu sein.“ Die Mutter darf es nicht stillen. Man gibt ihm nur ein bißchen Zuckerwasser, „weil der Böse die Gelegenheit, da die Nahrung in die Kehle, den Magen und den Darm dringt, dazu benutzen könnte, das Kind zu töten und sich seiner zu bemächtigen“. Schließlich muß es im Dunkeln bleiben: „Nie darf ein Kind vor der Taufe der Sonne zugedreht werden: Es ist unrein und muß verborgen werden.“ Lauter Vorschriften, die, gemessen an den heutigen medizinischen Kenntnissen, eine reale Grundlage haben, die aber für die volkstümlichen Vorstellungen der symbolischen Vermittlung bedürfen, auch wenn es um konkrete Gefahren geht (Entstellung oder Tod). Gleiches gilt für die Vorschriften, von denen sich die Wöchnerin selbst umgeben sieht. So heißt es in den Hochvogesen: „Wenn eine Wöchnerin in den ersten Stunden nach der Entbindung in Schlaf fällt, muß jemand bei ihr bleiben und Gebete aufsagen. Dies ist der Augenblick, in dem die Frauen am leichtesten dem Einfluß böser Geister – ja, sogar ihren unreinen Liebkosungen – erliegen.“ Baudelocque hingegen liefert für dieselben Empfehlungen eine natürliche Erklärung: „Man sorge dafür, daß sie wach bleibe, damit sie sagen kann, wie es ihr geht. Falls sie vom Schlaf übermannt wird, prüfe man von Zeit zu Zeit, ob sie Blut verliert oder ob es zu Blutungen in der Gebärmutter gekommen ist. Etliche Frauen sind der einen oder anderen dieser Komplikationen in einem kurzen Schlummer zum Opfer gefallen, andere sind in einem Zustand der Erschöpfung erwacht.“

Auch die Vorschrift, die Wöchnerin dürfe vor dem ersten Kirchgang keine Arbeit außerhalb des Hauses verrichten (im Hause beginnt die Frau häufig schon am zweiten oder dritten Tag mit der Arbeit), findet ihre natürliche Rechtfertigung darin, daß jene Arbeiten besonders anstrengend sind (Tierpflege, Wassertragen). Doch gibt es auch dafür eine andere Erklärung: Die Frau sei unrein und habe den bösen Blick. Das tradierte ärztliche Wissen, aus dem der Rat abgeleitet ist, und die magisch-religiösen Rechtfertigungen dieser Tradition führen vereint zu einem Bündel von Vorbeugemaßnahmen, die alles in allem ziemlich wirksam sind. Auch heute, da diese Frauen bis kurz vor der Geburt arbeiten, werden die normalen Tätigkeiten nicht unmittelbar nach der Niederkunft wieder aufgenommen. In der Normandie hielten die Frauen es für notwendig, längere Zeit zu liegen, „damit die Organe wieder ihren Platz einnehmen können“. Ein solcher Brauch setzte voraus, daß zu Hause eine Hilfe anwesend war. Häufig waren es die Frauen, die bei der Niederkunft geholfen hatten und die die Erstgebärenden zugleich in Kinderpflege unterwiesen.

Die Pflege des Kindes unmittelbar nach der Geburt hat also eine doppelte Funktion: Einerseits handelt es sich um Bräuche, die die Niederkunft abschließen (Formgebung des Körpers und sichere Unterbringung der Elemente, die Mutter und Kind miteinander verbinden – der Plazenta und der Nabelschnur); andererseits Vorbeugung gegenüber Unfällen, die das Kind vor der Taufe – also dem Augenblick, bis zu dem die Geburt als noch nicht völlig abgeschlossen gilt – von allen Seiten bedrohen.

Taufe und Pflichten von Pate und Patin

„Des sept qualités d'un nouveau-né
Une vient toujours du parrain."[10]

Die Taufe bedeutet den zweiten Eintritt ins Leben. Davon zeugt die Namensgebung, der Einfluß der „Parallelelternschaft" schon vor der Geburt, die Angst um das Kind in der Zwischenzeit. Kein Wunder also, daß die Taufe so rasch wie möglich vorgenommen wird. Wir haben von der Empfehlung gehört, die Hebammen mögen sie bei schwierigen Geburten vornehmen, sobald ein Körperteil zum Vorschein kommt. Auch kennt man die Furcht, die ungetauft gestorbene Kinder verbreiten: Noch heute gestehen einige Eltern beschämt, sie hätten ihr Kind spät taufen lassen. Andere protestieren gegen die moderne Praxis der kollektiven Taufen, die dazu führe, daß manche Kinder erst sehr spät getauft würden. Die verschwommene Erinnerung an diese alte Furcht vor dem Tod ohne Taufe verursachte bei ihnen ein Schuldgefühl gegenüber ihrem Kinde. Außerdem, so fügten sie manchmal hinzu, bestünde bei einem ungetauften Kind die Gefahr, daß die Kräfte eines Heilkundigen ihm gegenüber wirkungslos blieben. Auf Korsika kommt es dem gesamten Familienkreis zugute, wenn ein Kind sehr früh getauft wird. Wenn dies nämlich in den ersten vierundzwanzig Stunden nach der Geburt geschieht, wird dadurch die Seele eines der verstorbenen Verwandten aus dem Fegefeuer befreit. Stets stößt man wieder auf das symbolische Netz, das das Kind mit seinen verstorbenen Vorfahren verbindet – ein weiteres Indiz für die engen Beziehungen des Kindes zum Tode.

---

[10] Sprichwort aus der Dauphiné. (Von sieben Eigenschaften eines Neugeborenen stammt eine immer vom Paten.)

Wir werden im folgenden einige Vorsichtsmaßregeln untersuchen, die die Umstände und die Abwicklung der Taufe betreffen. Dann werden wir uns mit der Rolle und dem Einfluß der verschiedenen Protagonisten der Taufe – des Paten und der Patin, aber auch des Priesters – für das künftige Leben des Kindes beschäftigen. Schließlich spielen auch bestimmte äußere Zeichen der Taufe – zum Beispiel das „Taufmützchen“ – eine Rolle für das künftige Leben des Kindes.

Die Umstände der Taufe und der Transport des Kindes

Nur wenige Empfehlungen gelten den Umständen der Taufe. Die wichtigste besagt, daß sie möglichst rasch im Anschluß an die Geburt vorzunehmen ist. Dies ist am allerwichtigsten. Im übrigen bewirkt die zeitliche Nähe, daß dieselben Umstände (Mondphasen …) die beiden „Geburten“ des Kindes regieren.

Wie bei zahlreichen Übergangs- und Einweihungsriten gilt auch für die Kindstaufe, daß sie nicht am Freitag vorzunehmen ist, weil sich sonst gleich darauf ein Trauerfall einstellen würde. Außerdem darf man an diesem Tag keine Hochzeit feiern. In der Auvergne meint man: „Wenn man an diesem Tag, an dem eine Beerdigung und eine Taufe stattfindet, eine Ehe schließt, wird diese unglücklich werden.“ (Nebenbei sei auf die Assoziation zwischen Taufe und Beerdigung hingewiesen, die sich im Gegensatz zur Hochzeit befinden.)

Welches Gewicht eine Anhäufung von Initiationsriten besitzen kann, zeigt auch das folgende Sprichwort: „L'enfant qui étrenne les fonts baptismaux ne verra jamais cinquante-deux semaines.“ (Das Kind, das den „Taufstein einweiht“, wird kein Jahr überleben.) Wie jede Maßlosigkeit bringt auch das Zusammentreffen von Taufe und Einweihung des Taufsteins Unglück.

An manchen religiösen Festtagen sind Taufen verboten. So darf man in der Touraine keine Mädchen zu Ostern taufen, wenn sie nicht unfruchtbar werden sollen. Eine Sanktion aufgrund der Symbolik vom Gegensatz, denn Kennzeichen dieses Festes ist die Erneuerung und Fruchtbarkeit. Wir werden an anderer Stelle auf diese Beziehung zwischen Taufe und Fruchtbarkeit der Frau zurückkommen.

Schließlich darf nicht nachts getauft werden. Dies liegt in erster Linie an den übernatürlichen Gefahren, die Frau und Kind nachts bedrohen. Wenn es doch dazu kommen sollte, muß ein Mann von mindestens einundzwanzig Jahren unbedingt zum Gefolge der Gäste gehören.

Die Kirche war häufig weit vom Wohnsitz der Eltern entfernt. Der Weg war deshalb gefährlich für das Kind; bei jedem Wetter mußte man es auf unbequeme Weise transportieren. In manchen begüterten Familien gab es kleine Wiegen, die speziell zu diesem Zweck bestimmt waren. Das Verbot, Kinder nachts zur Kirche zu bringen, hatte also durchaus einen konkreten Sinn.

Madame de Coudray weist ausdrücklich auf die Gefahren hin, die das Kind bedrohen: „Die Hebamme sollte vor allem in ländlichen Gemeinden den Pfarrer benachrichtigen, damit man sicher weiß, zu welcher Stunde die Taufe stattfindet. Ohne diese Vorsichtsmaßnahme kommt es häufig vor, daß ein Pfarrer auf Besuch bei seinen Kranken weilt oder in eigenen Geschäften unterwegs ist, so daß er nicht da ist, wenn man das Kind zur Kirche bringt. Dann wird es oft mehrere Stunden lang den Unbilden der Jahreszeit ausgesetzt, was seiner Gesundheit abträglich sein kann. Und welchen Gefahren ist das Kind erst preisgegeben, wenn die Taufgäste Halt machen, um etwas zu trinken, und die Hebamme dazu veranlassen, ein gleiches zu tun!"

Über die Gefahren des nächtlichen Taufens schreibt Madame du Coudray: „Im allgemeinen ist es gefährlich, die Kinder nachts zur Taufe zu bringen, vor allem in ländlichen Gemeinden. Unzulängliche Wege, Gräben, Eis und Schlechtwetter, Hunde und so fort, all diese Unbilden, die man tagsüber vermeiden kann, verbieten, daß man ihnen nachts unser kostbares Gut aussetzt.

Ein falscher Schritt der Person, die das Kind trägt, kann dazu führen, daß das Kind ohne Taufe stirbt." Auch das Taufwasser selbst ist nicht ungefährlich: „Außerdem ist es die Pflicht der Hebamme, im Winter dafür Sorge zu tragen, daß der Küster das Taufwasser ein bißchen erwärmt, damit es lauwarm ist. Ohne diese Vorsichtsmaßregel könnte das Kind sich erkälten; es könnten sich daraus sogar tödliche Krankheiten entwickeln."

Wir wollen aber einmal mehr festhalten, daß es für traditionell vorgeschriebene Maßnahmen nie ausschließlich natürliche Begründungen gibt; immer ist man dazu gezwungen, den Umweg über die Symbolik zu gehen.

Der Taufzug

Die zahlreichen Einzelheiten des Taufrituals werden hier nur insoweit in Erinnerung gerufen, als sie die Gesundheit und das künftige Leben des Kindes betreffen. So hat der Taufzug eine ausgesprochen rituelle Form. Im allgemeinen wird das Kind von der Person, die der Mutter geholfen hat, es auf die Welt zu bringen, bis zur Kirche gebracht, damit dort eine zweite „Geburt" stattfinden kann. So ist zu verstehen, daß Madame du Coudray auf diesen Punkt so großen Wert legt. Daraus erklärt sich auch, warum sie, wie in allen alten Leitfäden der Geburtshilfe, dem Kind so viel Raum widmet. Die Mutter nimmt an der Taufe nicht teil, da sie zum Zeitpunkt der Taufe noch bettlägrig ist. Im übrigen gilt sie bis zum Zeitpunkt des ersten Kirchgangs als unrein. So lange darf sie das Haus nicht verlassen, wenn sie nicht – neben anderen Sanktionen – Unglück für ihr Kind heraufbeschwören will.

Das Taufwasser wird manchmal vom Vaterhaus herbeigeschafft, und man nimmt auch ein wenig auf den Rückweg mit, weil es vor bösen Geistern schützt. In der Lorraine wird es von einer Wasserträgerin befördert, die an der Spitze des Zuges geht.

Zahlreiche Vorsichtsmaßregeln werden auf dem Weg zur Kirche getroffen. Es handelt sich um den letzten Augenblick, da das Kind – außerhalb des Hauses und noch nicht getauft – zur Beute böser Geister werden kann und gleichzeitig Gefahr läuft, selbst Unglück zu bringen. Am Kap Sizun ist es außerdem üblich, daß die „Matrone, von der es getragen wird, in ihr Leibchen, in die Tasche ihrer Schürze oder in ihren Ärmel ein Stück Schwarzbrot stecken muß, damit das Kind vor allem Unglück bewahrt werde". Im Argonnerwald wickelt man das Kind während der Zeremonie in eine rote Schärpe. Außerdem malt man den Rand der Taufwiege rot an, denn diese Farbe hat die Eigenschaft, böse Geister fernzuhalten.

Im übrigen sollte man auf das Geschlecht des ersten Menschen achten, dem man auf dem Weg zur Kirche begegnet. Das Kind wird glücklicher sein, wenn es sich um einen Menschen des eigenen Geschlechts handelt. Der Säugling soll vorsichtig getragen werden. Diese Vorschrift hat angesichts der schlechten Wegverhältnisse durchaus einen natürlichen Hintergrund, häufig wird sie auch auf andere Weise gerechtfertigt. In der Gegend von Craon rät man, sehr langsam zu gehen, „weil das Kind, wenn es später ins Wasser fällt, so lange an der Oberfläche schwimmen wird, wie man gebraucht hat, um es zur Kirche zu tragen". In anderen Regionen darf man sich nicht umdrehen, weil das Kind sonst zum Lügner würde, also keinen „geraden" Charakter bekäme.

Sobald man bei der Kirche angelangt ist, muß man darauf achten, durch welche Tür man eintritt: Im Quercy darf man nicht durch das kleine Portal eintreten, weil das Kind sonst zum Tode verurteilt wäre. In der Gegend von Mentone gilt der Rat, auf dem Hin- und Rückweg weder das gleiche Portal noch den gleichen Weg zu benutzen, weil man nur so den Zauberern ausweichen könne.

Während der eigentlichen Zeremonie sind die Gesten von Priester, Pate und Patin bis ins letzte festgelegt. Auch das Verhalten des Kindes wird beobachtet.

Die Angehörigen des Kindes haben Angst, daß der Priester Fehler machen könnte. Wenn man hört, wieviel Nachdruck darauf gelegt wird, sieht man vor seinem geistigen Auge das Bild eines rotgesichtigen Landpfarrers, der nicht immer eine Leuchte der Wissenschaft gewesen sein dürfte, dafür aber das Wohlleben geschätzt hat. In der Basse-Bretagne „bedient sich der Priester zweier Kännchen für das Taufwasser – eines nimmt er für Jungen, ein anderes für Mädchen. Verwechselt er sie irrtümlich, muß es das Kind büßen: Wenn es ein Junge ist, bleibt er sein ganzes Leben lang bartlos, wenn es ein Mädchen ist, wird es später bärtig wie ein Soldat sein".

Wenn der Priester das *Credo*, das zentrale Gebet der Taufe, mangelhaft spricht, wird die sprachliche Ausdrucksfähigkeit des Kindes später zu wünschen übrig lassen – es wird stottern. Wenn sich der Priester während der Zeremonie nicht im Stande der Gnade befindet, kann das Kind nicht den ungeschmälerten Menschenstatus erwerben, den die Taufe verleiht. In der Gironde wird es beispielsweise zum Werwolf, bleibt also an eine tierische Erscheinungsform gebunden; und das von sieben Jahren (dem „vernunftbegabten" Alter) an bis zu dem Zeitpunkt, da man es, um diese Sachlage zu verändern, erneut tauft.

Der Priester trägt auch zur Formgebung des kindlichen Körpers bei: „Die Ohren werden ganz klein bleiben, wenn der Priester dem Kind nicht während der Taufe hineinbläst."

Die wichtigste Aufgabe aber fällt dem Paten und der Patin zu. Sie sind verantwortlich für die Gaben, die das Kind mit auf den Lebensweg bekommt. Sie sind die sozialen Eltern des Kindes, was sich auch darin ausdrückt, daß sie ihm den Namen geben. Es kommt selten vor, daß jemand nie Pate oder Patin wird.

Wenn das der Fall ist, macht man sich über ihn lustig, nennt man ihn Mitglied der „Bruderschaft der Kater“ (denn dieses Tier hat den Ruf, Kindern gegenüber besonders feindselig zu sein). In der Auvergne „bindet man dem, der stirbt, ohne Patenkinder zu haben, die Hände hinter dem Rücken zusammen, bevor man ihn in den Sarg legt“. Es hat also den Anschein, als halte man diesen Menschen, selbst wenn er Kinder gehabt hat, nicht für fähig, seine Hände ganz in den Dienst zärtlicher Gesten zu stellen.

In allen Gegenden müssen Pate und Patin wie der Priester das *Credo* hörbar sprechen. Sonst – so glaubt man in der Gegend von Menton – wird das Kind „Geister sehen“, also zugleich „töricht und mit Zauberkraft begabt sein“. In der Haute-Bretagne „wird das Kind, wenn Pate und Patin in dem Augenblick, da sie das Kind über das Taufbecken halten, deutlich *Credo* sagen, stark sein und nicht husten. Wenn sie aber *Kerho* anstelle von *Credo* sagen, wird es schwach sein und husten (*kerhaux* heißen die, die husten)“.

In Lothringen müssen Pate und Patin vor der Taufe ganz allgemein bestimmte Vorschriften beachten. Die Patin muß ein sauberes Hemd anlegen, um das Kind vor allem Ungemach zu schützen; der Pate muß urinieren, bevor er seinen Festtagsanzug anlegt, sonst wird das Kind Bettnässer sein. Beachten wir in diesem Zusammenhang die Bedeutung der Kleidung in diesem „Sozialisationsritus“ – den Übergang vom Nacktsein zum Bekleidetsein, mehr noch: zum festtäglichen Bekleidetsein. Es geht immer auch um den Übergang vom Natur- zum Kulturzustand. Wir werden auf diesen Punkt zurückkommen, wenn wir uns mit dem Taufmützchen beschäftigen.

Fast überall in Frankreich müssen Pate und Patin sich nach der Taufe unter dem Portalvorbau der Kirche oder bei der Rückkehr ins Haus küssen. Wenn sie diesen Ritus unterlassen, wird das Kind später rotznäsig sein, sabbern, am Daumen lutschen oder auch „töricht“ sein. Verbreitet ist auch der Brauch, daß der Pate nach dem Ende der Zeremonie kräftig die Glocken läuten muß. Sonst kann es geschehen, daß das Kind taub oder stumm wird. Je lauter aber die Glocken klingen, desto besser wird es sprechen oder hören können. In der Gegend von Dinan wird das Kind ein guter Tänzer, wenn die Glocken fröhlich klingen. In der Bretagne lauscht die junge Mutter vom Bett aus ängstlich dem Geläute der Glocken, denn dieses gilt als gewichtiges Vorzeichen für die Zukunft ihres Kindes.

„Wenn eine junge Frau ihr erstes Kind hat, so weiß sie, sofern sie zu Hause das Taufgeläut vernehmen kann, ob ihr Kind lange leben oder jung sterben wird. Es wird leben, wenn die Mutter das Geläute als undeutlich harmonisches Klingen, als fröhliches Glockenspiel wahrnimmt; wenn sie hingegen einzelne Schläge in wiederholten Abständen, also das Totengeläut, heraushören kann, wird das Kind sterben."

Manche Bräuche um Pate und Patin gehen noch mehr ins Detail: In der Haute-Bretagne meint man: „Damit das Kind nicht ertrinkt, wenn es später ins Wasser fällt, muß der Pate es in seinen Armen über einen Bach tragen." Wenn ein Kind in der Saintonge „einen Vater oder einen Bruder hat, der nicht richtig sprechen kann, gibt ihm die Patin, gleich nach der Taufe, einen kleinen Topf für zwei Sous; so verhindert sie, daß es später stottert".

Wenn in Paris der Pate – so berichtet Sebillot – Bonbons ausstreut, rufen die Kinder: „Es wird leben, es wird leben." Wie das Reisstreuen wäre demnach das Bonbonstreuen ein Sühneritus, der dazu dient, dem Kind ein langes Leben zu sichern. Im übrigen muß der Bonbonritus unbedingt nach der Taufe stattfinden. Wenn im Bourbonnais von den Bonbons vorher gekostet wird, läuft das Kind Gefahr, stumm zu werden.

Allgemein kann also jede Handlung des Paten zur Ursache von Unglück für das Kind werden. Wenn in der Haute-Bretagne ein Neugeborenes kurz nach der Taufe stirbt, heißt es deshalb dort, der Pate und die Patin hätten einen „Holzhammer" bei sich getragen.

Geistige und körperliche Elternschaft sind – wie wir gesehen haben – zur gleichen Zeit nicht möglich. In manchen Gegenden kann man entsprechend der physischen Elternschaft auch nicht *Pate* zweier Kinder im gleichen Jahr werden, weil sonst eines von beiden sterben würde.

Verhalten des Kindes

Auch die Reaktionen des Kindes werden beobachtet. Ein gutes Zeichen ist, wenn es während der Zeremonie viel schreit: Es wird dann eine schöne Stimme haben. Ein schlechtes Zeichen ist, wenn es nicht schreit: Dies kündigt ein kurzes Leben an. (Tatsächlich sind ja Kinder, die nicht schreien, oft schwach.) Manchmal sind die Folgen weniger schwerwiegend. Im Bourbonnais ist die Tatsache, daß ein Kind nicht schreit, Zeichen für einen sanften, aber trägen Charakter. Schreit es viel, kündigt das einen energischen Charakter an. In jedem Falle ist es also gut, wenn das Kind schreit.

Die Taufe ist ein Augenblick von besonderer Bedeutung. Darum hängen mit ihr auch bestimmte Bräuche zusammen, die die Zukunft des Kindes beeinflussen sollen. In zahlreichen Gemeinden des Poitou ist es üblich, das Kind gleich nach der Taufe auf dem Altar hin- und herzurollen, damit es nicht böse wird. Im Südosten muß man nach der Mahlzeit „einige Rundtänze tanzen“, weil sonst die Gefahr besteht, daß das Kind sein Leben lang unter kranken Augen leiden wird.

Wir haben davon gesprochen, daß die Situation des Kindes vor der Taufe ambivalent ist, bedroht und bedrohlich zugleich. Unmittelbar danach besitzt es hingegen wohltätige Kraft, vor allem zu bestimmten Zeiten, die schon als solche gesegnet sind. So haben in der Haute-Bretagne „die Tiere zu Mitternacht des Heiligen Abends die Gabe der Rede. Wer sich verbirgt, um ihnen zuzuhören, und dabei in seinen Armen *ein neugeborenes Kind hält, das soeben die Taufe empfangen hat* (also ein Ebenbild des Jesuskindes ist) hat Aussichten, einen Schatz zu finden."

Das „Taufhäubchen"

Mehr als das Taufkleid, das einen späten und städtischen Brauch darstellt, ist das charakteristische Kleidungsstück für diese Zeremonie das Taufhäubchen. Hören wir, wie de Westphalen es beschreibt: „Das ‚schöne Mützchen' bedeckte ein Taufhäubchen. Letzteres war sehr einfach, aus Leinwand und ohne Spitzen. Es sollte das heilige Chrisam aufnehmen" (also das geweihte Öl, das bei der Taufe verwendet wird).

Aus zahlreichen Gründen ist das Taufhäubchen (gewissermaßen die „Unterhaube" des Taufmützchens) mit Symbolkraft ausgestattet. In erster Linie ist es ein Kleidungsstück für die Taufe, ja ihr besonderes Kleidungsstück. Nun haben wir bereits festgestellt, wie wichtig die Kleidung in jenem fundamentalen Ritus des Übergangs von der Natur zur Kultur ist, den die Taufe darstellt. Diese Kraft wird noch verstärkt durch die Tatsache, daß dieses Kleidungsstück durchtränkt ist mit Chrisam, dem entscheidenden Siegel der Taufe. Das Taufhäubchen darf deshalb nie gewaschen werden. Es ist das verbindende Element zwischen allen Mitgliedern einer Familie: Fast überall in Frankreich muß ein und dasselbe Taufhäubchen für alle Kinder benutzt werden, die vom selben Vater und von derselben Mutter stammen. Man darf es also weder verleihen – noch nicht einmal innerhalb der weiteren Familie – noch von einer Generation auf die andere vererben, wodurch es sich von unserem heutigen Taufkleid unterscheidet. Das Taufhäubchen ist ausschließlich den Geschwistern vorbehalten.

Wenn dieses Häubchen nicht gewaschen werden darf, so liegt das auch daran, daß der Schmutz häufig schützt. So nennt man das Häubchen in der Haute-Bretagne manchmal „Crassé" (das

Schmutzige). Es kommt vor, daß man es mit jener Schmutzschicht verwechselt, die man absichtlich auf dem Kopf des Säuglings läßt. N. Belmont setzt das Taufhäubchen in Beziehung zum Amnium, dessen Reste manchmal das „Glückshäubchen" am Kopf des Neugeborenen kleben. Gleichfalls ist auf die Parallelität von Entbindung und Taufe hinzuweisen, die ja die beiden Geburtsphasen des Kindes sind. So ist es nicht erstaunlich, daß das Taufhäubchen Wiederholung des „Glückshäubchens" und Erinnerung daran ist; auch dieses befindet sich auf dem Kopf des Kindes. Doch die Bedeutung des Taufhäubchens reicht über diese Homologie hinaus. Wie das Glückshäubchen muß auch das Taufhäubchen sorgfältig aufbewahrt werden. Man muß sich davor hüten, es zu verlegen, weil die Zauberer sich in diesem Falle – wie in dem aller Körperprodukte – seiner bemächtigen könnten, was Unglück für das Kind heraufbeschwören würde. Es tritt jedoch noch eine weitere Symbolik hinzu: Die Beziehung des Taufhäubchens zum Funktionieren der Geschlechtsorgane.

Wir sprachen bereits über die Verbindung zwischen der Taufe – dem Übergangsritus, der den Eintritt in die soziale Kindheit bezeichnet – und den Zeichen weiblicher Fruchtbarkeit, denen das Mädchen verdankt, daß man es nicht mehr als Kind behandelt, und denen die Frau, wenn sie geboren hat, verdankt, daß man sie als Erwachsene betrachtet. Dazu kommt die Beziehung zwischen Taufhäubchen und „Glückshäubchen", also mütterlichem Blut. Deshalb glaubt man in vielen Gegenden Frankreichs, die Dauer der Menstruation des jungen Mädchens hänge davon ab, wie lange es das Taufhäubchen getragen habe. So muß man also das Kind auch nach der Taufe das Häubchen noch eine Zeitlang tragen lassen, um die Wirkung des Chrisams zu steigern, aber auch um das Kind körperlich zu schützen. Acht bis neun Tage ist die günstigste Zeit. Doch muß man bei Mädchen ganz besondere Vorsicht walten lassen. Trägt es das Taufmützchen nur kurze Zeit, wird später auch seine Regel nur von kurzer Dauer sein, was – wie man glaubte – die Aussichten auf Fruchtbarkeit verringern würde. Läßt man dem Mädchen das Häubchen dagegen länger, wird es später viel zu starke und zu lange Regeln haben. Angesichts der zahlreichen Verbote, mit denen die Zeit der Menstruation belegt ist und die die Frau bei ihrer landwirtschaftlichen und häuslichen Arbeit hindern, würde dies für sie ein Handicap bedeuten.

Bei Jungen sind weniger Empfehlungen zu beachten. Immerhin heißt es in der Touraine, man solle das Häubchen den Jungen lange auflassen, damit sie später lange verliebt bleiben.

Die Taufe wird also von zahlreichen Vorschriften begleitet.

Diese betreffen die Hauptakteure – Priester, Paten und Patin – sowie die rituellen Gegenstände – Altar, Glocken, Taufhäubchen. In erster Linie besitzen sie eine generelle Schutzfunktion. Der Tod umgibt und bedroht die Taufe. Vor dieser Zeremonie ist das Kind rundum von Gefahren bedroht. Es geht aus ihr hervor mit einem Namen, im Leben gefestigt; erst jetzt ist es wirklich auf der Welt.

Die soziale Natur dieses klassischen Übergangsritus drückt sich in den Sanktionen aus, die – vom Tod, der allerletzten Konsequenz, abgesehen, – das Kind bedrohen, wenn man sich nicht streng an die Vorschriften hält. Diese Konsequenzen betreffen nämlich unmittelbar die künftige Sozialisation des Kindes und erfassen in erster Linie die Organe oder Instrumente, mit denen der Priester während der Zeremonie umgeht: Den Kopf („Einfalt"), Mund und Zunge (Sabbern, Stummheit), Ohren (Größe, Taubheit), Wasser (Ertrinken).

Von der Entbindung zur Taufe: die Zeit, in der das Kind zur Welt kommt

Der Eindruck verstärkt sich, daß die Geburt des Kindes sich nicht auf die Entbindung beschränkt, sondern die ganze Zeitspanne umfaßt, die mit den „ersten Wehen" der Frau beginnt und mit der Rückkehr ins Haus nach der Taufe endet. Die Entbindung ist nur die physische Geburt des Kindes. An sie schließen sich Praktiken an, die zum Teil dazu bestimmt sind, den physischen Zustand des Kindes zu verbessern. Viele Maßnahmen gelten aber auch den letzten Spuren des Nahrungsbandes, das das Kind mit seiner Mutter verbunden hatte. Es geht darum, das Kind vom intra-uterinen Leben zu trennen, ohne ihm dabei zu schaden. Doch auch nach der Entbindung ist das Kind noch unvollständig. Es hat keinen Namen, keine soziale Existenz. Es ist nach allen Seiten schweren Bedrohungen ausgesetzt. Deshalb ist die Taufe als Besiegelung der sozialen Geburt erforderlich. Vor und nach der Entbindung sind die Hauptakteure die Mutter mit ihrem Leiden, ihrer Liebe und ihrer Wärme, und auch der Vater. Bei der Taufe sind die Protagonisten der Pfarrer und vor allem der Pate und die Patin. In beiden Phasen sind die Hebamme und natürlich das Kind entscheidend beteiligt. Das Unglück, von dem das Neugeborene betroffen wird, wenn das Ritual unzulänglich befolgt wird, beeinflußt in erster Linie die künftige Rolle des Kindes in der Gesellschaft. „Einfalt", Taubheit oder Stummheit würden es zu einem Dasein am Rande verurteilen, es in seinen Möglichkeiten, soziale Beziehungen aufzunehmen, schwer beeinträchtigen. Schlimmer noch, es könnte in die Tierwelt verbannt werden, zum Werwolf werden, zu jener entsetzlichen Geistererscheinung, die verzweifelt umherirrt und weder zur Menschen- noch zur Tierwelt gehört. Schließlich ist die Taufe der erste Übergangsritus, der das Kind aus einem kleinen Tier (Natur) in ein Menschenkind mit einem Namen und einem Ort in der familiären und sozialen Kontinuität verwandelt. Deshalb räumt sie der Kleidung eine wichtige Rolle ein. Außerdem kündigt sie andere Übergangsriten an, durch die das Kind zum jungen Mädchen, später zur Mutter wird, durch die es also eine soziale Rolle bekommt. Auch der kleine Junge wird durch bestimmte Bräuche während dieser Zeremonie auf seine spätere soziale Rolle vorbereitet.

Die enge Verwandtschaft von Niederkunft und Taufe zeigt sich auch darin, daß beiden entscheidender Einfluß auf den Körper und die Zukunft des Kindes zugeschrieben wird. Die Entbindung findet im Zeichen von Leiden und Tod statt; sie prägt den Körper des Kindes und verleiht ihm Macht über die Körper und das Leiden der anderen.

Auf den ersten Blick hat es den Anschein, als hätten wir uns von diesen Bräuchen weit entfernt. Im allgemeinen steht die Geburt des Kindes doch unter dem Zeichen der Freude und nicht des Todes. Wir sprechen von der schmerzlosen Geburt auf der Wochenstation, und zwischen Geburt und Taufe liegt immer mehr Zeit. Dennoch mutet uns etwas an den Bräuchen und Überzeugungen, die wir eben beschrieben haben, vertraut an. Ihre Symbolik verleiht ihnen – jenseits aller Nützlichkeitserwägungen – einen zeitlosen Charakter. Was bedeutet in diesem Zusammenhang der Wunsch nach der Anwesenheit des Mannes bei der Geburt, die Besuche der Familie gleich nach der Geburt, die Verbreitung der Kindstaufe?

Vielleicht mehr als bei den übrigen Bräuchen, die das Kleinkindalter betreffen – obschon auch diese weitgehend von Symbolik durchdrungen sind –, erreichen wir hier möglicherweise eine Ebene eines Unbewußten, das so tief liegt, daß sein symbolisches Echo in gewisser Weise unveränderlich ist, obgleich ihre konkreten Manifestationen je nach der Zeit und den gesellschaftlichen Verhältnissen unterschiedlich ausfallen.

III. Das Kleinkind – Vorsichtsmaßnahmen und Pflege

Viele Volkskundler glauben, daß sie, wenn das Kind geboren ist, endlich sicheren Boden unter den Füßen hätten, den nämlich der vielen Berichte über Kleinkindpflege. Es gibt zahlreiche Hinweise auf die Bedingungen, die die Kinder bei Ammen vorfanden, und man schließt von diesen Ammen auf die Frauen im ländlichen Milieu insgesamt.

Diese Beschreibungen sind aber ungünstig, im allgemeinen handelt es sich um Stellungnahmen gegen die Sitte, Kinder zu Ammen zu geben. Im übrigen ist nicht einzusehen, warum es erlaubt sein soll von der Haltung, die die Ammen gegenüber den ihnen anvertrauten Kindern an den Tag legten, auf das Verhalten der gesamten ländlichen Gesellschaft gegenüber Kleinkindern zu schließen.

Wir wollen uns hier nicht auf die Debatte über die Ammen einlassen, die vor allem im 18. Jahrhundert stattgefunden hat; wir beschäftigen uns mit den Verhältnissen am Ende des 19. und am Anfang des 20. Jahrhunderts. Dennoch hätten die Moralisten und Mediziner des 18. Jahrhunderts diese Verhältnisse wohl ähnlich geschildert wie die „Irrtümer" der Ammen. Es läßt sich fragen, ob die fragmentarischen Anhaltspunkte, auf die sich die Forscher stützen, wenn sie über das 18. Jahrhundert arbeiten, nicht auch in einen allgemeinen Rahmen gestellt und dann, genau wie die Beobachtungen der Volkskundler, neu interpretiert werden sollten. So erscheinen bestimmte Praktiken, die von den Beobachtern des 18. Jahrhunderts als Sorg- und Interesselosigkeit gegenüber dem Kleinkind verurteilt wurden, ganz im Gegenteil als ständige Bemühungen um seine Gesundheit. Es gilt, ihren Zusammenhang auf der Ebene der Symbolik zu erfassen.

In diesem Kapitel wollen wir uns vor allem mit den Kindern beschäftigen, die gesund sind. Die Risiken von Unfällen und Krankheiten sind dem folgenden Kapitel vorbehalten. Dennoch hat die Pflege immer wieder explizit oder implizit das Ziel, die Krankheit – und vor allem den Tod – des Kindes zu vermeiden. Es handelt sich also nicht in erster Linie um eine Kinderpflege, die – wie sich erstmals wohl von unserer Zeit sagen ließe – für das Glück oder die Schönheit des Kindes sorgen, ihm eine bessere Gesundheit verschaffen oder ihm die tausend kleinen Ärgernisse der Kindheit vom Leibe halten soll. Die hohe Kindersterblichkeit ist im Gegenteil ständig präsent: Das Kind ist vom Tode bedroht, wenn man von den Regeln abweicht, die sein Aufwachsen bestimmen. Folglich ist die traditionelle Kinderpflege vor allem eine Art Vorbeugung. Im übrigen bedeutet die Erziehung eines Kindes immer in irgendeiner Weise, daß man ihm zeigen muß, wie es sich seines Körpers zu bedienen habe. Das gilt zum Beispiel für die Art und Weise, wie man es hinlegt, welche Bewegungsfreiheit man ihm in den Windeln läßt oder nicht läßt. In der natürlichen Beziehung zu seiner Mutter entdeckt das Kind systematisch seinen Körper und seine verschiedenen Bewegungsmöglichkeiten. Die modernen Handbücher zur Körpererziehung des Kleinkindes legen auf diese Beziehung wieder großen Wert. In erster Linie werden wir Bräuche und Überzeugungen untersuchen, die die Ernährung des Kleinkindes betreffen – Stillen und Entwöhnen. Ganz besonders werden wir uns mit der komplexen Symbolik der Zähne beschäftigen. Deren Wachstum fällt in eine entscheidende und besonders gefürchtete Phase der Entwicklung des Kindes. Anschließend befassen wir uns mit den konkreten Maßnahmen, die die Zukunft des Kindes sichern sollten. Schließlich werden wir kurz beschreiben, welche Übungen den Körper ausbilden und das Kind mit seinem Körper vertraut machen sollten.[1]

---

[1] Vielleicht entgegen der Erwartung des Lesers werden wir erst dort

von den verschiedenen Arten sprechen, das Kind zu betten und zu wickeln. Die Folgen dieser Gewohnheiten für die Formung des kindlichen Körpers scheinen uns nämlich von vorrangiger Bedeutung zu sein, vor allem in einem Buch, das sich mehr mit den Praktiken beschäftigt, die den Körper betreffen, als mit der Kinderpflege im allgemeinen.

Das Stillen und die Ernährung des Kleinkindes

„Pain d'homme et lait de femme
font venir les enfants forts."[2]

Ammenpflege und Kindersterblichkeit

Das Problem des Stillens durch die Mutter und der Pflege durch eine Amme steht im Mittelpunkt des Streites jener Historiker, die sich für die Frage interessieren, wie weit die Kindersterblichkeit mit der Kinderpflege zusammenhänge. In der Tat sind die Beziehungen zwischen der Ammenpflege und ihren Folgen einerseits und der Kindersterblichkeit andererseits unbestreitbar und konnten genauestens aus den Standesregistern erschlossen werden. So ließ sich zeigen, daß sich die Verhältnisse, in denen das Kind untergebracht wurde, verschlechterten, je tiefer die Eltern ihrer sozialen Zugehörigkeit nach einzustufen waren. Das Ammenproblem ist von dem des Stillens deshalb nicht zu trennen, weil in der Zeit vor Pasteur die Folgen der Flaschenaufzucht Neugeborener verheerend waren. Nun war das Phänomen der Ammenpflege – wenn auch weit verbreitet – doch vor allem ein städtisches, ein Problem der Groß- und Kleinstadt. Deshalb beschäftigt es uns hier nicht unmittelbar. Wir können auf zahlreiche Werke verweisen, die diesem Problem gewidmet sind, vor allem auf die wichtige Dissertation von M.-F. Morel über den medizinischen Aspekt der Kinderpflege im 18. Jahrhundert. Erinnern wir uns nur an den leidenschaftlichen Appell Rousseaus:

„Wollt ihr jedermann zu seinen ursprünglichen Pflichten zurückführen, dann beginnt bei den Müttern: Ihr wäret über die

[2] Bretonisches Sprichwort. (Männerbrot und Frauenmilch machen Kinder stark.)

Veränderungen erstaunt, die ihr erzielen würdet. Alles ergibt sich Schritt für Schritt aus diesem ersten Mangel – der Ammenpflege; jede Moralordnung verkommt; das natürliche Gefühl erlischt in allen Herzen; in den Häusern erstirbt das Leben; das rührende Schauspiel einer aufblühenden Familie hält die Eheleute nicht mehr zusammen, weckt nicht mehr die Achtung des Fremden; man schätzt die Mutter geringer, wenn man ihre Kinder nicht sieht; in den Familien ist kein Verweilen mehr, keine Gewohnheit verstärkt mehr die Blutsbande.
Es gibt weder Väter noch Mütter, weder Kinder noch Brüder oder Schwestern mehr. Sie allen kennen sich kaum, wie sollten sie sich lieben? Jeder denkt nur an sich. Wenn das Haus nur noch eine traurige Einsiedelei ist, muß man sich anderswo aufheitern. Doch wenn die Frauen wieder bereit sind, ihre Kinder zu nähren, werden die Sitten sich von alleine bessern, wird das natürliche Gefühl wieder in den Herzen erwachen – wird der Staat sich wieder bevölkern. Dieser erste Punkt, dieser Punkt allein wird alles vereinen. Die Anziehungskraft des häuslichen Lebens ist das beste Gegengift für schlechte Sitten. Die – wie man meint – lästige Sorge um die Kinder wird angenehm, macht Vater und Mutter notwendig, macht sie einander teuer; sie knüpft das eheliche Band enger. Wenn die Familie lebendig und beseelt ist, sind die häuslichen Pflichten die liebste Beschäftigung für die Frau und die angenehmste Unterhaltung für den Gatten. Man brauchte also nur diesen einzige Mißstand zu beseitigen und es würde sich bald eine allgemeine Reform daraus ergeben, und in Kürze wäre die Natur wieder in ihre Rechte gesetzt. Sobald die Frauen Mütter werden, werden die Männer wieder Väter und Gatten sein."

Dieses Problem der Ammenpflege ist für uns tatsächlich wichtig, denn alte wie moderne Texte berichten vor lauter Beschäftigung mit der Ammenpflege wenig Konkretes über das, was sich im ländlichen Milieu wirklich zuträgt. Deshalb neigt man dazu, der nachlässigen Pflege der Ammen eine Anfälligkeit des Kindes anzulasten, die auch auf Schwierigkeiten bei Schwangerschaft und Niederkunft zurückgeht, auf schlechte hygienische Bedingungen, die in der Zeit vor Pasteur ganz allgemein herrschten (und die manchmal noch schlimmer waren, wenn die Kinder in der Stadt blieben) und schließlich auf die beklagenswerten Bedingungen, unter denen sie zur Pflegestelle befördert wurden. Erst 1773 verfügte eine polizeiliche Anordnung, daß die „Meneurs", die die Kinder zu ihrer Pflegestelle brachten, Fahrzeuge verwenden sollten, die einwandfrei geschlossen seien und „mit einem guten Leinentuch bedeckt, das sorgfältig über Bügel gespannt und so groß ist, daß es auch die Enden und die Seiten einfaßt". Die Kinder sollten nur unter der Bedingung transportiert werden dürfen, daß die Ammen auf Bänken sässen, die vorne und hinten am Fahrzeug mit sorgfältig befestigten Seilen oder Riemen angebunden seien, damit die „Ammen die Kinder immer in Reichweite haben und sich um deren Bedürfnisse kümmern und Unfällen vorbeugen könnten, denen sie auf der Straße ausgesetzt sind".

Mutter und Kind beim Stillen

In ländlichen Gegenden stillten die Frauen noch Ende des letzten Jahrhunderts ihre Kinder grundsätzlich, auch wenn gelegentlich eine Mutter, die nicht stillen konnte, ihr Kind einer Amme anvertraute.

Zahlreiche Sprichwörter bestätigen die Beobachtungen der Volkskundler, indem sie die Bedeutung mütterlichen Stillens unterstreichen. Meistens geht es darin um die Gesundheit des Kindes, oft aber auch um jene Beziehung zwischen Mutter und Kind, für deren Fortdauer das Stillen sorgt – eine Beziehung, die wir bereits in der Homologie von Nabelschnur und Milch ausgedrückt sahen. So verhält es sich mit jener Beobachtung, die R.-M. Lacuve im Poitou machte: „Wird ein Kind, das die Brust bekommt, schwer krank, so ist es verloren, wenn die Milch der

Nährenden nicht einschießt." Die Beziehung gilt also für beide Richtungen: Das Kind kann sterben, weil es die Milch seiner Mutter nicht bekommt, aber der Körper seiner Mutter „weiß" auch darum, daß das Kind an einer schweren Krankheit leidet und daß es nicht mehr notwendig sein wird, es zu stillen.

Auch vom Glück, das das Stillen bedeutet, ist in den Sprichwörtern die Rede. „Tant que l'on nourrit, l'on rit" – solange man stillt, lacht man: Da wird zwar auch auf andere Probleme angespielt (vor allem auf die Empfängnisverhütung und den Sonderstatus der stillenden Frau); das Sprichwort ruft aber auch die Freude in Erinnerung, die die junge Mutter an dieser engen Beziehung zu ihrem Kinde empfindet. So berichtet A. Bouet von jener Szene, die – auch wenn sie bukolisch überzeichnet sein dürfte – dennoch ein Stück Realität wiedergibt: „Die stillende Mutter sitzt mit bloßen Füßen auf einem Schemel, gelehnt an einen ehrwürdigen Baum. Dort auf ihren Knien hat ihr Sohn soeben, von den Fesseln der Windeln befreit, nach Herzenslust aus den Quellen des Lebens getrunken, die er noch mit einer Hand drückt, während er mit der anderen über die Wange seines Vaters fährt. Dieser hat seine Arbeit unterbrochen, um sich den kindlichen Liebkosungen zu überlassen, die er mit einem zärtlichen Lächeln beantwortet." Diese Freude am Stillen kommt auch in den Bildern und Plastiken zum Ausdruck, die Maria mit dem Kinde darstellen. Sie findet regelmäßig Eingang in ärztliche Empfehlungen und tritt auch in dem folgenden schönen Text von Laurent Joubert (16. Jahrhundert) zutage: „Gibt es einen schöneren Zeitvertreib als ein Kind, das beim Saugen seine Mutter mit Liebkosungen und Schmeicheleien überhäuft, wobei es mit der einen Hand die andere Brust entblößt und tätschelt, mit der anderen die Mutter bei den Haaren oder am Kragen faßt und mit ihm spielt, während es diejenigen mit Fußtritten bedenkt, die es ablenken wollen, dabei mit seinen schelmischen Augen der Mutter tausend lachende und zärtliche Blicke zuwirft." Weniger deutlich kommt die Freude der Mutter beim Stillen der Kinder in den

Sprichwörtern zum Ausdruck, doch auch dort scheint durch, welche symbolische Bedeutung dem Stillen zukommt.

Die stillende Frau erscheint in den Sprichwörtern vor allem als das klassische Bild für die Rolle der Frau: „Pointe du soc, bout du sein, par eux nous vivons." (Der Spitze des Pflugs und der Brust verdanken wir das Leben.) Oder: „Trois pointes soutiennent le monde, la pointe du sein, la pointe du soc et l'autre pointe que vous savez." (Auf drei Spitzen steht die Welt: auf der Spitze der Brust, auf der Spitze des Pflugs und auf der dritten, die ihr kennt.)

Obgleich zu Ende des 19. und zu Beginn des 20. Jahrhunderts die künstliche Ernährung mit der Flasche bereits bekannt war, war es auf dem Lande doch selten, daß die Mutter ihr Kind nicht zumindest anfangs stillte. Wenn sie keine Milch hatte, vertraute sie es gelegentlich einer anderen Frau an, die häufig zur Familie gehörte. Nicht selten brachte sie dieser Frau dann große Abneigung und Eifersucht entgegen.

Entsprechend läßt sich der folgende von De Westphalen berichtete Glaube deuten: „Eine Mutter, die gezwungen ist, ihren Säugling einer Amme anzuvertrauen, muß ihn dieser geben, ohne die Amme oder das Kind anzusehen; sonst bekommt die Mutter das Milchfieber; die Milch würde ihr zu Kopfe steigen." Der Jammer, verstärkt durch diesen Blick, würde die Mutter also genau durch das angreifen, das sie am engsten an ihr Kind bindet, das heißt durch die Milch. Die Erzählungen von Müttern, die bei der Entbindung gestorben sind, weisen auf eine ähnliche Bindung der Mutter an ihren Säugling hin. Beispielsweise: „Wenn im Elsaß eine Frau im Wochenbett stirbt, hat man, wie es scheint, die Gewohnheit, sie mit ihren Schuhen zu begraben, weil sie während der ersten sechs Wochen nach ihrem Tode jede Nacht zurückkehrt, um ihr Kind zu stillen. Man hat sogar in manchen Dörfern große Mühe, den Widerstand anderer Frauen zu überwinden, bis sie sich bereit erklären, sich um das Neugeborene zu kümmern." Hören wir auch die folgenden Zeilen, die trotz ihres romantischen Überschwangs vom Weiterwirken einer bestimmten Überlieferung zeugen: „Hier eine Perle unserer volkstümlichen Überlieferung. Von Saragossa bis Carnac und Saint-Malo, von Rom über München nach Stockholm, von Athen über Krakau bis Nowgorod und Kursk, ja jenseits des Dnjepr, überall findet man die Überlieferung, daß die Mutter nach ihrem Tode zu ihrem Kind zurückkehrt. Wie ein mit Gold und Edelstein durchwirkter Purpurmantel breitet sich diese Tradition über ganz Europa aus. Und man fragt sich erstaunt, was waren das für Menschen, über welche außergewöhnliche Innigkeit, Gefühlstiefe und Vornehmheit des Geistes verfügten sie, daß sie die Mutterliebe mit diesem Heiligenschein umgeben und sie zum Grundstein ihres Glaubens gemacht haben."

Die Muttermilch ist für das Kind lebensnotwendig und kann auch ein Heilmittel sein. Wir haben bereits erwähnt, daß sie prophylaktisch gegen Augenentzündungen des Neugeborenen angewendet wird. Auch soll sie gegen Ohrenkrankheiten wirken, etwa wie die „Tropfen", die man Kindern heute beim ersten Anzeichen von Schmerz verabreicht.

Praktiken zur Förderung der Milchabsonderung

So ist es nicht erstaunlich, daß die Unfähigkeit zum Stillen häufig für eine Tragödie gehalten und gemeinhin auf den Bruch eines Verbotes zurückgeführt wird. Entsprechend muß eine Frau, die stillen möchte, bestimmte Vorsichtsmaßnahmen beachten. Wir haben gesehen, daß man die Brustwarzen der kleinen Mädchen schon bei ihrer Geburt formt. In der Lorraine darf „eine Frau eine Steck- oder Nähnadel niemals an der Spitze anfassen, sonst wird sie ihr Kind nie stillen können". In der Auvergne kann man von der Hochzeit an auf die Milchabsonderung einwirken: „Die jungen Leute, die zu einer Hochzeit geladen sind, haben die Gewohnheit, Gewehrschüsse abzugeben; je mehr sie schießen, um so mehr Milch wird die Frau haben."

Andere Bräuche sind dazu bestimmt, die Milch am Versiegen zu hindern. So ist eine sehr enge Verbindung zwischen Eiern (Fruchtbarkeitssymbol) und Stillen zu beobachten. Sauvé berichtet für die Hochvogesen: „Wenn man die Eier der eigenen Hennen ißt, hat man darauf zu achten, daß man die Schalen nicht ins Feuer wirft; sonst wird die eigene Frau, wenn sie stillt, oder eine Nachbarin, zu der man den Säugling gegeben hat, unweigerlich die Milch verlieren. Dazu ist zu bedenken, was die Großmütter sagen: ‚Wenn die stillende Frau ihre Milch verliert, wird ihr Säugling unverzüglich sterben.' "

Zahlreiche magisch-religiöse Bräuche haben das Ziel, das Einschießen der Milch zu begünstigen – Bräuche, die auf der symbolischen Beziehung zwischen Milchabsonderung und Universum beruhen. Bestimmte Steine – dank ihrer Form oder Farbe – und bestimmte Pflanzen fördern, wie man meint, die Milchabsonderung. Im Vivarais tragen die Ammen manchmal in ihrem Korsett einen Milchstein aus graugesprenkeltem Jaspis, der aufgrund seiner Farbe bei der Milchabsonderung helfen soll. Ferner lassen im Süden Frankreichs die Frauen auf manchen Wallfahrten Halsketten mit „Milchperlen" segnen, die den gleichen Zweck erfüllen sollen. In den Landes „begeben die Frauen sich zu einer Grotte, der Las-Mamès-Grotte, und saugen dort, nachdem sie Gebete gesprochen haben, an den Stalaktiten, die Brüsten ähneln". Bei Niort in der Gegend von Creuzay „küssen die Brautleute am Hochzeitstage einen Nußbaum; dieser Brauch soll bei den Frauen bewirken, daß sie ihre Kinder stillen können". Gleiches gilt für die Bretagne: „Zwischen Trégueux und Sainte-Marie gibt es einen Bach, an dem ein ziemlich großer Ginsterbusch wächst. An ihm ziehen die jungen Mütter, damit sie viel Milch bekommen." Schließlich begünstigen auch bestimmte Pflanzen die Milchabsonderung, weil sie weiß sind: In der Haute-

Bretagne die Gänsedistel (frz. laiteron), anderswo ein Aufguß aus großen weißen Erbsen.

Am häufigsten sind Wallfahrten. Sie sind manchmal mit magischen Praktiken verknüpft, manchmal auch nicht. Vor allem gelten sie der heiligen Jungfrau. So berichtet Sebillot von Kirchen, in denen man eine Art weißlichen Pulvers aufbewahrt, „Milch der Jungfrau“ genannt. Die Wallfahrtsorte liegen im allgemeinen in der Nähe einer Quelle, die beim Ritus eine wichtige Rolle spielt. Die jungen Mütter entblößen ihre Brüste, um sie darin zu baden, oder – schamhafter – benetzen sie mit Wasser, das sie in ihre Ärmel geschüttet haben, wie etwa bei der Wallfahrt nach Orlay (Morvan). Oder sie werfen Stecknadeln in die Quelle (wieder dieser Gegenstand, der auch für die Sühneriten der Eheschließung wichtig ist!). Andere Bräuche sind von einer noch deutlicheren Symbolik geprägt. In Saint-Gilles-Plégeaux (Côtes-du-Nord) „schöpft die Pilgerin einen Brunnen mit einer Schüssel leer, begibt sich zur Kirche, betet einen Rosenkranz und kehrt nach Hause zurück; während der Brunnen volläuft, füllen sich die Brüste der Frau mit hervorragender Milch.“ Auch die Opfergaben sind sehr spezifisch. So legen in Saint-Pardoux-la-Rivière im Périgord junge Mütter, die fürchten, nicht genug Milch zu haben, Käse auf dem Altar der Heiligen Jungfrau nieder, den sie aus ihrer eigenen Milch gemacht haben; sie können dort auch einfach ein bißchen von ihrer Milch darbringen.

Die heilige Agatha, die Schutzheilige der Frauen, ist zugleich die große Schutzheilige aller Stillenden, wurden ihr doch bei ihrem Martyrium beide Brüste abgerissen. So wird sie in zahlreichen geweihten Stätten angefleht, die Milchabsonderung zu fördern. Aus den Hochvogesen wird folgendes berichtet: „Am Ende der Messe, die ihr zu Ehren an ihrem Namenstag, dem fünften Februar, gehalten wird, lassen sich die Frauen Werg aus Hanf oder Leinen segnen. Wenn eine von ihnen kranke oder versiegte Brüste hat, legt sie eine Handvoll von diesem Werg auf den Sitz des Übels.“ Auch andere Heilige fördern die Milchabsonderung, so der heilige Gondran, die heilige Christina, die heilige Brigitta, die heilige Raffine, der heilige Mammes. Um die große Heilkraft solcher Bräuche zu unterstreichen, erzählt man in verschiedenen Gegenden die Geschichte von dem Manne, der an den entsprechenden Wallfahrtsorten zum Spott um Milch gebeten habe und sich plötzlich mit schweren Brüsten versehen sah, die von Milch überflossen.

Die Bedeutung, die dem Stillen beigemessen wird, die Vorschriften, die ihm gelten, die Sühnebräuche erklären sich aus der Tatsache, daß die Muttermilch für den Säugling eine Lebensnotwendigkeit darstellte. Man hatte offensichtlich große Angst vor dem Verlust der Fähigkeit zu stillen und rechnete mit der Möglichkeit, daß eine Frau gewissermaßen unfruchtbar an der „Milch" sein könne. Diese „natürliche" Unfähigkeit zu stillen wird von den Frauen häufig als Grund dafür angeführt, daß sie ihr Kind nicht selbst gestillt haben. In der Normandie glaubte man hin und wieder, die Unfähigkeit sei erblich; eine Frau, die von ihrer Mutter nicht gestillt worden sei, werde selbst nicht genügend Milch haben, um ihre Kinder zu nähren.

Vererbung über die Milch

Überdies eignen sich nicht alle Frauen gleichermaßen zum Stillen. Wir können uns aus Platzmangel hier nicht auf eine detaillierte Analyse der Theorien über den Einfluß der Muttermilch auf den Charakter der Kinder einlassen. Diese Theorien betreffen die Vererbung und die Blutsverwandtschaft und entsprechen in jeder Hinsicht den Theorien, mit denen wir uns bereits beschäftigt haben. Sie gehen von einer weitaus umfassenderen Vorstellung als der heutigen aus. Hier überlagern sich verschiedene Theorien, die zwar gelehrter Natur sind, häufig aber aus volkstümlichen Feststellungen hervorgegangen sind. In erster Linie meint man, daß der Charakter der stillenden Frau sich auf diesem Wege auf das Kind übertrage. Betrachten wir den folgenden Abschnitt bei Madame du Coudray: „Zweifellos übt der Charakter der Stillenden großen Einfluß auf das Kind aus, das *die Laster mit der Muttermilch einsaugt* und das manchmal weniger denen ähnelt, die ihm das Leben geschenkt haben, als derjenigen, die es ernährt." Rousseau gibt eine eher natürliche Erklärung, die aber ebenfalls den Einfluß der Stillenden auf den Charakter des Kindes unterstreicht: „Wenn man eine lasterhafte Frau nimmt, so wird der Säugling ihre Laster zwar nicht übernehmen, aber doch darunter leiden. Ist sie ihm nicht außer ihrer Milch auch eine Pflege schuldig, die Eifer, Geduld, Zärtlichkeit und Sauberkeit erfordert?"

In den traditionellen Empfehlungen ist nur wenig von diesem Einfluß der Milch auf den Charakter des Kindes die Rede, vielleicht gerade weil die Mütter ihre Kinder selbst stillen, so daß sich mütterliches und milchbedingtes Erbteil überlagerten. Es gibt jedoch einen Hinweis darauf, daß diese Überzeugung, die sich so gut mit der symbolischen Denkweise verträgt, im Volke verbreitet war. Gemeint ist der Hinweis, daß man in zahlreichen Gegenden meinte, Ziegenmilch übertrage auf die Kinder, die sie trinken, bestimmte Vorzüge und Fehler des milchliefernden Tieres. Diese Kinder seien lebhaft und flink, aber auch nervös. Sie könnten sogar – so heißt es im Bourbonnais – zur Hysterie neigen, schamlos sein und eine Schwäche für die Liebe haben.

Keine Spur findet sich auch in der volkstümlichen Überlieferung vom Streit der alten wissenschaftlichen Medizin darüber, ob die Milch einer Mutter in besonderer Weise zu ihrem Kinde passe. Dabei handelt es sich um ein doppeltes Zusammenpassen: Zum einen um die Übereinstimmung der Eigenschaften der Muttermilch mit solchen des Kindes. So empfiehlt Buffon: „Wenn die Mütter ihre Kinder stillen würden, wären diese wohl stärker und kräftiger. Die Milch ihrer Mutter muß ihnen besser bekommen als die Milch einer anderen Frau, denn der Fötus ernährt sich in der Gebärmutter von einer milchigen Flüssigkeit, die der in den Brustdrüsen produzierten Milch sehr ähnlich ist." Richerand aber wendet sich gegen das Argument von Aulu-Gelle, wonach das Kind keine Krankheit von dem Blut zu befürchten habe, aus dem es entstanden sei: „Nie war ein Widerspruch leichter aufzulösen. Es wäre keiner, wenn wir nicht eine ständige Transmutation der uns konstituierenden Moleküle erführen, wenn unsere Organe nicht nach einer gewissen Zeit eine völlige Erneuerung erlebten, wenn die Assimilation der Nährsubstanz durch unsere Organe, die sich diese Substanz anverwandeln und mittels einer regelrechten Substanzverwandlung in das Material überführen, aus dem sie bestehen, unser materielles Wesen nicht unablässig veränderte. Doch wie das legendäre Schiff der Argonauten, das im Verlaufe einer langen und gefährlichen Reise so oft repariert wurde, daß es bei seiner Rückkehr kein Stück seines ursprünglichen Baues mehr aufwies, zerstört sich der tierische Organismus ohne Unterlaß und enthält zu zwei verschiedenen Zeitpunkten seiner Dauer nicht ein einziges gemeinsames Molekül. Deshalb ist es wichtig, daß man eine kranke Mutter, die beispielsweise vom Übel der Skrofeln oder der Flechte befallen ist, durch eine gesunde und kräftige Amme ersetzt. Ihre Milch wird allmählich bei dem Neugeborenen bewirken, was eine gute Ernährungsvorschrift bei einem Kranken erreicht. Die kranken Teile werden nach und nach durch bessere Moleküle verändert und ersetzt. Auf lange Sicht wird das Kind so durch den langsamen und allmählichen Vorgang des Nährprozesses, durch die andauernde Substitution der schlechten durch bessere Elemente eine fast vollständige Regeneration erfahren."

Die Volkskundler berichten von keiner Kontraindikation der Muttermilch. Die volkstümlichen Vorstellungen scheinen also der ersten Theorie näher zu stehen. Daß man im übrigen in späterer Zeit bei der künstlichen Ernährung großen Nachdruck darauf legte, nur Milch von einer und derselben Kuh zu verwenden, deutet darauf hin, daß sich eine große Affinität zwischen der Milch und demjenigen, der sich von ihr ernährt, einstellt.

Die zweite Dimension des Zusammenpassens ist das Alter der Milch mit dem Alter des Kindes. Wenn das Kind von seiner Mutter gestillt wurde, war das kein Problem. Wir stoßen aber darauf, wenn wir erfahren, welche Sorgfalt gelegentlich darauf verwendet wird, keine Kühe zu nehmen, die vor allzu langer oder allzu kurzer Zeit gekalbt haben.

Qualität der Ammen

Dagegen legt das Volk großen Wert darauf, daß bestimmte Frauen bessere Ammen sind als andere. Die Sprichwörter enthalten zahlreiche Beobachtungen, die zwar die Viehzucht betreffen, jedoch auch für Frauen gelten. In ihnen wird mehr Wert auf die Qualität der Nahrung als auf ihre Quantität gelegt; die Korpulenz der Frau spielt keine wichtige Rolle, hingegen die Größe und die Form der Brüste sowie die Hautfarbe.

Gute Ammen haben – so heißt es in der Beauce – „einen hellen Teint, kleine Ohren und entwickelte Brüste. Brünette Frauen haben dem Anschein nach mehr Milch als andere". Hingegen werden rothaarige Frauen für schlechte Nährmütter gehalten, was an dem besonderen Körpergeruch liegt, den man ihnen nachsagt und von dem man meint, er belästige das Neugeborene. Manchmal liegt eine Fehlbildung der Brustwarze vor. Dann gelingt es dem Kind nicht, sie zu fassen. In solchen Fällen werden bestimmte Verfahren zu ihrer Formung angewendet (erinnern wir uns, daß man diesem Punkt schon bei der Geburt Aufmerksamkeit schenkt). Diese Verfahren hatten im übrigen den Vorteil, die Frau zu erleichtern, wenn sie Milch im Überfluß hatte, und sie vor dem so gefürchteten „Milchfieber" zu bewahren. Das originellste dieser Verfahren ist das des Saugers. Dies war manchmal ein kleiner Hund, aber auch eine Frau oder sogar ein Mann, wie jener im Gard, den „man früher auf den Wegen antraf, wo er – zu den Wöchnerinnen gerufen – von einem Dorf zum anderen zog". Wenn es ein Mann war, mußte er natürlich häßlich sein: „Dieser Sauger war ein Bauer, ein großer Alter mit rotem struppigem Bart und schrecklich häßlich." Und der Volkskundler fügt eine Erklärung hinzu: „Als Erstgeborener einer kinderreichen Familie hatte er alle seine Brüder und Schwestern sehr jung sterben sehen; nach dem Tod eines jeden ihrer Kinder hatte die Mutter ihm ‚wieder die Brust gegeben'. Diese Gewohnheit und die Lust zu dieser Aufgabe hat er sein Leben lang beibehalten." Wenn wir damit nicht den Rahmen unseres Themas sprengen würden, ließe sich viel über die erotisierte Beziehung zum Körper sagen – zum Körper der Mutter, zum Körper der Frau, zum Körper des Kindes – die durch das Stillen geschaffen und durch diese in ihrem Ausmaß gar nicht bekannten Bräuche erweitert wird.

Am wichtigsten aber war, daß die Milch im Überfluß vorhanden sein mußte; die Korpulenz des Säuglings galt als ein Zeichen für seine Gesundheit. In den alten Abhandlungen über Geburtshilfe wird häufig darüber geklagt, daß das Kind zu viel ißt und deshalb Verdauungsschwierigkeiten hat. Doch wenn das Kind Milch erbricht oder Schluckauf hat, beunruhigt man sich nicht, denn das ist ein Zeichen dafür, daß das Kind gedeiht.

Vorzeitiges Beimischen anderer Nahrung

So beginnt man das Kind kurze Zeit nach der Geburt mit Muttermilch zu ernähren. Wir haben gesehen, daß das Kind in den wenigen Stunden vor der Taufe keine Nahrung bekam; die Taufe – wir erinnern uns – folgte aus symbolischen Gründen sehr rasch auf die Geburt. Man hielt es auch für notwendig, das Kind in der Zwischenzeit mit den Heilmitteln der Zeit zu „reinigen". Häufig geschieht das noch heutzutage.

Doch rasch bildete die Milch nicht mehr die einzige Nahrung des Kindes. Sehr bald gab man ihm Brei, manchmal bereits zweiundsiebzig Stunden nach der Geburt. Zu Recht hat man darauf hingewiesen, daß dieser Brei das Risiko der Säuglingssterblichkeit erhöhte. Ohne den objektiven Tatbestand außer acht zu lassen, ist doch darauf hinzuweisen, daß man den Müttern auch in dieser Hinsicht keine Nachlässigkeit vorwerfen kann. Sie meinten, der Säugling brauche den Brei. Vor allem ist die Tatsache zu unterstreichen, daß der Brei nicht das einzige Nahrungsmittel des Säuglings war.

Alle Kinder auf dem Lande bekamen sowohl Muttermilch als auch Brei, wobei die Muttermilch den bei weitem wichtigsten Teil ihrer Ernährung ausmachte. Dennoch galt der Brei als notwendig, um dem Kind Kräfte zu geben, die ihm eine ausschließliche Milchernährung – wie man meinte – nicht zuführen konnte. Im übrigen war der Brei zwar grob, aber eine beliebte Speise. Auch Kranke erhielten ihn häufig. Er wurde mit besonderer Sorgfalt zubereitet – aus feinstem Mehl und auf einem Feuer, dessen Glut mit großer Aufmerksamkeit bewacht wurde. Man erzählt sogar, daß, wenn die Glut die Nacht über brennt, die heilige Jungfrau kommen kann, um darauf den Brei für ihr eigenes Kind zuzubereiten. Wie es in dem schönen Spruch heißt: „Die heilige Jungfrau hat ihren Finger in den Brei für das kleine Kind gehalten."

Schließlich wird der Brei dem Säugling, der noch nicht mit einem Löffel umgehen kann, auf eine ganz besondere Weise verabreicht. A. Bouët beschreibt das folgendermaßen: „Die Mutter nimmt Brei auf die Spitze des Zeigefingers, steckt ihn in den Mund, nimmt ihn heraus, steckt ihn wieder hinein, und fährt mit dieser Behandlung so lange fort, bis der Brei einen Hitzegrad angenommen hat, der dem Mund des Kindes zuträglich ist. Da dieses nicht die ganze Breimenge aufnehmen kann, die ihm auf dem Finger dargereicht wird, wird der Rest wieder zurückgenommen, um abermals im Mund der Mutter zu verschwinden und der Gier erneut dargeboten zu werden." Diese Ernährungsweise des Kindes hat die Empörung mancher Ärzte erregt, die solche hygienischen Bedingungen für unzulänglich hielten. Hören wir dazu das vernichtende Urteil von Baudelocque: „Man kann nicht ohne Ekel, ja ohne eine gewisse Empörung, mitansehen, wie die Ammen den Brei mit ihrem häufig unsauberen Finger dem Kind bis in den Rachen stopfen, ihm von den Lippen nehmen, was es nicht schlucken mag, und es zwingen, den restlichen Brei beim zweiten Mal zu sich zu nehmen. Wenn sie sich eines Löffels bedienen, um ihn zu verabreichen, nehmen sie den Brei in ihren Mund, um sich davon zu überzeugen, daß er nicht zu heiß ist, und füttern dann das Kind damit."

Buffon verlangt hingegen, „sich von allem Ekel freizumachen", und vertritt die Überzeugung, daß diese Praxis wohlbegründet sei: „Das ist das einzige Mittel, um seinem Magen die Menge Speichel zuzuführen, die es braucht, um feste Nahrungsstoffe zu verdauen. Wenn die Amme Brot kaut, wird es vom Speichel durchtränkt und dadurch zu einer weit besseren Nahrung, als wenn es mit irgendeiner anderen Flüssigkeit durchtränkt würde." Le Guyader vertritt eine ähnliche Auffassung. Wir wollen nur hinzufügen, daß dieser Durchgang der Nahrung durch den Mund der Mutter, diese Rolle des Speichels genau wie das Stillen die enge Ernährungsbeziehung zwischen Mutter und Kind verlängert, die vor der Geburt bestand.

Stillen, gestern und heute

Sehr viel hat sich in der Kinderpflege verändert, am meisten wohl bei der Ernährung des Kleinkindes; zumindest ist hier das Bewußtsein einer großen Veränderung am stärksten. Heute stillen nur noch wenige Frauen aus dem ländlichen Milieu. Die Muttermilch wird auch nicht mehr als das einzige, noch nicht einmal als das letzte Mittel für den Fall angesehen, daß das Kind die künstliche Ernährung nicht verträgt. Die befragten Frauen in der Normandie stillten ihre Kinder selten. Sie nannten zwei Arten von Gründen. In erster Linie hatten sie Angst, die landwirtschaftliche Arbeit – in Wirklichkeit kein konkreter Hinderungsgrund – könne die Milch durch die Erschöpfung zum Versiegen bringen oder zumindest ihrer Qualität schaden. Aber sie vermißten doch die innige, durch das Stillen geschaffene Beziehung zwischen Mutter und Kind, ohne sie allerdings zu kennen, da die Tradition erloschen ist. Doch das grundsätzliche Argument dieser Frauen lautete, daß das Überleben ihres Kindes nicht mehr vom Stillen abhänge. Häufig kam es allerdings vor, daß sie frühgeborene oder besonders anfällige Kinder stillten. Außerdem meinten sie, Kinder, die mit der Milch von Kühen ernährt würden, die sie selbst aufgezogen hatten und deren Vorzüge und Mängel ihnen bekannt waren, würden rascher zunehmen und schöner werden. Kuhmilch wird der Muttermilch also sowohl aus wirtschaftlichen wie aus medizinischen Gründen vorgezogen; das um so mehr, als in der Tradition seit langem die Kuhmilch in dem Brei verwendet wird, der für den ganz kleinen Säugling bestimmt ist.

Früher sprachen sowohl gefühlsmäßige wie auch medizinische Gründe für eine ausschließliche Ernährung mit Muttermilch; durch die Trennung dieser beiden Arten von Begründungen und wegen des Vorranges, der den medizinischen Argumenten eingeräumt wird, hat sich das verändert. Die Gesundheit wird also höher bewertet als die Fortsetzung der unmittelbaren Beziehung des Kindes zur Mutter. Immerhin wird auch hier die Beziehung in vermittelter Form fortgesetzt, denn es ist häufig die Aufgabe der Frau, sich um die Kühe zu kümmern.

Diese Abkehr von der Tradition des Stillens ist sehr alt. In der erwähnten Untersuchung gaben die Vertreterinnen der älteren Generation ihren Kindern noch seltener die Brust. Augenblicklich ist eine gewisse Umkehr zu beobachten. Die – gewiß tiefgreifende – Bedeutung dieses abrupten Bruches, den die einst bis zum Zahnen andauernde körperliche Beziehung zwischen Mutter und Kind bei der Geburt erfährt, läßt sich nur schlecht abschätzen.

Das Entwöhnen und die Zähne

„Bel enfant
Jusqu'aux dents."[3]

Das Erscheinen der Zähne und die Entwöhnung

Der Augenblick der Entwöhnung und das Erscheinen der „Milchzähne" sind eng miteinander verbunden. Die Mutter hat schnell genug davon, ein Kind zu stillen, das an ihrer Brustwarze knabbert. Und außerdem wirkt das Wachsen der Zähne wie ein Zeichen der Natur, aus dem zu ersehen ist, daß der Organismus des Kindes bereit ist, *andere* Nahrung zu empfangen. „Alle Kinder werden zu früh entwöhnt. Der Zeitpunkt, zu dem sie entwöhnt werden müssen, ist der Durchbruch der Zähne", sagt Rousseau. Eine Mutter, die ihr Kind auch noch stillt, wenn es nicht mehr notwendig ist, wird der Schwäche bezichtigt. Im äußersten Falle wird ihr vorgeworfen, sich einer sozusagen inzestuösen Beziehung hinzugeben. Mit den Zähnen verbindet sich eine sehr deutliche Sexualsymbolik, wie manche Sprichwörtern beweisen.

Es scheint, daß die Praxis zwischen früher Entwöhnung – beim Erscheinen der ersten Zähne – und einer sehr viel späteren Entwöhnung – zum Zeitpunkt, da die zwanzig ersten Zähne draußen waren – geschwankt hat, also zwischen dem Anfang und dem Ende des ersten Zahnens. Richerand stellt folgende Frage: „Soll man das Stillen bis zum vollständigen Erscheinen der Milchzähne oder bis zum Austritt der ersten zwanzig verlängern? Dieser Vorgang ist erst etwa in der Mitte des dritten Le-

[3] Sprichwort belegt in der Champagne, der Franche-Comté, der Ile de France und der Provence. (Schönes Kind bis zu den Zähnen.)

bensjahres abgeschlossen. Es heißt, daß das Kind, das nach dieser Methode ernährt wird, seinen Verstand beim Saugen verbraucht. Für dieses Verfahren tritt aber einer der größten Geburtshelfer Europas ein: Er hat es bei schwachen und anfälligen Kindern angewandt. Nichts spricht dagegen, daß man allmählich festere Nahrungsmittel zur Milch hinzugibt, durch die die Natur das Blut ersetzt, von dem sich das Kind als Fötus ernährte. Keinesfalls verzögert dies die geistigen Fortschritte."

In den volkstümlichen Vorstellungen wird nämlich die Auffassung vertreten, ein Kind, das zu lange ausschließlich mit Muttermilch genährt werde, bliebe geistig unterentwickelt. Das hat einen realen Hintergrund: Da zum geistigen Leben die Beziehung zu anderen gehört, ist für die normale Entwicklung des Kindes die allmähliche Ablösung von der Mutter notwendig. So meint man in der Gegend von Menton, daß ein Kind, das länger als ein Jahr gestillt wurde, von bescheidener Intelligenz sein werde. Bestimmte besonders symbolträchtige Perioden dürfen von einem Kind nicht zweimal durchlaufen werden, ohne daß es in der Zwischenzeit entwöhnt worden ist; sonst wird es zum „Kretin". Dies gilt für Karfreitag und vor allem für den Monat Mai, in dem sich die sexuellen Verbote ohnehin häufen.

Frühzeitige und allmähliche Entwöhnung

Im allgemeinen hat es also den Anschein, als habe die Entwöhnung im ländlichen Milieu recht früh stattgefunden. Es ist hier allerdings daran zu erinnern, daß dort dem Kind schon bald eine gemischte Ernährung verabreicht wurde und daß manche Beobachter diese frühzeitige zusätzliche Ernährung möglicherweise mit der Entwöhnung verwechselt haben. Die folgende Bemerkung von Baudelocque scheint uns auf eine solche Verwechslung hinzudeuten: „Man sollte (das Kind) erst nach den ersten fünf oder sechs Monaten (entwöhnen). Eine Frau, die ein Kind nicht bis zu diesem Alter ausschließlich mit ihrer Milch ernähren kann, darf nicht als gute Amme gelten und sollte deshalb auch nicht einer anderen vorgezogen werden. Wenn die meisten Frauen auf dem Lande früher damit beginnen, ihren Kindern festere Nahrung zu geben, liegt das nicht daran, daß es ihnen an Milch fehlt, sondern einzig und allein daran, daß es ihnen als Brauch von ihren Eltern überliefert wurde." Wenn die Entwöhnung auch frühzeitig erfolgt, so ist sie deswegen keinesfalls brutal. Ganz allmählich gewöhnt man die Kinder an eine zunehmend festere Nahrung. Das Erscheinen der ersten Zähne setzt das Zeichen zum Beginn der Entwöhnung. Doch kann das Kind noch für längere Zeit ein bißchen Muttermilch bekommen, wie das A. Bouët hübsch, wenn auch etwas übertrieben beschrieben hat: Er schildert ein vierjähriges Kind, das, obgleich es schon wie die Erwachsenen ißt, immer noch bei seiner Mutter saugt. Auch in seiner Darstellung hängt die Mutter sehr an der durch das Stillen gestifteten besonderen Beziehung zum Kinde und hat es gar nicht so eilig, es zu entwöhnen: „Diese mütterliche Schwäche, die Trägheit, den unvermeidlichen Krieg mit dem Kind, das man entwöhnen will, anzufangen und durchzustehen, ist bei unseren bretonischen Frauen verständlich, die nicht die Möglichkeit haben, den Säugling aus ihrer Gegenwart zu verbannen und deshalb auf ständige Angriffe von seiner Seite gefaßt sein müssen." Im übrigen galt damals die Stillzeit generell als eine Zeit verminderter Fruchtbarkeit. Das Stillen war also eine Art empfängnisverhütendes Mittel, dessen sich die Frauen oft möglichst lange zu bedienen suchten.

Der erste Zahn bedeutet also den Beginn der Entwöhnung, nicht aber ihre sofortige Durchführung. Nur in einem einzigen Falle ist die Entwöhnung brutal, dann nämlich, wenn die Frau bemerkt, daß sie schwanger ist. Man scheint sich nämlich durchaus darüber im klaren zu sein, daß es Ausnahmen von der zeitweiligen Sterilität geben kann, für die das Stillen sorgt. In diesem Fall muß die Frau unbedingt damit aufhören, das Kind zu stillen.

Man fürchtet nicht, daß die Milch schlecht werden und dem Säugling schaden könne; die Sorge gilt dem künftigen Kind. Wir haben bereits, als wir über Patenschaft und Zwillinge sprachen, von der Schwierigkeit der Mutter berichtet, besondere Beziehungen zu zwei Säuglingen zugleich zu unterhalten, als ob ihre Kraft begrenzt sei und sich nicht teilen lasse. So heißt es fast überall, daß, wenn eine erneut schwanger gewordene Mutter ihr Kind noch stille, „das erste Kind dem nachfolgenden an den Füßen sauge".

Wenn der Augenblick der totalen Entwöhnung gekommen ist und beschlossen wird, daß das Kind die Brust der Mutter nicht mehr bekommen soll, werden zwei Verfahren angewendet – das eine gilt dem Kind, um ihm den Geschmack an der Milch zu nehmen, das andere der Mutter.

Entwöhnungstechniken

Für das Kind „wird eine Art Pfefferpaste auf die so begehrte Brustwarze aufgetragen, wodurch die Gier des hartnäckigen Säuglings zugleich bestraft und restlos entmutigt wird". Dieses Verfahren wird – manchmal leicht abgeändert – fast überall angewendet. Insofern müssen wir die obige Bemerkung, daß sich die Entwöhnung ohne Brutalität vollziehe, ein wenig nuancieren. Wenn die Entwöhnung nämlich auch physiologisch ohne Brutalität abläuft, wenn sie keine totale und radikale Ernährungsveränderung darstellt, so vollzieht sie sich psychologisch gesehen doch brutal und grausam. Die körperliche Trennung von der Mutter verläuft sehr heftig. Die Brust, das Lustobjekt, wird zu einem Gegenstand des Widerwillens gemacht. Mehr noch, die Entwöhnung ist der Augenblick, da das Kind aus dem ersten Kleinkindalter, dem Dasein als Säugling, in das des größeren Kindes verbannt wird. Seine Mutter beschäftigt sich nicht mehr ausschließlich mit ihm und widmet ihre Kraft und ihre

Zärtlichkeit dem Kind, das sehr rasch nachkommen wird. Die physiologischen Auswirkungen dieses emotionalen Schocks sind gewiß sehr groß. Die Entwöhnung und das Erscheinen der ersten Zähne, die den Anfang der Entwöhnung bezeichnen, bilden also einen wichtigen Übergangsritus.

Wir wollen in diesem dem Kind vorbehaltenen Buch nicht näher auf die Verfahren eingehen, die die Mutter verwendet, um ihre Milch zum Versiegen zu bringen. Sie sind zahlreich: Umschläge oder Aufgüsse bestimmter Pflanzen (Petersilie, Hanf), Halsketten aus Korkpfropfen. Interessant ist die symbolische Intervention des Mannes als Zeichen dafür, daß die sexuelle Aktivität wieder aufgenommen wird, die während des Stillens im Prinzip verboten ist. So müssen sich Stillende, die ihre Milch zum Versiegen bringen wollen, in den Vogesen die Nachtmütze ihres Mannes auf die Brust legen. Und im Bas-Languedoc meint man, daß Umschläge mit Schlangenhaut (der Haut eines phallus-ähnlichen Reptils also) den Frauen die Milch austreibe. In der Lorraine hingegen meint man, daß es „die Liebe vertreibe, wenn man die Milch einer Frau trinke".

Entwöhnung, Zahnen und Tod

Objektiv gesehen ist die Zeit, in der das Kind entwöhnt wird, gefährlich, da die Muttermilch, die es immer noch in erster Linie verzehrt, durch eine andere Nahrung ersetzt wird, nämlich durch eine Milch, die anfälliger für Verschmutzung ist und die beim Kind zu schweren Darmkrankheiten führen kann. Hinzu kommen die besonderen Störungen während der Zeit des Zahnens. Die Schmerzen, die das Kind in diesem Zeitraum erleidet, machen es anfälliger und schwächer. So fürchtet man, daß das Wachsen der Zähne – als ob dadurch alle Energie verbraucht würde – den Rest des Körpers zahlreichen bedrohlichen Krankheiten ausliefern könnte: Durchfall, Bronchitis ... Auch die früheren Gelehrten machten die Zähne verantwortlich für viele Unglücksfälle. „Der Durchbruch der Zähne kommt Kindern häufig teuer zu stehen, und manche gehen an den dadurch hervorgerufenen Krankheiten zugrunde", heißt es entsprechend bei Dr. Tissot.

Unbezweifelbar bedeutet das Zahnen für das Kind eine Strapaze; es wird anfälliger. So ist es nicht erstaunlich, daß das Zahnen für ein ohnehin schwaches und von Krankheit bedrohtes Kind zu einer gefährlichen Zeit wird. Dazu kommt dann erschwerend die veränderte Einstellung der Mutter. Die Sprichwörter assoziieren das Zahnen ständig mit dem Tod; je später die Zähne wachsen und die Entwöhnung stattfindet, desto besser ist das Kind in der Lage, diese Prüfung zu ertragen: „Qui met longtemps à sa dentition, longtemps vivra." (Im Deutschen entsprechend: Wem spät erscheinen die Zähn, kann die Seinigen sterben sehn.) Oder: „L'enfant qui met bientôt les dents, quitte bientôt ses parents." (Im Deutschen: Wem früh wachsen die Zähn, wird auch früh zu Grabe gehn.)

Schließlich fürchtet man das Schreien, das dieser Schmerz hervorruft. Wenn man es auch – wie wir sehen werden – für „natürlich" hält, daß das Kind von Zeit zu Zeit weint, fürchtet man länger anhaltendes Weinen, weil es zu Krämpfen führen könne.

Maßnahmen gegen die Schmerzen beim Zahnen

Deswegen tut man vorbeugend alles, um die Schmerzen des Zahnens zu vermeiden und zu lindern. Verschiedene – konkrete wie symbolische – Praktiken dienen diesem Zweck. Zuerst trägt das Kind zur Vorbeugung Amulette, deren außerordentliche Symbolkraft auf den ersten Blick zu erkennen ist; es sind nämlich Amulette aus Schmerlen-, Hunde- oder Fuchszähnen. Ein Allheilmittel auf diesem Gebiet ist der Maulwurf. Am Hals des

Kindes wird ein Säckchen befestigt, das die dem Tier bei lebendigem Leibe abgetrennten Pfoten oder ein Stück seiner Haut enthält. Schließlich gibt es eine besonders grausame Methode, die sich wohl daraus erklärt, daß die Symbolik hier um den Schmerz kreist: Man legt dem Kind ein Halsband aus dem Garn um, welches man durch den Körper eines lebenden Maulwurfes hindurchgezogen hat. Man kann es auch mit dem „Schneckenstein" beschützen (sicherlich wegen des Schleims dieses Tieres, das mit der vermehrten Speichelabsonderung beim Zahnen assoziiert wird). „Man nehme drei bis fünf Wegschnecken, schneide ihnen den Kopf ab und löse den Stein heraus, der sich darin befindet. Dann schlage man die drei bis fünf Steine in ein Leinentuch, das man dem Kind auf die Brust lege. Fortan darf man sicher sein, daß ihm die Zähne nicht mehr weh tun werden." Auch der Kopf einer Viper kann dieser Aufgabe genügen, wahrscheinlich weil diese Tiere wegen ihres Bisses gefürchtet waren. Bekannt ist auch das Halsband, das Kinder während des Zahnens auch heute noch tragen. Es bestand ursprünglich aus Zaubersteinen. Häufig war das Material Bernstein. Das Halsband war dazu bestimmt, das Kind, von dem es getragen wurde, gegen die Schmerzen in dieser Periode zu schützen. „Die Pariser Ammen legen dem Kind ein Halsband aus Bernstein oder blauen Perlen um, damit es gegen die Unglücksfälle des Zahnens geschützt ist. Es heißt auch, das Schmuckstück verhindere ein Reißen der Hautfalten." Dieses Halsband aus Steinen kennt man vor allem in Paris. Möglicherweise hat es als Ersatz für andere Halsbänder aus Tierzähnen gedient, die in der Stadt schwer aufzutreiben sind. Mehrfach hat es dann seine Form geändert. Es wurde zu einem Halsband aus Perlen, die eine ähnliche Farbe wie Bernsteine hatten und ebenfalls vor Schmerzen bewahren sollten, und schließlich zu einem Plastikhalsband von beliebiger Farbe. Es trägt noch den gleichen Namen und wird ebenfalls im Zusammenhang mit dem Zahnen benutzt, aber nun in einer ganz konkreten Absicht: Es schützt nicht mehr durch sein bloßes Vorhandensein, sondern das Kind beißt darauf, wodurch der Durchbruch der Zähne gefördert wird.

Oft wird auch beim Erscheinen der Zähne das Zahnfleisch des Kindes mit bestimmten Ingredienzien eingerieben – dem Hirn eines männlichen Hasen, einem blutigen Hahnenkamm oder mit Wein, das heißt mit Dingen, die an Blut erinnern, folglich stärkend sind. Wieder stellen wir fest, daß Wein als Heilmittel dient. Wir werden darauf noch bei den Wurmkrankheiten zu sprechen kommen. Schließlich rekurrieren zahlreiche Verfahren auf die Religion: Der Kanten des Brotes, das anläßlich des ersten Kirchganges der Wöchnerin gebacken wird, bewahrt den Säugling, der daran saugt, vor Zahnschmerzen; diese erscheinen also auch hier als bedeutsames Ereignis und ernste Gefahr in der Entwicklung des Kleinkindes. Es gibt auch zahlreiche Wallfahrten, natürlich zur heiligen Apollinaris, der großen Spezialistin für Zahnschmerzen bei Erwachsenen und folglich auch bei Kindern, aber auch zum heiligen Christopherus, dem Schutzheiligen der Kinder, der deshalb auch für diese sehr ernstzunehmende Gefahr zuständig ist, zum heiligen Méen (Majanus), der vor allem die Hautausschläge heilt, die das Zahnen begleiten, schließlich zum heiligen Hubertus, dem Spezialisten für Tollwut und durch Assoziation auch für Zahnschmerzen. In Flandern – so berichtet Van Gennep – legen die Mütter, wenn der Durchbruch der Zähne sehr schmerzhaft ist, „einen Schlüssel des heiligen Hubertus, der seine Reliquien berührt hat, auf das Zahnfleisch“. Schließlich gibt man dem Kind etwas Hartes zu beißen, etwa einen Lammknochen in der Haute-Bretagne, ein Stück Apfel in der Basse-Normandie, damit das Zahnfleisch sich öffnet.

Zahnen und Fruchtbarkeit

Nicht nur mit Schmerzen und Tod wird der Zahn assoziiert, sondern auch mit Liebe und Fruchtbarkeit: „Proches dents, proches parents." (Wenn die Zähne früh kommen, sind sich die Eltern nahe.) Oder: „Le mal de dents, c'est le mal d'amour." (Zahnschmerz ist Liebesschmerz.) Neben der offensichtlichen Phallussymbolik lassen sich auch konkrete Erklärungen finden: Kalkmangel ist eine häufige Begleiterscheinung der Schwangerschaft. Das führte zu Schmerzen in den Zähnen, die damals nicht regelmäßig gepflegt wurden – es übrigens auch heute noch nicht werden. Da außerdem eine enge Beziehung zwischen Sexualität und Gebären besteht, weisen die Zahnschmerzen als Anzeichen der Schwangerschaft in den traditionellen Vorstellungen ebenso auf die Liebe hin. Schließlich ist die Entwöhnung das Zeichen für die offizielle Wiederaufnahme der sexuellen Aktivitäten. Die volkstümlichen Auffassungen verboten sie nicht vollständig für die Dauer des Stillens. Diese Frage beunruhigte sogar die Ärzte der Zeit, die befürchteten, jede Leidenschaft könne die Qualität der Milch beeinträchtigen, und die sich ferner sorgten, die stillenden Frauen könnten eine neue Schwangerschaft und damit das Versiegen ihrer Milch verbergen. Es läßt sich also annehmen, daß die Frauen sich des Mißverhältnisses bewußt waren zwischen den „gelehrten" Verboten einerseits – die sie, wenn sie ein Kind stillten, in ihrem privatesten Leben berührten – und den traditionellen Bräuchen andererseits, die sie, wenn auch nicht offen, weiterhin befolgten ... Dagegen ist die Zeit der Entwöhnung auch offiziell der Augenblick, da die sexuellen Aktivitäten wieder aufgenommen werden können. Also auch über diesen Umweg sind Zahnen des Kindes und Sexualität der Mutter miteinander verknüpft.

Aber vor allem gilt die Frau nach der Entwöhnung wieder als fruchtbar. Obgleich die Sterilität aufgrund des Stillens umstritten war, scheint sie praktisch in einer erheblichen Zahl der Fälle tatsächlich vorgelegen zu haben. So ist auch das oben zitierte Sprichwort zu verstehen: Die früh erscheinenden Zähne des Kindes haben eben tatsächlich mit der Liebe der Eltern zu tun. Wenn die Zähne rasch kommen, und folglich die Entwöhnung früh stattfindet, kann die Frau bald wieder schwanger werden. Wir haben festgestellt, daß bestimmte Bräuche davon ausgehen, daß diese sehr rasche Folge von Geburten einer Naturgesetzlichkeit zu verdanken ist: „L'allaitement flétrit les femmes et l'accouchement les rétablit." (Das Stillen läßt die Frauen welken und die Niederkunft macht sie wieder gesund!) Statt der Reihenfolge, die wir heute erwarten würden - Niederkunft, Stillen - stoßen wir auf die umgekehrte Reihenfolge, als ob sich Stillen - Niederkunft - Stillen zu einem Kreise schlössen.

Ausgefallene Zähne

Die Zähne haben - in der Symbolik - noch eine weitere Bedeutung. Der Zahn ist ein Teil des Körpers, der sich wie die Nabelschnur von ihm löst. Aber wie dort darf man sich auch hier nicht von ihm befreien, indem man ihn irgendwo hinwirft. Er könnte nämlich von einem Tier verschlungen werden. Dann würde der neue Zahn die Zahnform dieses Tieres besitzen, wäre ein Schwein- oder Hundezahn. Man darf ihn auch nicht ins Feuer werfen, weil das Kind dann von der Gefahr bedroht wäre, später selbst ins Feuer zu fallen.

Die Geschichte von der kleinen Maus, die noch heute den Kindern erzählt wird, rührt von diesem Glauben her. Die älteste Version scheint die zu sein, daß man den Zahn unter das Bett wirft und die kleine Maus bittet, den alten Zahn zu fressen und dem kleinen Kind Zähne zu bringen, die ebenso hübsch und spitz wie ihre sind. Die abgewandelte Version besagt, daß die kleine Maus den Zahn nimmt und ihn durch ein kleines Geschenk ersetzt. Auf die Symbolik vom schwerwiegenden Verlust eines Körperteils folgt die phantasievolle Geschichte, die dem Kind erzählt wird, damit es den Schmerz beim Ausreißen des Zahns hinnimmt.

Schließlich wird beobachtet, wie die Zähne wachsen, denn daran läßt sich die Zukunft des Kindes ablesen. Wenn es keine ganz regelmäßigen Zähne hat, ist das ein Glückszeichen, vor allem wenn die beiden mittleren Schneidezähne oben eine Lücke aufweisen, den „Glücksgraben". Wenn die unteren Zähne zuerst kommen, wird das Kind klug werden; wenn aber diejenigen im Oberkiefer zuerst durchbrechen, heißt es, daß sie „dem Kind das Grab schaufeln".

Symbolkraft der Zähne

Betrachten wir schließlich die tiefe Symbolik, auf die sich der folgende Brauch in den Vogesen gründet: „Wenn man dem Kind zur Vorsicht – am besten während der Karwoche – einen Zahn von einem seiner toten Großeltern um den Hals hängt, sichert man ihm wundervolle Milchzähne; und diejenigen, die diese ersetzen werden, werden nie schlecht werden." Betrachten wir auch den folgenden Brauch aus der Gegend von Baugé, der abermals eine Beziehung zwischen Stillen und Zahnen andeutet: „Um einen Erwachsenen von Zahnschmerzen zu befreien, nimmt man die erste Milch einer Mutter, noch bevor sie ihr Kind gestillt hat."

In diesen Bräuchen ist alles zusammengefaßt, wovon wir eben gesprochen haben: Die Bedeutung des Zahns als Symbol der Fruchtbarkeit und des familiären Zusammenhaltens, die innige Verbindung zwischen Zahnen und Tod, das Problem der ganz eigenen Beziehung der Zähne zur Unversehrtheit des Körpers. Die Zähne gehören zu jenen Körperteilen, deren Verlust man für normal hält, deren Ausfall man aber doch mit ganz besonderen Vorsichtsmaßnahmen umgibt. Die Zähne waren einst durch ihre auffällige Symbolträchtigkeit und durch die konkrete Gefahr, die ihr Erscheinen und die darauf folgende Entwöhnung bedeuteten, ein Hauptgegenstand von Vorbeugung und Behandlung beim Kleinkind. Dies umso mehr, als dieses Stadium in noch höherem Maße als die Kinderkrankheiten unvermeidlich war.

Auch heute noch hat man um Kinder Angst, die ihre ersten Zähne bekommen. In der Normandie wie anderenorts ist die Auffassung sehr verbreitet, die Zähne seien für viele kleine Ärgernisse der Krankheit verantwortlich - etwa für Schnupfen oder Durchfall. Doch scheint der grundlegende Unterschied heute zu sein, daß die Mütter, auch wenn man nicht mehr an diesen Zahnkomplikationen stirbt, dazu neigen, ihre ganze Angst auf die Zähne abzuladen - also auf eine „Naturerscheinung". Sie geben den Zähnen die Schuld, ohne weiter nach Krankheiten zu suchen, die auf andere pathologische Verursacher zurückzuführen wären.

Die Angst vor den Schmerzen ihres Kindes veranlaßt die Eltern, ihren Kindern harte Gegenstände zu geben, auf denen sie kauen können. Diese Aufgabe erfüllt das obenerwähnte Halsband, das vom schützenden Amulett zum nützlichen Instrument geworden ist. Diese Furcht veranlaßt die Mütter in der Regel auch, schmerzlindernde Mittel anzuwenden. Betrachten wir dazu die Bemerkung von Dr. Pradal im „Guide des médicaments les plus courants" (Handbuch der gebräuchlichsten Arzneimittel) zum Algotropyl. Er weist darauf hin, daß man einem Kind, das nachts weint, weil es - nach Ansicht seiner Eltern - zahnt, kein Beruhigungsmittel verabreichen sollte. Es kann nämlich unter Umständen die Symptome einer weit schlimmeren Krankheit verdecken. Nun hat aber die Furcht vor zu heftigem Weinen nicht mehr die gleichen Gründe wie einst. Aus der Sorge um die Gesundheit des Kindes ist Besorgnis affektiver Art geworden. Man möchte das Kind nicht weinen und leiden sehen. In jedem Fall ist die Bedeutung der Zähne - ihr Durchbruch im Kleinkindsalter und die Probleme, die sie im Erwachsenenalter schaffen - immer noch konkret und grundlegend. Es würde sich lohnen, auch diese Frage eingehend zu untersuchen.

Vorbeugung im Alltag

„Plus les enfants sont sales, mieux ils se portent.“[4]

Die Gesundheit des Kleinkindes ist anfällig, sein Leben wird von allen Seiten bedroht, und die Erinnerung an die verheerende Kindersterblichkeit der vorhergehenden Jahrhunderte ist noch sehr lebendig. Neben den Heilverfahren im eigentlichen Sinne und jenen Praktiken, die sich mit der entscheidenden Übergangszeit des Zahnens beschäftigen, wird das Leben des Säuglings ständig von vielen Vorbeugemaßnahmen umgeben und so zu einer medizinischen Angelegenheit gemacht, wobei diese Vorsichtsmaßnahmen häufig die Fortsetzung jener Bräuche sind, die schon vor der Geburt befolgt wurden. Auf den ersten Blick scheint dem Kind jedoch keine besondere Pflege zuteil zu werden. So wurde seine Unsauberkeit von außenstehenden Beobachtern und Kommentaren als Anzeichen für Sorglosigkeit und Gleichgültigkeit der Eltern gedeutet. Wir werden dagegen sehen, daß der Schmutz nicht Nachlässigkeit ist, sondern ausdrückliche Absicht.

Amulette und allgemeine Schutzmaßnahmen

Gewisse Amulette schützen das kleine Kind von der Geburt oder der Taufe an gegen allen Zauber, der es bedroht. Der Coadri-Stein im Morbihan, auf dem ein Kreuz als Relief abgebildet ist, bewahrt das Kind vor Koliken, vor Zaubersprüchen und Blähungen. Im Süd-Osten Frankreichs legt man dem Neugeborenen ein

[4] Sprichwort aus dem Limousin. (Je schmutziger die Kinder sind, desto besser geht es ihnen.)

Amulett an, das Schnitzel von Osterkerzen und Weihrauch enthält, und dazu, wenn es ein Junge ist, den Knochen eines kleinen Hundes, oder, wenn es ein Mädchen ist, den einer kleinen Hündin. In Korsika nimmt ein Anhänger aus Korallen oder zur Not aus grobem Küchensalz seinen Platz ein. So hat jede Region ihr Amulett für die ganz Kleinen.

Allgemein haben viele Vorbeugungsmaßnahmen das Ziel, für die Gesundheit des Kindes zu sorgen. So geben ihm die Nachbarn bei seinem ersten Besuch häufig Salz und ein Ei, wobei sie ihm Gesundheit und Glück wünschen. Das Salz als unverderblicher Stoff ist das Symbol für Langlebigkeit, das Ei das Symbol für Fruchtbarkeit und glückliches Leben. In der Sologne gibt man Kindern, wenn man sie für zu kränklich hält, Rostwasser zu trinken, das man mit Hilfe alter Nägel gewonnen hat. Außerdem können ängstliche Eltern auch in diesem Falle auf Wallfahrten gehen, die einem Kind Kraft geben oder zurückgeben sollen. Diese Wallfahrten gelten natürlich dem heiligen Fortis, aber auch dem heiligen Jouvin oder dem heiligen Sicaire, der vor allem ein dickes Bäuchlein verleiht. Andere Verfahren sind dazu bestimmt, das Kind zu beschäftigen, eine ausgesprochene Vorbeugungsmaßnahme. Man kann es auf ein Bett von Farnkraut legen, oder auch seine Fontanelle mit einem Maulwurfsfell bedecken (wir sprachen bereits über ein ähnliches Rezept anläßlich der Zähne; diese Parallelität zeigt deutlich, daß eines der Heilverfahren bei Zahnschmerzen darin besteht, das Kind zu kräftigen). Das Maulwurfsfell schützt einen empfindlichen Teil des kindlichen Körpers, indem es ihm Wärme und Kraft gibt.

Verzögertes Wachstum: das Kind und sein Doppelgänger

Im Alltag werden zahlreiche Vorsichtsmaßnahmen getroffen. Manche sind eine Fortsetzung derjenigen, die wir schon vor der Geburt beobachtet haben. Sie gelten in erster Linie der allzu genauen Kenntnis des kindlichen Körpers: So darf man ein Neugeborenes nicht wiegen, wie man ja auch die Mutter nicht wiegen durfte, als sie das Kind erwartete. Die Kenntnis seines Gewichtes würde die Gewichtszunahme endgültig beenden, also das Wachstum hemmen.

Man darf es auch nicht vor einen Spiegel halten, bevor es sprechen kann. Das Kind hätte sonst die Möglichkeit, sich kennenzulernen und soziale Beziehungen zu seinem Doppelgänger aufzunehmen, bevor es wirklich in der Lage ist, sich zu verständigen. Es würde stumm bleiben, wenn man dieses Verbot bräche. Man kann folglich sagen, daß in dieser Zeit des allerfrühesten und noch sehr bedrohten Kleinkindalters die vollständige Kenntnisnahme des Körpers – durch das Kind selbst oder durch andere – verboten ist, weil solche Kenntnis das Unvollendete vollenden und so das Wachstum hemmen würde.

Ferner ist es nicht gut, wenn zwei Kinder sich an einem Ort befinden und Zuneigung füreinander zeigen. Sie schaden einander damit; offenbar hält man es für unmöglich, daß die Zuneigung, die notwendig ist, um ein Kind zu erhalten, für zwei reichen könnte.

Der Kuß spielt eine sehr wichtige Rolle im Hinblick auf die Sozialisation. Wir haben bereits festgestellt, daß man ein Kind nicht vor der Taufe küssen darf, daß hingegen Pate und Patin dies aus rituellen Gründen tun müssen. Im übrigen ist es generell nicht ratsam, kleine Kinder zuviel zu küssen; das schadet ihrem Gedeihen.

So wenig man über eine schwangere Frau hinwegsteigen darf, so wenig darf man über ein Kind oder seine Wiege, die im allgemeinen auf der Erde steht, steigen; auch darf man es nicht unter einem Karren oder einem Tisch durchkrabbeln lassen. Es bestünde sonst die Gefahr, daß sein Wachstum zum Stillstand käme. Gewiß weil das seinen Körper symbolisch auf die Ausmaße festlegen würde, die er derzeit besitzt, und nicht auf diejenigen, die er einst annehmen soll. „T'es cabeilli, grapaud/Jamès bengueras pas mès haut." (Ich stutz dich, Kröte; nie wirst du größer!) Diese Formel aus dem Armagnac, die man verwendet, wenn man das Bein über den Kopf kleiner Kinder hinwegführt, ist sehr bezeichnend.

In der Normandie fürchtet man, daß ein Kind, wenn es über einen Tisch gereicht wird, Gefahr läuft, von der „Fallsucht" (Epilepsie) befallen zu werden.

Vorschriften für die Wiege

Die Wiege, das heißt der Ort, an dem sich das Kind hauptsächlich befindet, ist Gegenstand vielfältiger Vorsichtsmaßnahmen. Man darf sie nicht vor der Geburt aufstellen. Man darf sie nicht schaukeln, wenn das Kind nicht darin liegt. „Das Kind wird sonst darin keine Ruhe mehr finden und rachitisch werden", heißt es in der Lorraine. In den Hochvogesen sagt man auch: „Der Teufel könnte den Platz des Kindes in der Wiege einnehmen und das Kind töten, damit er sie nicht räumen muß." Bei einem Umzug muß derjenige, der die Wiege nimmt, darauf achten, sie immer auf der *rechten* (also der „guten") Schulter zu tragen. Schließlich dürfen Wiegen als Teil des Familienbesitzes nicht verkauft werden; man darf sie nur ausleihen oder verschenken.

Beziehung zu Tieren

Eine Reihe anderer Vorschriften und Empfehlungen betreffen die Beziehung zu Tieren. Wie in anderen Bereichen werden die Rechtfertigungen für diese Vorschriften, die alle auch einen konkreten Aspekt aufweisen, meist auf einer symbolischen Ebene formuliert. So ist die Kröte ein mehrdeutiges und gefürchtetes Tier. In der Lorraine glaubt man, daß ein Kind, wenn es jemanden beleidigt, indem es ihn Kröte nennt, drei Tage lang nicht wachsen wird.

Damit die Kinder nicht verbotenerweise bestimmte Tiere anfassen, droht man ihnen häufig mit Krankheit oder Tod. So heißt es in der Ile-et-Vilaine, daß ein Kind, das einen Marienkäfer töte, am folgenden Tag sterbe. Wer ein Loch in ein Nest des Zaunkönigs bohre, dem werde der Finger verkrüppeln, mit dem er die Tat verübt habe. Wer Vogeljunge im Nest anfaßt, läuft Gefahr sich eine Hautkrankheit zuzuziehen. Diese Verbote entsprechen ohne Zweifel alten Überzeugungen. Ihre Formulierung in Begriffen der Krankheit und des Todes ist bemerkenswert. Andere Vorsichtsmaßregeln betreffen die Beziehung des Kindes zu den Hoftieren. So ist es gefährlich, ein Kind, das noch nicht sprechen kann, in den Stall zu lassen.

Ganz besonderes Mißtrauen wird Katzen entgegengebracht, denn, sagt das Sprichwort, „langue de chien guérit, langue de chat est venimeuse." (Hundezunge heilt, Katzenzunge ist giftig.) Vor allem befürchtet man, die Katzen könnten auf der Suche nach Wärme in die Wiege des Neugeborenen springen und es dadurch ersticken. Auch vor ihren Haaren wird gewarnt. „Wenn ein Kind Katzenhaare hinunterschluckt, wird es schwindsüchtig", befürchtet man in der Basse-Cornouaille wie in der Lorraine. Ja mehr noch, man glaubt, dieses Tier, das mehrdeutig wie die Kröte ist, verfüge über bestimmte unglückbringende Kräfte. So wird empfohlen, Katzen im Augenblick der Niederkunft aus dem Haus zu jagen. Überhaupt tut man gut daran, jüngere Kinder zu hindern, mit dem Kleingetier zu spielen; sie könnten dadurch in ihrer Entwicklung behindert werden oder Pickel im Gesicht bekommen. Vor allem ist man der Überzeugung, Kinder bekämen Würmer – auf deren Bedeutung werden wir noch zu sprechen kommen –, wenn sie mit jungen Hunden spielen.

Das Kleinkind ist also von aufmerksamer Fürsorge umfangen. Diese kommt häufig in den Werken der Volkskunst zum Ausdruck, wo die Jungfrau dargestellt wird, wie sie zärtlich das trinkende Kind betrachtet. Auch manche Legende bezeugt die Liebe, die die Mutter für ihren Säugling empfand, zum Beispiel die folgende aus der Lorraine: „Am Tag nach ihrem ersten Kirchgang war die heilige Jungfrau früh am Morgen aufgestanden, um die Windeln des Jesuskindes zu waschen. Sie beeilte sich, weil sie sie möglichst rasch im fließenden Wasser der Quelle ausspülen und sie dann an der frischen Luft auf dem schönen Rasenteppich der danebengelegenen und von tausend duftenden Blumen bedeckten Wiese ausbreiten wollte. Doch ach, andere Wäscherinnen waren der Jungfrau Maria zuvorgekommen, und sie war traurig. ‚Armer kleiner Jesus', sprach sie zu sich, ‚zu gern hätte ich dich heute abend in Windeln gehüllt, die nach Minze und Thymian duften, und siehe, nun bin ich gezwungen, deine Tücher dort unten zu trocknen, am staubigen Weg, auf dieser häßlichen Hecke voller Dornen, die kaum grünt, keine Blüten trägt und ohne Duft ist.' Und weinend machte sich die heilige Jungfrau an die Arbeit. Nachdem sie die Windeln ausgebreitet hatte, kehrte sie zur Quelle zurück, um ihre Leibwäsche zu waschen. Plötzlich stießen die anderen Wäscherinnen einen Ruf der Bewunderung aus. ‚Oh, Maria, sieh doch dort unten! Sieh!' und die heilige Jungfrau sah, daß die Hecke zu einer einzigen Mauer aus Weiß geworden war. Alle Wäscherinnen liefen hin. Und was sahen sie? Nicht ein Fleckchen Grün mehr! Der Weißdorn war selbst unter den Windeln des kleinen Jesus erblüht, und die makellose Hecke strömte einen wunderbaren Duft aus."

Eine andere alte Legende liefert eine Erklärung für die Redensart: „Kein Samstag ohne Sonne." Dort heißt es: „Die heilige Jungfrau hatte die Gewohnheit, am Samstag die Windeln, die das liebe Jesuskindlein beschmutzt hatte, im Hause zu waschen.

Dann begab sie sich zur Quelle und spülte dort die Wäsche im klaren Wasser aus. Anschließend breitete sie sie auf einer Wiese daneben aus, die bedeckt war mit einem weichen Teppich von Gras und übersät mit Butterblumen, Feldthymian und Margeriten. Eines Tages fuhr der Wind übers Land und kündigte den Regen an. Das Wetter wurde trüb, der Himmel setzte eine dicke graue Mütze auf, und während langer Wochen fiel der Regen ohne Unterlaß. Und jeden Samstag zeigte sich die jungfräuliche Mutter sehr traurig darüber, daß sie ihrem göttlichen Kind keine Wäsche geben konnte, die weiß wie der Schnee und von süßen Düften erfüllt war. Doch eines Samstags, da der Tag sich dunkler und feuchter als je erhoben hatte, wurde Maria das Herz so schwer, daß sie ihr Leid nicht länger zurückhalten konnte. Sie weinte. Als der kleine Jesus seine Mutter in Tränen aufgelöst sah, wurde er noch heiterer und liebevoller. Aber ach, statt den Kummer der geliebten Mutter zu lindern, führten die zärtlichen Liebkosungen des Sohnes zu neuen Tränen. Da besann Jesus sich eines anderen. Er hob seinen blonden Kopf, sein majestätischer Blick umfing das Firmament und mit einer feierlichen Geste schlug seine göttliche Hand ein großes Kreuz gegen das Himmelsgewölbe. In diesem gesegneten Augenblick taten sich die Wolken auf, ein fröhlicher Sonnenstrahl brach hindurch und tauchte die Mutter und ihr göttliches Kind in ein warmes Licht."

Gewiß berichten die Legenden von der Jungfrau Maria und nicht vom weit weniger idyllischen Alltag auf dem Lande, in dem die Mütter mit der Arbeit auf dem Hof beschäftigt waren und nur wenig Zeit hatten, sich um die Kinder zu kümmern. Trotzdem belegen diese Legenden, daß dem Kind weit mehr Aufmerksamkeit entgegengebracht wurde, als man häufig meint. Es sei auch darauf hingewiesen, wie wichtig es in beiden Legenden ist, daß die verschiedenen Arbeitsgänge des Waschens – und besonders das Trocknen der Windeln – so gründlich und sorgfältig wie möglich vorgenommen werden. Die magisch-religiöse Nebenbedeutung der Wäsche wird vor allem von den Sprichwörtern bestätigt. So ist es nicht erstaunlich, daß die Kleider des göttlichen Kindes mit besonderer Sorgfalt gewaschen werden müssen. Im übrigen bezeugen diese Legenden, wie sehr es darauf ankam, daß die Wäsche des Kindes sauber war.

Die Scheu, das Kind allein schlafen zu lassen

Das Kind wurde weit seltener allein gelassen, als man meint. Stets war jemand im Haus, eine Großmutter, ältere Geschwister, die sich um das Kind kümmerten und im Winter gleichzeitig für das Feuer sorgten. Spezielle Wiegen erlaubten, es mit aufs Feld zu nehmen. Noch heute läßt man es nicht gerne längere Zeit allein oder gar isoliert in einem Zimmer. Tagsüber überläßt man es nur wenige Augenblicke sich selbst, und dann stets im Schutze seines Laufgitters. Sonst stellt man es in seinem Wagen mitten in das Wohnzimmer. Ganz besonders achtet man darauf, daß es nachts nicht allein ist. Es darf auch nach Einbruch der Nacht nicht mehr hinaus. Die Nacht ist eine gefährliche Zeit. Teufel und Zauberer streifen umher, und die könnten sich seiner bemächtigen. Es gibt eine einzige Ausnahme, nämlich Heiligabend. „Die Mütter können der Mitternachtsmesse beiwohnen, ohne um ihre Babys fürchten zu müssen, wenn sie sie zu Hause lassen. Während ihrer Abwesenheit kommt die heilige Jungfrau, um sie zu beschützen und zu pflegen." Außerdem fürchtet man das nächtliche Weinen des Kindes außerordentlich und unternimmt alles, um das Kind in solchen Fällen zu beruhigen. So ist es keineswegs erstaunlich, daß der bevorzugte Platz des Säuglings während der Nacht das Bett seiner Mutter ist. In den Handbüchern der Geburtshilfe, aber auch von kirchlichen Autoritäten, wird diese Praktik angeprangert, weil das Kind auf diese Weise häufig erstickt wurde. Wie J.L. Flandrin überzeugend nachweist, handelte es sich bei diesen Unfällen oft um verschleierten Kindesmord. Dennoch nahm die Mutter das Kind in der Mehrzahl der Fälle zu seinem eigenen Besten in ihr Bett. Für weit schlimmer als das Risiko, es ungewollt zu ersticken, hielt sie die Gefahr, die die Nacht für den Säugling heraufbeschwor – die Zaubersprüche von Hexen, sein Weinen, das man sonst überhören konnte, Anzeichen von Schwäche. Sogar heute noch schlafen die Kinder den angeführten Untersuchungen zufolge nachts im allgemeinen im elterlichen Schlafzimmer. Ins Kinderzimmer kommen sie erst, wenn sie etwa ein Jahr alt sind. Der Grund, den die Eltern dafür nennen, ist immer noch die Angst, das Kind könnte nachts krank werden, ohne daß sie es bemerkten, und vor allem, es könnte ersticken. So bestehen alte Ängste fort. Das Kind schläft auch deshalb neben seiner Mutter, weil es dann die Brust nehmen kann, wann immer es möchte. Man meint, wenn das Kind an der Brust einschlafe, gedeihe es besser. Schließlich soll es möglichst viel Wärme haben in einem Haus, das nachts, wenn das Feuer heruntergebrannt ist, kalt und zugig wird. Auf diese Wärme, glaubt man, könne der Säugling nicht verzichten, der doch den Leib der Mutter gerade erst verlassen habe. Gelehrte Abhandlungen wie die von Barthélemy l'Anglais oder Richerand unterstreichen diesen Punkt. Ein solcher Nachdruck galt bei manchen Zeitgenossen als übertrieben. Man darf allerdings nicht vergessen, daß unregelmäßig geheizt wurde und durch die Zugluft in den kamingeheizten Bauernhäusern plötzliche Abkühlungen eintreten konnten.

Geophagie

Es gibt noch viele andere Vorschriften konkreter Art, die alle Lebensbereiche des Kindes regeln. Betrachten wir etwa, wie man in Savoyen die Geophagie bekämpft, das heißt die Gewohnheit mancher Kinder, Erde zu essen: „Die kindliche Geophagie ist überall dort recht häufig, wo das Wasser nicht genügend Mineralstoffe enthält. In Savoyen habe ich gesehen, wie man sie mit einigen Tropfen Enzianlikör behandelt, mit denen man die Erde benetzt: Das bittere Getränk nimmt dem Kind die Lust, mit seiner Manie fortzufahren."

Die wohltuende Wirkung des Schmutzes

Schließlich gilt ein gewisses Quantum Schmutz bei Kindern wie Erwachsenen als notwendig. In zahlreichen Sprichwörtern ist von seinem Nutzen die Rede. Der Kopf Neugeborener ist im allgemeinen nicht sehr sauber. Neun Tage läßt man ihnen die Taufhaube auf, die nicht gewaschen wird. Auch den Kopf selbst wäscht man ihnen nur selten. Schmutz gilt als eine Art Düngemittel, das die Haare stärkt und verschönt. Vor allem aber bildet er eine Schutzschicht für die Fontanelle, die aufgrund der ihr nachgesagten Empfindlichkeit einen Gegenstand der Besorgnis darstellt.

Ebenso werden Läuse in gewissem Umfange als nützlich angesehen. F. Houssay merkt an: „Inmitten all der Unbilden, vor denen es im allgemeinen durch alle möglichen – geweihte oder nicht geweihte – Amulette beschützt ist, verbringt das Kind seine ersten Jahre im Dreck, bedeckt von Milchkruste und Läusen, die selbst nach Meinung angeblich unterrichteter Leute für die natürliche Ausscheidung der Säfte sorgen und vor Krankheiten bewahren, die das Kind bedrohten." Läuse dienen wie die Blutegel dazu, dem Kind die schlechten Säfte abzuziehen. Das bedeutet andererseits aber nicht, daß man es schätzt, wenn es allzu viele werden. Man läßt das Kind durchaus nicht ohne jegliche Sauberkeitspflege. Die Kinder werden stets entlaust. Aber man achtet darauf, ihnen ein oder zwei Parasiten auf dem Kopf zu lassen: „Ich habe sehr saubere Bauern gekannt", sagt Sebillot, „die ihre Kinder regelmäßig kämmten, die aber Sorge trugen, zwei oder drei Läuse auf dem Kopf zu lassen. Kräftigen Kindern läßt man stets ihre Läuse, da diese das schlechte Blut verzehren."

Gleichfalls nicht entfernt wird der „Milchschorf", eine Art Ausschlag, der durch zu reichhaltige Nahrung hervorgerufen wird, zumindest so lange nicht, wie er nicht durch Wucherung zu einer Krankheit wird, die man dann als solche behandelt. Man hält es für so etwas wie ein reinigendes Geschwür. So stellt Sebillot fest: „Wenn man das Kind zu früh vom Schorf auf seinem Kopf befreit, dringen die Säfte zu seinem Herzen und töten es."

Häufig bleiben die Nasen der Kinder rotzig, was niemanden schockiert. Im Gegenteil, in der Bretagne ist man sogar der Auffassung, daß eine Rotznase bei Kindern von sechs bis zwölf Jahren ein sicheres Zeichen für große Klugheit ist. Zumindest ist man tolerant, denn „mieux vaut laisser son enfant morveux que lui arracher le nez." (Es ist besser, sein Kind rotzig zu lassen, als ihm die Nase abzureißen.)

Schließlich muß man sehr darauf achten, wie man die Nägel des Säuglings schneidet. Wie bei der Nabelschnur handelt es sich hier um ablösbare Körperteile, die für den ganzen Menschen stehen und zu seinem Nachteil verwendet werden können. Außerdem sind die Nägel des Kleinkindes noch nicht endgültig geformt. Die Natur muß deshalb Gelegenheit bekommen, das nachzuholen. Man darf sie nicht schneiden, sondern muß warten, bis sie von alleine brechen; im Notfall kann man nachhelfen, indem man ein wenig an ihnen knabbert. Das dauert im allgemeinen, bis das Kind ein Jahr alt ist, manchmal bis es zwei und selbst sieben Jahre wird. Man fürchtet nämlich, daß man sie, wenn man sie schneidet, wenn man sie also daran hindert, ihre „natürliche" Gestalt anzunehmen, „krumm" macht, was, nach der Physiognomik, dazu führen könnte, daß das Kind zum Dieb oder, ganz allgemein, böse wird. Oft glaubt man auch, es könnte, wenn man ihm die Nägel schneide, nicht zählen lernen. Manchmal heißt es auch, es bestünde die Gefahr, daß das Kind „einen Verstand bekomme, der ihm bis an die Wurzel der Nägel beschnitten sei". Deshalb haben die Neugeborenen im allgemeinen sehr lange Nägel. Um zu vermeiden, daß sie sich kratzen, befestigt man ihnen die Ärmel häufig an der Windel.

Auch wenn das Kind größer wird, muß man weiterhin eine gewisse Vorsicht walten lassen. So bringt es Unglück, die Nägel an bestimmten Tagen zu schneiden. In der Haute-Bretagne glaubt man, das Kind sterbe im selben Jahr, wenn ihm die Mutter die Nägel am Sonntag schneide: „Couper ses ongles le dimanche, c'est donner du pain bénit au diable." (Schneidet man die Nägel sonntags, gibt man dem Teufel geweihtes Brot.) Schließlich hat der Mond, der alles, was wächst, beeinflußt, auch ein Wörtchen beim Schneiden der Nägel wie der Haare mitzureden. „Man darf sich die Nägel nicht bei abnehmendem Mond schneiden, das läßt Muttermale wachsen", heißt es in den Hochvogesen. Diese Ängstlichkeit beim Nägelschneiden scheint sich lange gehalten zu haben. Bei der Erhebung in der Normandie begegneten wir jungen Müttern, die das Verbot immer noch befolgten und die Nägel ihrer Säuglinge nicht schnitten, sondern abbrachen. Andere junge Frauen berichteten, daß es zu Konflikten mit der älteren Generation komme, wenn sie sich gegen diesen Brauch wehrten.

Traditionelle Vorbeugung und moderne Hygiene

Zahlreich und bedeutsam sind also jene Vorschriften, die das Leben des Kleinkindes umgeben. In erster Linie betreffen sie das Wachstum, die Angst, dieses könne zum Stillstand kommen – also eigentlich das Leben des Säuglings.

So wäre es ein Irrtum zu sagen, daß es früher keine Vorbeugung gegeben habe. Es gab sie, und sie ist noch heute sehr lebendig. Allerdings steht sie oft in krassem Gegensatz zu modernen Vorschriften, etwa wenn die Auffassung vertreten wird, das Kind dürfe nicht gewogen werden und ein bestimmter Grad von Schmutzigkeit sei notwendig. So begreift man, daß das Bemühen der Ärzte im 19. Jahrhundert, hygienische Bedingungen zu schaffen – vor allem die gebieterische Weise, mit der sie dies durchsetzen wollten – von der Bevölkerung als Versuch empfunden wurde, eine neue sittliche Ordnung einzuführen, auch wenn dadurch zahlreichen Kindern das Leben gerettet werden konnte.

Bei der heutigen Generation läßt sich eine gewisse Abkehr von dieser rigorosen Medizin feststellen. Angesichts des allgemein erreichten Niveaus gelten bei der Gesellschaft insgesamt wie bei den Ärzten Hygiene und Sauberkeit nicht mehr als ausschlaggebend für die Gesundheit. Man hat also wieder zu einer gewissen Unbefangenheit in der Kindererziehung zurückgefunden.

Die Vorbeugemaßnahmen von einst sind im großen und ganzen verschwunden, ohne daß ihr Platz jedoch von der Vorbeugung im modernen Sinne hätte eingenommen werden können, die in vielen Punkten eine Gegenposition bezieht. Dennoch ist traditioneller Vorbeugung und moderner Hygiene gemeinsam, daß sie sich um den Körper und das Wachstum des Kleinkindes kümmern, daß sie es für ein noch unvollkommenes Wesen halten. Die Tatsache, daß die Eltern wieder dazu übergehen, den Körper ihres Kindes unbefangener zu behandeln, könnte dazu führen, daß man ihm seine „körperliche Zukunft“ auf neue Weise vorzeichnet, wobei man sich auf diesen so wichtigen alten Wissensbestand stützen und ihn zugleich erneuern könnte.

Bewegungs- und Körpererziehung

„Ce qu'on apprend au ber
Dure jusqu'aux vers".[5]

Die Erziehung im Kleinkindalter dient nicht allein defensiven Zwecken. Sie ist zugleich eine Bewegungs- und Körperlehre. Wenn man – gelegentlich übertreibend – betont, welche große Rolle der Körper in unserer Gesellschaft spiele, vergißt man häufig, daß er für die traditionelle Gesellschaft als Arbeitsinstrument eine vielleicht weniger differenzierte, dessen ungeachtet sehr konkrete Bedeutung besessen hat. Wie man das Kind bettet, wie man es zur Sauberkeit erzieht, wie man es gehen lehrt – all das trägt dazu bei, daß das Kind eine Vorstellung von seinem Körper gewinnt, die sich von der unsrigen gewiß zutiefst unterscheidet, aber nicht weniger real ist.

Körperrhythmus und Wiegenlieder

Der Lebensrhythmus des damaligen Säuglings unterscheidet sich grundlegend von der Lebensweise, die ihm aufgrund der bis vor kurzem angepriesenen Regelmäßigkeit auferlegt wurde. Er ähnelt eher dem Stillen „nach Bedarf", das heute wieder empfohlen wird. Man richtete sich nach dem Kind, gab ihm die Brust, wenn es danach verlangte, auch nachts, wenn es zu weinen begann: Trotz ärztlicher Einwendungen hat sich diese Praxis bis in unsere Tage erhalten und wird nun rehabilitiert und offen ausgeübt. Man muß wissen, daß man dicke Kinder traditionell für be-

---

5 Sprichwort aus dem Anjou. Im Deutschen etwa: Was einer in der Wiege lernt, das bleibt ihm bis zum Grab.

sonders gesund hielt. Stets meinte man, daß ein Kind, das nachts weine, voller Lebenskraft sei und zu trinken verlange. Die Empfehlungen der Ärzte verstand man als Regeln, die weniger die Gesundheit, mehr eine bestimmte Lebensordnung betrafen, und zwar als Regeln einer anderen Gesellschaftsordnung. Daß kein strenger Stundenplan befolgt wurde, bedeutete nämlich nicht Anarchie oder Sorglosigkeit, sondern einfach, daß andere Normen und ein anderer Rhythmus galten.

Wenn die Eltern das nächtliche Weinen ihrer Kinder schlecht ertrugen, so lag das weniger daran, daß sie sich dadurch gestört fühlten, als daran, daß sie meinten, es schade ihrem Kinde. Es galt als normal, daß ein Kind ungefähr zwei Stunden am Tage weinte. Nur so könne es sich, wie man glaubte, ausdrücken und „seine Stimme" bilden; vor allem zeige es damit, daß es kräftig sei. Aber es durfte auch nicht zu oft schreien, sonst drohten ihm Krämpfe. Beim ersten Zeichen von Unzufriedenheit wurde es also gewiegt. Wie der Name sagt, war die „Wiege", das erste Bett des Kindes, ihrer Funktion wie auch ihrer Form nach für diese Verwendung vorgesehen. In den gelehrten Abhandlungen der Zeit wurde das ständige Wiegen verurteilt; dieses diene bloß der Bequemlichkeit der Ammen. Tatsächlich suchten diese nicht nach den Ursachen des Weinens, denn Leid und Unglück bedrohten das Kind ohnehin von allen Seiten. Deshalb wunderte sich die Amme nicht, wenn es weinte; sie sorgte sich eher um die Folgen des Weinens und wollte diese um jeden Preis vermeiden. Überdies ist das Wiegen eine Methode, das Kind in den Schlaf zu versetzen, die sehr tiefe Wurzeln hat. Ohne Zweifel besteht ein Zusammenhang zwischen der Wirkung des Wiegens und dem Rhythmus, den das Kind vom mütterlichen Leib her gewohnt ist. Das Wiegen wird von einem Wiegenlied begleitet, dessen monotone Melodie einen ähnlichen Rhythmus aufweist. Wahrscheinlich prägt diese Art, das Kind in den Schlaf zu wiegen, den Körper sehr nachhaltig und legt vermutlich auch fest, wie später der Erwachsene einschlafen wird.

Die Worte der verschiedenen Wiegenlieder sind sehr ähnlich. Sie spielen auf den Alltag des Kindes an und nennen immer wieder seinen Platz im Kreise der Familie.

„Dodo mon petit
Car ton papa l'a dit
Papa est en haut
Qui fait du gâteau
Maman est en bas
Qui tricote des bas
Dodinette mon petit gars
Dodinette t'en auras
Dodinette, dodino,
Dodinette, dodo."[6]

Sie können auch Gebetsform annehmen:

„Dodo, l'enfant do
L'enfant dormira bientôt
Sainte Marguerite
Vierge très petite
Endormez-moi cet enfant
Jusqu'à l'âge de quinze ans."[7]

Oder sie haben eine Zwischenform:

„Petit Jésus a fait dodo
Sur le cœur de sa petite mère
Mon petit jour, faites aussi dodo
Dans votre petit maillot
Pendant que j'irai laver vos drapeaux

---

[6] Schlaf mein Kleines, weil dein Papa es gesagt hat. Papa ist oben und macht den Kuchen, Mama ist unten und strickt Strümpfe. Schlaf mein kleiner Junge, schlaf, du kriegst was ab. Schlaf, eia popeia, schlaf, eia popeia.

[7] Schlaf, Kindchen, schlaf. Das Kindchen wird bald schlafen. Heilige Margarethe, allerliebste Jungfrau, wieg mir das Kind in den Schlaf, bis es fünfzehn ist.

Dodo l'enfant do
L'enfant dormira bientôt."[8]

Auch die kindlichen Gebete und die Verse, die man beispielsweise verwendet, um das Kind dazu zu bringen, etwas zu essen, was es nicht mag, zählen häufig die Mitglieder der irdischen wie der himmlischen Familie auf. Betrachten wir das folgende Gebet aus den Hochvogesen: „Ich leg mich in mein Bett, Gott sei mein Vater, die gute Jungfrau meine Mutter, der heilige Johannes mein Pate, die heilige Maria Magdalena meine Patin. Vier kleine Engel im Paradies, die mir Platz machen. Guten Abend, mein kleiner Jesus! Wenn der Tod mich überrascht, bist du mein Sakrament."

Nebenbei sei angemerkt, daß in diesem kindlichen Gebet auf den Tod angespielt wird. Der Schlaf und die Nacht verstärken seine Nähe und die Furcht vor ihm. Wir werden unten auf diesen Punkt zurückkommen.

Die Formung des Körpers beim Ruhen: Wiege und Wickelzeug

Wenn das Kind ein so ausgeprägtes Bedürfnis hat, gewiegt zu werden, so liegt das auch daran, daß es seinen Körper kaum bewegen kann. Es ist in sein Wickelzeug eingezwängt und liegt festgebunden in einer engen Wiege, die seine Körperform nachbildet. Diese Art, das Kind zu betten, prägt seinen Körper um so nachhaltiger, als sie ihn in gewisser Weise formt, ihm eine starre Haltung aufzwingt. In den Hochvogesen heißt es: „Man muß

---

[8] Klein Jesus hat im Arm seiner allerliebsten Mutter geschlafen. Mein kleiner Augenstern, schlaf auch in deinem kleinen Wickelzeug, während ich deine Windeln waschen gehe. Schlaf, Kindchen, schlaf. Das Kindchen wird bald schlafen.

darauf achten, wie man ein neugeborenes Kind das erste Mal hinlegt. Wenn man es auf die rechte Seite legt, wird es ein Rechtshänder, wenn man es auf die linke Seite legt, ein Linkshänder." Nun ist aber die linke Seite die schlechte Seite, und man tut sein möglichstes, damit das Kind sie nicht verwendet. Denn das wäre ein Zeichen von Ungehörigkeit.

Auch vom Wickelzeug wird der Körper des Kindes nachhaltig geformt. Hören wir, wie dieses von A. Bouët beschrieben wird: „Unsere Bretonin sitzt auf dem großen Stein vor dem Kamin und hat auf ihren ausgestreckten Beinen ein Kissen aus Haferstreu. Darauf liegen das Wickelzeug aus grobem Wollstoff und Windeln, in denen das Kind noch beengter sein wird als vor seiner Geburt. Die Mutter hat die Windeln bereits gekreuzt, wodurch den Armen des Kindes die Bewegungsfreiheit genommen ist. Darauf vervollständigt sie die Beengtheit und Bewegungsunfähigkeit ihres Kindes, indem sie um das Wickelzeug ein langes Saumband von grobem Tuch aus Vire oder Montauban wickelt. Das Band wird so oft um das Kind geschlungen und mit so viel Kraft festgezogen, daß es nichts als seine Augen und Gesichtsmuskeln zu bewegen vermag. Das Wickelzeug reicht so hoch hinauf und bildet einen so engen Wulst um den Hals, daß der Kopf in eine steife und unbewegliche Haltung gezwungen wird." Die Aufgabe des Wickelzeugs war – ungeachtet all dessen, was darüber gesagt wurde – nicht, das Kind ruhig zu halten, damit die Eltern unbesorgt ihren Beschäftigungen nachgehen konnten. Wir haben ganz im Gegenteil festgestellt, daß man die Kinder nicht gerne alleine ließ. Das Wickelzeug sollte in erster Linie einen Körper stützen, dessen Nachgiebigkeit im Vergleich zum Körper junger Tiere erschreckte. In gewisser Weise sollte es die Formung des Körpers vollenden. Man fürchtete, daß der Körper des Kindes ohne eine solche Stütze für immer haltlos bliebe oder sich verformen würde. Vor allem hatte man Angst vor „krummen" Beinen – eine durchaus gerechtfertigte Angst angesichts der Gefahr, die die Rachitis darstellte. Es ist nicht ge-

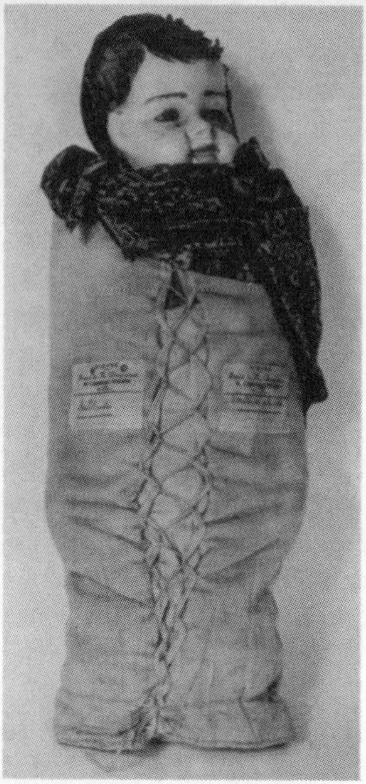

Abb. 1 und Abb. 2: Um zu vermeiden, daß die Beine des Kindes krumm wurden, umwickelte man es eng mit einer Windel. Je älter das Kind wurde, desto mehr Spielraum ließ man seinen Beinen. (Beide Abbildungen: Sammlung ATP.)

Abb. 3: Ein „soutien bébé“. Die Vorrichtung diente dazu, den Kindern das Stehen beizubringen. (Sammlung ATP.)

Abb. 4: Häufig nehmen die Mütter zum Gebet Zuflucht, wenn ihre Kinder krank sind.

Abb. 5: „Der Brei“. Zeichnung von D. Perrin, Anfang 19. Jahrhundert. (Sammlung ATP.)

Abb. 6: Am Sonntag wurden die Kinder entlaust. Man ließ immer einige Läuse auf dem Kopf, damit „das Blut gereinigt“ würde. (Postkarte, Sammlung ATP.)

nau bekannt, bis zu welchem Alter man die Kinder in dieser starren Lage ließ. Ähnlich der gemischten Ernährung beim Stillen, schlugen wahrscheinlich auch hier bestimmte Übergangsformen – beispielsweise die Freigabe der Hände – die Brücke zu einer ungezwungeneren Bekleidung des Kindes. Vor allem im Sommer hat man dem Kind wahrscheinlich nur nachts das vollständige Wickelzeug angelegt. Die Entwöhnung dürfte wohl auch die Zeit gewesen sein, in der das Wickelzeug allmählich fortgelassen wurde. Dabei wird sich dieser Prozeß auch nach den Jahreszeiten gerichtet haben, da das Wickelzeug auch die Aufgabe hatte, das Kind warm zu halten. Obwohl die Strampelanzüge sich mittlerweile durchgesetzt haben, legt man den Kindern manchmal auch heute noch – vor allem im Winter – während der Nacht Windeln an, die ihre Füße fest zusammenpressen, wobei man eben diese Doppelaufgabe des Warmhaltens und der Körperbildung im Auge hat.

Die Einengung des Körpers während des frühen Säuglingsalters, die Unfähigkeit des Kindes, sich zu bewegen, führten auch zu einem besonderen Körpergefühl. Es handelt sich um ein lange praktiziertes Verfahren zur Formung des Körpers, das demjenigen zur Formung des Schädels oder zur Streckung der Hand ähnelte. Letzteres wurde von manchen Müttern angewendet, wenn ihnen die Hand besonders schwach schien: „Die Ammen legen mehrmals am Tag ihre Handfläche gegen die des Kindes und drücken seine Finger nach außen."

Sauberkeitserziehung

Da das Kind so fest in seine Windeln eingezwängt ist, lassen diese sich schlecht wechseln. In der Normandie wird der Boden der Wiege mit einem saugfähigen Hafersack ausgelegt. Auf jeden Fall möchte man das Kind nicht zu häufig „auspellen", damit es sich nicht erkältet. Man wechselt seine Windeln vor dem Feuer und läßt es sein „Geschäft“ auf den Steinplatten vor dem Kamin verrichten. Wenn es nicht kommt, hilft man nach, indem man seine Füße auf die Steine stellt. Die Kälte trägt zum erwünschten Ergebnis bei.

Als Windeln werden alte Bettbezüge oder alte Lappen verwendet, einerseits, weil Leinen knapp sind, und andererseits, weil alter Stoff nicht so steif, also für die Haut angenehmer ist. Doch nicht jeder Stoffrest ist gut für das Baby. Man muß sich zur Vorsicht an bestimmte Regeln symbolischer Art halten. So heißt es in der Haute-Bretagne: „Wenn man einen Jungen in Windeln wickelt, die aus den Resten eines Unterrocks (eines weiblichen Kleidungsstücks) gemacht sind, wird er niemals Priester werden. Er wird zuviel Gefallen an den Mädchen finden.“ Umgekehrt sagt man: „Mädchen, die man in Tücher aus Hosen wickelt, werden – selbst wenn diese Hosen nie benutzt worden sind – hinter den Jungen her sein.“

Es ist deutlich, daß die Sauberkeitserziehung sehr früh beginnt. Man versucht ja schon beim Säugling, einen Reflex hervorzurufen. Ebenso führt man, sowohl um Verstopfungen vorzubeugen, wie um das Kind an einen regelmäßigen Stuhlgang zu gewöhnen, bestimmte Dinge in den After des Säuglings ein: Ein angespitztes Stück Seife oder in Öl getauchten Sauerampfer.

Stehen und Gehenlernen

Sobald das Kind stehen kann, wird es bestimmten Geräten anvertraut – Vorläufern des „Trotte-Bébé“, die es aufrecht halten und ihm das Gehen beibringen sollen. Fortan braucht es also kein Wickelzeug mehr. An dessen Stelle tritt eine andere Stütze. Es gibt verschiedene Arten von Apparaten. Das konnte ein viereckiger Rahmen sein, „der auf vier Füßen ruhte und in den ein verschiebbares Brett mit einem runden Loch eingebaut war – auf dieses Brett stützte das Kind seine Ellenbogen und hielt sich so

Das „Drehkreuz“, welches das Kind aufrecht hält. (Skizze: Musée national des arts et traditions populaires, Paris.)

aufrecht“. Manchmal war das auch ein einfacher Rahmen, der von vier Füßen auf Holzrädern getragen wurde oder auch ein drehbares, am Boden und an der Decke befestigtes Gestell, wie es oben abgebildet ist: In diese Vorrichtung „eingehängt“, konnte das Kind um den Pfahl herumgehen; es verbrachte manchmal Stunden in dieser Haltung, die letztlich weder natürlicher noch ungezwungener war als die, zu der es das Wickelzeug zwang. Wenn es etwa ein Jahr alt war und begann, sich allein aufrecht zu halten, legte man ihm ein Gängelband an, um es das Gehen zu lehren. Auf den Kopf bekam es einen „Fallhut" (eine Art Sturzhelm), der es vor Verletzungen schützen sollte, falls es mit dem Kopf aufschlug. So begann es schlecht und recht zu gehen, wobei es häufig hinfiel: Es schulte also gleichzeitig seine Widerstandskraft. Man lehrte es, sich nicht zu beklagen, es sei denn, es wäre sehr schwer gestürzt; dagegen schützten es aber meistens die „Arme der heiligen Jungfrau".

Kennenlernen des Körpers

Wenn das Kind sprechen lernt, lernt es gleichzeitig seinen Körper kennen – beides vollzieht sich in spielerischen Beziehungen zwischen Mutter und Kind. Verschiedene Lieder begleiten die Handbewegungen der Mutter, wenn sie die kleinen Füße ihres Kindes vor dem Feuer in ihren Händen wärmt: „Les petits petons croîtront; les grands n'auront plus la presse; les petits petons croîtront; les grands s'en repentiront."[9]

In vielen Sprüchen werden die Finger aufgezählt. So lehrt man das Kind in spielerischer Form, sie zu benennen und zu zählen:

„Celui-là, petit doigt de pouce
Restera à la maison passer la farine
Celui-ci, petit doigt de bouillie
Aura de la nourriture plein son ventre
Celui-ci, petit doigt du milieu
Aura des coups sur son dos

[9] Die kleinen Füßchen werden wachsen; / die großen drängt es nicht mehr; / die kleinen Füßchen werden wachsen; / die großen wird es reuen.

Celui-ci, petit doigt de l'anneau
Restera sur le foyer
Celui-ci, petit doigt boiteux
Restera à la maison avec sa mère."[10]

Andere Verse bezeichnen die Teile des Gesichts. Hier ein Beispiel:

„Menton d'or
Bouche d'argent
Nez Kinkin
Joue brûlée
Joue grillée
Petite entente
Grande entente
Petit œillet
Grand œillet
Toc maillet."[11]

In anderen Spielen kitzelt man das Kind und sagt dazu Sprüchlein auf: „Une bête qui monte, qui monte, qui monte."[12] Man kann das Kind auch im Rhythmus entsprechender Reime auf den Knien reiten lassen:

„A Paris, à Paris
Sur un petit cheval gris
A Rouen, à Rouen
Sur un petit cheval blanc
A Quimper, à Quimper

---

[10] Das entspricht dem deutschen: Das ist der Daumen / der schüttelt die Pflaumen / der hebt sie auf / der trägt sie nach Haus / und der ißt sie alle, alle auf.

[11] Kinn von Gold / Mund aus Silber / kleines Mädchen / heiße Wange / rote Wange / kleines Öhrlein / großes Öhrlein / kleines Äuglein / großes Äuglein / Poch, macht der Hammer.

[12] Dem entspricht im Deutschen: Kommt eine Maus die Treppe rauf / klopft an / klingelt an / guten Tag der Nasemann.

Sur un petit cheval vert
Au pas, au pas, au pas
Au trot, au trot, au trot
Au galop, au galop, au galop." [13]

Oder man lehrt das Kind, die Hände zu bewegen, indem man sie wie die einer Marionette bewegt. Oft läßt man das Kind auch zum Takt von Verschen in die Hände klatschen.

Es gibt auch – für größere Kinde – Verse, die dazu bestimmt sind, die Zungenfertigkeit zu schulen. Beispielsweise müssen sie sieben Mal ohne Luft zu holen sagen: „Lentille, fréguille, lentille, fréguille." [14]

Andere Spiele bedienen sich der Natur, um den Körper des Kindes zu trainieren: „Wenn ein Kind mit einem Atemzug alle Samen der Pusteblume fortblasen kann, ist das ein sicheres Zeichen dafür, daß es alle Gebete beherrscht."

All diese Bräuche und Spiele prägen den Körper des Kindes nachhaltig. Das volkstümliche Denken ist sich dessen durchaus bewußt und hat das in zahlreichen Sprichwörtern festgehalten; zum Beispiel: „Was einer in der Wiege lernt, das bleibt ihm bis zum Grab." Auch der folgende Brauch in der Normandie zeigt dies sehr hübsch: „Bei der Rückkehr von der Taufe legt der Vater, wenn er Handwerker ist, dem ersten Jungen ein berufsübliches Werkzeug ins Händchen, damit dieser später den väterlichen Beruf wählt."

Die traditionelle Körpererziehung ist also sehr vielseitig. Sie läßt dem Kind zwar weniger Spielraum als die moderne Erziehung (Wickelzeug, Wiege). Doch richtet sie sich weit mehr nach dem Entwicklungsrhythmus des Kindes. Im Verlauf zahlreicher

---

[13] Wie zum Beispiel bei: Hoppe, hoppe Reiter / wenn er fällt dann schreit er. / Fällt er in den Graben / fressen ihn die Raben. / Fällt er in den Sumpf / dann macht der Reiter plumps.

[14] Vgl. im Deutschen: Fischers Fritz fischt frische Fische; frische Fische fischt Fischers Fritz.

Spiele und im Kontakt mit dem Körper der Mutter lernt das Kind seinen Körper allmählich kennen und beherrschen. Es ließe sich noch viel berichten über die Erziehung des gesunden Kindes, ihre Beziehung zum körperlichen Wachstum, über die Vorbeugung gegen Krankheiten und Gefahren, die das Kind allenthalben bedrohen. Wir hoffen jedoch, das Entscheidende deutlich gemacht zu haben, nämlich die ständige Sorgfalt, von der das Kind umgeben ist. Es gibt also eine traditionelle Vorbeugung, die das Kleinkind zum Gegenstand hat, doch ist sie von der unseren sehr verschieden, um nicht zu sagen, ihr entgegengesetzt. Das Kind war einst zahlreichen Bedrohungen ausgesetzt, die eine umfassendere Vorbeugung als heute rechtfertigten. Doch die Tatsache, daß es so gut wie keine wirksamen Heilverfahren gab, erklärt, warum die Menschen mit Vorliebe und in erster Linie auf die Wirksamkeit der Symbolik vertrauten.

IV. Anfälligkeit des Kindes

Auf den vorstehenden Seiten wurde deutlich, welche Besorgnis das neugeborene Kind weckte. Anstelle der Freude - oder der Resignation - mit der das Kind heute begrüßt wird, zeigte sich dort, wieviel Angst man davor hatte, es könne sterben. Dennoch reagiert man auch heute noch auf die Krankheit kleiner Kinder, „die noch nicht sprechen können", mit großer Angst, die sich darin zeigt, daß man sehr schnell geneigt ist, einen Arzt zu Rate zu ziehen.

Nachdem wir auf die vielen Gefahren des alltäglichen Lebens hingewiesen und gezeigt haben, welcher Mittel sich die Eltern bedienten, um ihnen vorzubeugen, werden wir jetzt die Krankheiten, die das Kind bedrohen, und die Verfahren zu deren Heilung, vor allem die Wallfahrten, betrachten. Zum Schluß werden wir noch einmal die verstreuten Bemerkungen über die besondere Nähe des Kleinkindes zum Tode zusammenfassen.

Unglücksfälle und Risiken des Wachstums

„Quand un enfant a trop d'esprit, il vit peu." [1]

„Bis zum Alter von drei Jahren steht das Leben des Menschen auf tönernen Füßen", sagt Buffon. Tatsächlich ist es von allen Seiten bedroht. Man muß ständig aufpassen, daß dem kindlichen Körper nichts geschieht. Das gilt in besonderem Maße für die entscheidenden Entwicklungsphasen wie beispielsweise das Zahnen. Das Kind ist auch von Gefahren umgeben, die keine Krankheiten im eigentlichen Sinne sind – Entwicklungsstörungen und Unglücksfälle.

Wachstumsnormen

Das Wachstum des Kindes wird ständig überwacht. Das Wissen über die Entwicklungsnormen und die Aufmerksamkeit heischenden Alarmzeichen wird, besonders in Form von Sprichwörtern, genauestens an die nächste Generation weitergegeben. Bestimmte, dem Anschein nach negative Anzeichen belegen in Wirklichkeit, daß alles in Ordnung ist mit dem Kinde. So meint man, daß das „Aufstoßen nach der Milch" kein Grund zur Beunruhigung sei. Das zeige nur, daß das Kind „gedeihe". Diese Vorstellung entspricht dem Umstand, daß man Wert auf Überernährung legt und sehr bemüht ist, ein dickes Baby großzuziehen. „Chez un enfant il n'a y rien de plus beau que la graisse sous la peau" – beim Kind gebe es nichts Schöneres als das Fett unter der Haut –, sagt das Sprichwort. Der Schluckauf, der bei älteren

[1] Sprichwort aus Nizza. (Deutsch entsprechend: Frühweise Kinder werden nicht alt.)

Menschen beunruhigt, wird beim Kind empfohlen: „Quand on a le hoquet, c'est signe qu'on grandit." (Der Schluckauf ist ein Zeichen dafür, daß das Kind wächst.) Ebenso ist das Weinen, immer unter der Bedingung, daß es nicht zu lange dauert, ein Hinweis darauf, daß das Kind Hunger hat, also ein gutes Zeichen: „Enfant qui ne pleure pas, ne tète pas." (Ein Kind, das nicht weint, saugt nicht.)

Das körperliche Wachstum hat in den ersten Jahren Vorrang. Die seelische Frühreife wird sogar gefürchtet. Man meint, sie könnte der vollen Entfaltung der körperlichen Fähigkeiten schaden: „Das Kind wird nicht lange leben, es ist zu klug!" In den Hochvogesen glaubt man, daß ein Kind, welches in jungen Jahren zu aufgeweckt ist und das durch eine früh erwachte Intelligenz in Erstaunen setzt, fast immer an einer Krankheit des Gehirns sterbe. Umgekehrt versichert man, daß „das Wachstum ihm auf die Weisheit geschlagen ist", wenn ein Kind nach erheblichem Wachstum geistig ein bißchen zurückgeblieben ist. So gesehen, wird verständlich, warum so viel Nachdruck auf den Nutzen des Schlafes gelegt wird: „Je mehr ein Kind schläft, um so besser gedeiht es." Ein allzu „waches" und lebhaftes Kind weckt wenig Begeisterung. Noch heute befürchtet man in der Landbevölkerung gelegentlich, ein kleines Kind, das noch nicht spricht, dadurch zu ermüden, daß man zu viel mit ihm spielt.

Hingegen fürchtet man sich kaum vor einer möglichen Debilität des Kindes. Jedenfalls bemüht man sich nicht um Früherkennung. Dazu ließe sich viel sagen, besonders auch zur Integration geistig Behinderter in die ländliche Gesellschaft. Im Morbihan heißt es dazu: „Damit das Haus glücklich ist, muß ein Idiot darin wohnen."

Es liegt gewiß am Wickelzeug und an dem Umstand, daß das Kind so lange in der engen Wiege liegt, daß die Fähigkeit, eine sitzende Haltung anzunehmen oder sich auf allen Vieren fortzubewegen, nicht als wichtige Etappen gelten. Häufig wird das Kind aufrecht gehalten, bevor es die Fähigkeit dazu erworben hat. Hingegen ist wichtigster Anhaltspunkt für „normales" Wachstum das Alter, in dem das Kind gehen oder stehen lernt. Wie wichtig diese Fähigkeit war, bezeugt die große Zahl von Vorrichtungen, die helfen sollten, sie dem Kind beizubringen. Wenn das Kind hinter dem kleinen Jungen von nebenan zurückgeblieben ist oder – grundsätzlich – dieses Stadium mit einem Jahr noch nicht erreicht hat, beginnen seine Eltern, sich Sorgen zu machen. Oft mit Recht, denn bereits eine geringe Retardierung kann ein Symptom für schwere Störungen sein, beispielsweise für Rachitis.

Überdies mußte die Tatsache, daß der Körper in der erzwungenen Unbeweglichkeit des Wickelzeugs gehalten wurde – selbst wenn dies nicht ständig der Fall war – und dann unvermittelt und vorzeitig zum Stehen gezwungen wurde, häufig dazu führen, daß das Gehen verspätet gelernt wurde oder daß sich eben die „krummen" Beine herausbildeten, die das Wickelzeug ja gerade verhindern sollte.

Viele Wallfahrten hatten deshalb die Aufgabe, dem Kind dabei zu helfen, die „Hürde" des Gehenlernens zu nehmen. Die Rituale dieser Anrufungen sind überall ähnlich. Bestimmte Bräuche gelten an allen heiligen Orten, etwa derjenige, dem Kirchenpatron einen Dienst zu erweisen, indem man den Haushalt besorgt oder indem man eine Opfergabe darbringt, oder auch der Brauch, Gegenstände mitzunehmen, die mit Heilkraft versehen sind – Amulette oder Wasser aus der Heilquelle. Viele andere Bräuche sind spezieller Natur. Sie gelten insbesondere den Körperteilen, die für die Verzögerung verantwortlich sind, in diesem

Fall den Füßen oder dem Kreuz. Meist sind es Berührungsrituale. Da wo sonst das heilige Sakrament während der Fronleichnamsprozession „ausruht“, also auf einem Ruhealtar, wird das Kind hin- und hergerollt (in gewisser Weise eine Massage des Rückens und des Kreuzes). Oder man taucht seine Füße oder sein Kreuz in eine Quelle. Häufig greifen diese Rituale auf das symbolische Prinzip zurück, sich die Kraft des Heiligen einzuverleiben. Bei der Fruchtbarkeit sprachen wir bereits davon. So verhält es sich in der Touraine mit dem heiligen Christopherus, der – erinnern wir uns – für die Kraft gerühmt wird, mit der er das Jesuskind getragen hat. „Die Menschen bohren mit Messerspitzen Löcher in die Beine eines riesigen heiligen Christopherus. Das so gewonnene Pulver wird unter den Brei der Kinder gemischt, wodurch sie gegen Beinkrankheiten geschützt oder mit Sicherheit von ihnen geheilt werden.“ Oder noch unmittelbarer: „Die Mütter kratzen am Grabstein eines Ritters, von dem es heißt, er habe eine lange Reise getan. Den Staub schütten sie in die Schuhe ihres Säuglings.“

Die eigentümlichsten Bräuche bestehen darin, daß die Füße des Kindes in bestimmte Löcher gestellt werden, die die Form von Fußabdrücken haben. So gibt es in der Kapelle von Notre-Dame-du-Pas in der Gegend von Ploërmel einen Felsen mit solchen Fußabdrücken. „Aus vielen Meilen im Umkreis werden die Kleinen, die nicht gehen lernen wollen, dorthin gebracht. Die Mutter setzt den Fuß und das Knie des Kindes auf die Fußabdrücke, die vom Jesuskind stammen, und der kleine Bretone beginnt sofort zu laufen wie ein Hase.“ An anderen Orten läßt man das Kind durch ein Loch oder einen Tunnel kriechen, wie am Grab der heiligen Livrade (Liberata) in den Hochpyrenäen, „wohin man rachitische Kinder mit schwachen Beinen“ bringt. „Dreimal läßt man sie am Morgen dreier aufeinanderfolgender Tage durch den Tunnel kriechen. Am dritten Tage entkleidet man das Kind und zieht ihm einen neuen Anzug an. Die alten Kleider werden für die Armen auf das Grab gelegt. Außerdem läßt man eine Messe in der Kapelle halten. Die Beine werden gerade und die Kinder sind geheilt. Sie sind von neuer Kraft erfüllt.“ Schließlich besteht das Ritual an manchen heiligen Orten aus der Bewegung des Gehens selbst. „In Plinvenau in der Kapelle Notre-Dame-du-Port-Blanc wirft man in Richtung verschiedener Standbilder Geldstücke in den Chor. Die Kinder müssen sie holen und sie in den Opferstock der heiligen Jungfrau stecken. Dann spaziert man mit ihnen vor der Kapelle auf den Platten umher; innerhalb von vierzehn Tagen können sie gehen.“ Häufig läßt man das Kind seine ersten Schritte auf dem Grabstein eines örtlichen Seligen, eines für seine Güte gerühmten Priesters oder auch auf dem Friedhof tun, auf dem die Vorfahren ruhen. Dadurch wird ein symbolisches Band zwischen dem Kind und seinen Ahnen geknüpft. In der Normandie geht der „mainiot“ (von „main“ = Hand; also das Kind, das man an der Hand führen muß) „einmal am Tag während einer neuntägigen Andacht um den Calvaire, also um das Kreuz, das an die Passion Christi erinnert, herum, wobei es jedesmal in Gegenrichtung zur Sonne fortgehen muß“. Diese Wallfahrten gelten der Jungfrau Maria, vor allem wenn sie mit bestimmten charakteristischen Beiwörtern geschmückt ist – Notre-Dame-du-Chêne (Unsere liebe Frau von der Eiche), Notre-Dame-du-Pas (Unsere liebe Frau vom Schritt). Manche Heilige sind ganz speziell für das Gehen „zuständig“. Häufig sind sie auch durch ihren Namen prädestiniert: „Saint Pierre aux liens“ (der heilige Petrus in Fesseln), die heilige Marche (erinnert an „marcher“ = gehen), der heilige Etique („etique“ = hektisch, dürr), Saint Roche (St. Rochus, „roche“ = Fels, Klippe). Manchmal haben auch bestimmte Besonderheiten ihrer Heiligengeschichte mit dem Gehen zu tun. Das gilt für den heiligen Samson, den heiligen Christopherus und vor allem für den heiligen Leonardus. Er ist der Heilige der Befreiung, der Befreiung der Gefangenen wie der „noués“, der von der Rachitis „gefesselten“ Kinder. Ergänzend zu den Wallfahrten werden auch bestimmte natürliche Mittel angewendet. In der

Normandie legt man auf die unteren Extremitäten des Kindes, „das Schwierigkeiten hat, sich allein vorwärtszubewegen", eine Salbe aus zerstoßenen Ginsterblüten und frischer Butter. Man kann sein Kreuz auch mit geschmolzenem Rindermark einreiben.

Spätes Sprechenlernen

Verspäteter Spracherwerb ist eine andere Gefahr, die man fürchtet, wenn auch weniger als das verspätete Gehenlernen. Das Gehen ist nämlich eine unentbehrliche Fähigkeit in einer Gesellschaft, in der viel von der physischen Kraft abhängt. Das Wort hingegen ist Instrument der Sozialisation. Zwar gilt es ebenfalls als unentbehrlich, doch beunruhigt man sich nicht, wenn es auf sich warten läßt. Immerhin haben wir Erziehungsspiele kennengelernt, die das Sprechen einüben sollen. Frühes Sprechenlernen gilt nicht als Zeichen für geistige Frühreife, ist also kein Grund zur Besorgnis. Das Sprechenlernen gehört zur Körpererziehung. So helfen zahlreiche Wallfahrten sowohl bei verspätetem Gehenlernen wie auch bei verspätetem Sprechenlernen. Sie sollen den Körper des Kindes von seinen Fesseln befreien, seine Füße ebenso wie seine Zunge. Dies gilt für die Verehrung des heiligen Leonhard. Die Kraft des heiligen Yves (Ivo) hingegen, des Schutzheiligen der Rechtsanwälte, richtet sich speziell auf das Wort.

Zahlreiche andere Bräuche sollen vor verspätetem Sprechenlernen schützen oder Abhilfe schaffen. Sie sind sehr häufig mit der Sozialisation verknüpft. So verhält es sich mit Verboten: Bevor das Kind sprechen kann, darf es sich nicht im Spiegel betrachten und nicht sein Spiegelbild küssen. Die „Sozialisationsagenten" (der Pate und die Patin) spielen in dieser Hinsicht beim Taufritual eine aktive Rolle. Das Brot ist ein wichtiges therapeutisches Mittel. Vor allem das gesegnete Brot (ein klassisches Sozialisationsritual, das die verschiedenen sozialen Gruppen des

Dorfes „neu miteinander verkettet“): „Wenn jemand zum Hochamt geht, nimmt er ein kleines Stück geweihtes Brot mit nach Hause. Das gibt er dem Säugling zum Nuckeln, damit er früher sprechen lernt. In zweiter Linie symbolisiert das Brot den Vater: „Pain d'homme et lait de femme font venir les enfant forts.“ (Männerbrot und Frauenmilch machen Kinder stark). Der Vater ist eben jenes Familienmitglied, das mit der Gesellschaft „draußen“ am meisten Berührung hat. Diese Erklärungen ergänzen jene, die Dr. Ponteil zum folgenden schönen Brauch liefert: „Wenn ein Kind nicht sprechen lernen will, muß man ihm Brot zu essen geben, das jemand gebacken hat, der weder seinen Vater noch seine Mutter gekannt hat. Wer lehrt denn, so sagt ein Informant, die Kinder die ersten Wörter – Papa und Mama – das Sprechen überhaupt? Gewiß doch der Vater oder die Mutter. Wenn also ein armes Waisenkind trotzdem sprechen gelernt habe, so müsse es wohl eine natürliche Begabung zum Sprechen besitzen, die sich durch das von ihm gebackene Brot übertragen könne.“

Der Beginn des Sprechens, der Augenblick, da das Kind sich auszudrücken beginnt, stellt folglich einen sehr wichtigen Übergang dar. Bestimmte Handlungen wie das Betreten eines Stalles sind erst von dieser Zeit an möglich. Der Beginn des Sprechens ändert auch die Beziehung zum Arzt. Einst hielt man es nicht für sehr nützlich, ihn herbeizuziehen, bevor das Kind sprechen konnte, weil es nicht „sagen konnte“, was ihm weh tat. Die Diagnose mußte deshalb andere, traditionellere Wege gehen. Heute neigt man dazu, den Arzt, bevor das Kind sprechen kann, bei jeder Gelegenheit zu konsultieren, eben *weil* es nicht sagen kann, was ihm weh tut.

Schließlich können bestimmte symbolische Bräuche dem Kind eine schöne Stimme und die Fähigkeit schenken, richtig zu singen, durch die es Anerkennung bei Abendunterhaltungen und

Festen ernten kann. Wenn man in den Hochvogesen will, daß ein Kind ein guter Sänger wird, muß das erste Ei, das es zu essen bekommt, auch das erste Ei sein, das eine Henne gelegt hat.

Verspätetes Sauberwerden des Kindes

Die Sauberkeitserziehung erfolgt im allgemeinen frühzeitig. Sie wird von zahlreichen, teils magischen teils natürlichen, Verfahren begleitet, die jenen Zwischenfällen entgegenwirken sollen, welche durch die frühzeitige Erziehung im übrigen nur gefördert werden. Wie im Falle des Gehens bewirken die Heilmittel häufig gerade die Krankheiten, die sie angeblich verhindern. So hat es den Anschein, als sei das Bettnässen sehr verbreitet gewesen und durch den allzu frühen Beginn der Sauberkeitserziehung begünstigt worden. In erster Linie darf man aus Gründen der Vorbeugung und der Symbolik niemals die Exkremente, mit denen ein Kind den Boden beschmutzt hat, dadurch beseitigen, daß man sie mit zu heißer Asche bedeckt. Die Exkremente stehen also ebenso wie Nägel und Haare für das Kind selbst. Es würde körperlichen Schmerz empfinden und sich gegen ihn mit „Harnverhaltung“ wehren.

Manche Wallfahrten gelten lokalen Heiligen mit „sprechenden“ Namen: der heilige Pissoux oder die heilige Tanche („étanche“ = wasserdicht).

Die häufigste Praxis besteht darin, dem Kind bestimmte Arzneimittel zu geben (Hasenhirn, Kuchen von roten Schnecken, vor allem einen Aufguß, in dem man eine Maus oder Rattendreck gekocht hat). Dieses Mittel, das überall angewendet wird, erscheint sogar in den Rezepten der gelehrten Medizin. So empfiehlt Madame Fouquet in einem kleinen populärwissenschaftlichen Werk, das im 18. Jahrhundert sehr verbreitet war: „Man nehme Ratten- oder Mäusekot und verarbeite ihn zu Pulver. Man gebe am Morgen dreier aufeinanderfolgender Tage so viel vom Pulver, wie dem Gewicht eines Goldtalers entspricht, in eine Fleischbrühe, wobei die genannte Dosis des Pulvers in jeden Teller Brühe kommt; das Mittel hilft ausgezeichnet gegen diese Schwäche." Zur konkreten Wirkung, die man dieser Behandlung nachsagt, gesellt sich noch ein starkes psychologisches Motiv. Ganz bewußt ist die Praxis unangenehm und mit Zwang verbunden. Sie hat nämlich auch das Ziel, das Kind zu strafen. Gleiches gilt für das Verfahren, das Kind mit Brennesseln einzureiben. Auch Madame Fouquet erwähnt die Heilkraft von Brennesseln, denkt dabei aber an einen Aufguß. Ein letztes Verfahren, an das ein Kindervers erinnert, ist ganz unverblümt:

„Pisse en lit, pisse en paille
C'est demain la bataille
La verge au pied du lit
Pour fouetter la pisse au lit."[2]

Wie die normannischen Erhebungen zeigen, ist die Einstellung zum Bettnässen heute so schwankend wie einst. Es ist keine Krankheit, sondern ein Entwicklungsrückstand, den es durch Heilverfahren wie durch heftige Bestrafung zu korrigieren gilt – mit all den Konsequenzen, die man sich bei dieser verfrühten und strengen Sauberkeitserziehung vorstellen kann.

Furcht vor Unfällen

Andere Gefahren sind die zahlreichen Unfälle, die sich im Alltag des Kindes ereignen können. Viele Verstöße gegen bestimmte Verbote (zum Beispiel solche, die die Nabelschnur betreffen) werden mit dem gewaltsamen Tod „bestraft" – das Kind wird

---

[2] Bettnässer, Strohnässer,
morgen gibt's was!
Die Rute am Fußende des Bettes
ist für die Pisse im Bett.

verbrennen oder ertrinken. Man braucht sich nur zu vergegenwärtigen, wie viele Gefahren der Alltag einst bereithielt – das Feuer im Kamin, der Brunnen, die Tiere auf dem Hof des Anwesens –, um zu begreifen, wie sehr diese Ängste gerechtfertigt waren. Ohne genaues zu wissen, darf man doch annehmen, daß Gebrechen und Todesfälle, die auf Unfälle zurückzuführen waren, damals sehr häufig waren – wie im übrigen noch heute, wo sie in der Statistik der Kindersterblichkeit an erster Stelle stehen. Nehmen wir das folgende sehr bezeichnende Weihnachtsgebet, das die Mütter in den Hochvogesen aufsagten, wenn sie ihr Jüngstes zur Krippe führten:

„Que le Bon Dieu garde les enfants
Du feu qui est si brûlant
Et du ruisseau qui est si rapide.“[3]

Auch die Haustiere sind eine ernstzunehmende Gefahrenquelle. Hören wir die folgenden resignierten Bemerkungen von A. Bouët: „Die Unsitte, die Schweine in allen Teilen der Wohnung frei umherlaufen zu lassen, ist eine andere Ursache von Unglücksfällen. Es ist vorgekommen, daß diese Tiere die Hände, das Gesicht und selbst den ganzen Kopf von Neugeborenen gefressen haben, ohne daß diese schrecklichen Unglücksfälle bis jetzt zu einer größeren Vorsicht geführt und die Bewohner veranlaßt hätten, Tieren von einer so gefährlichen Gefrässigkeit den Zutritt zu ihren Häusern zu verwehren.“ Ebenso fürchtet man wilde Tiere und vor allem den Biß giftiger Tiere. Viele Sprichwörter warnen davor. Die Schlange ist um so gefährlicher für das Kleinkind, als sie eine Vorliebe für Kinder hat, die noch die Brust bekommen. Denn Schlange und Milch sind auf vielfältige Weise miteinander verknüpft: Milch gilt als ein Mittel gegen Schlangen, aber daneben glaubt man auch, daß die Schlange auf Milch er-

---

[3] Gott möge die Kinder bewahren
vor dem Feuer, das so heiß ist
und vor dem Bach, der so rasch ist.

picht sei. Es besteht darum die Gefahr, daß sie dem Kind „die Milch aus dem Munde saugt, indem sie ihm die Brust mit dem Schwanze schlägt. Man muß es durch einen Wachhund beschützen oder der Gefahr dadurch begegnen, daß man Tabak oder Knoblauch auf die Wiege legt."

Man fürchtet auch, daß die Kinder im Schlaf ersticken könnten. Die häufigste Unfallursache ist, daß das Kind an der Brust seiner Mutter einschläft. Hören wir, wie Madame du Coudray diese Gefahr beschreibt: „Die Kirche verbietet stillenden Müttern, ihre Kinder mit ins Bett zu nehmen, bevor diese nicht ein Jahr alt sind. Unsere Bischöfe verweigern in solchen Fällen für gewöhnlich die Erteilung der Absolution, vor allem wenn die Mütter während dieser Zeit einschlafen ... Wenn nämlich die Mutter das Kind neben sich legt, so legt sie sich auf die Seite, um es zu stillen. Die Berührungen des Säuglings lassen sie bald einschlummern, sie neigt sich allmählich zu ihm hinüber und schläft ein. Der Säugling hat nicht die Kraft, sich zu wehren oder sie zu wecken. So erstickt er. Besser ist es schon, wenn die Mutter sich auf das Bett setzt, das Kind in den Armen. Aber auch dies ist keine Gewähr. Auch so wird die Stillende bald einschlummern. Dabei fürchtet sie, das Kind könne ihr entgleiten. In ihrer Angst drückt sie es ein bißchen fester an sich. Das beengte Kind wehrt sich, die Stillende drückt das Kind, immer noch in derselben Absicht, noch fester an sich. Schließlich schläft sie ein. Das Kind wird zu fest an die Brust gedrückt und kann weder schreien noch sich wehren. Wenn die Mutter aufwacht, findet sie das Kind erstickt in ihren Armen. Beugt sich die Stillende über die Wiege, die sich gewöhnlich neben ihrem Bett befindet, um dem Kind die Brust zu geben, ist die Gefahr nur größer. Diese Haltung ist noch mehr dazu angetan, die Mutter einzuschläfern. So hat man beobachtet, daß die Kinder meist auf diese Art erstickt werden. Es ist sogar vorgekommen, daß stillende Mütter ihre Kinder erstickt haben, als sie sich stehend über die Wiege beugten, um dem Kind die Brust zu geben. Das waren zärtliche Mütter, die nicht zögerten aufzustehen, trotz Kälte und Schmerzen."

Dieser Text vermittelt eine Wirklichkeit, die wir heute kaum noch verstehen können. Die extreme Anfälligkeit mancher Kinder gefährdete sie tatsächlich bei dem geringsten Erstickungsgefühl. Die Erschöpfung von Müttern, die durch rasch aufeinanderfolgende Schwangerschaften und die bald wieder aufgenommene harte Arbeit bewirkt wurde, trug noch zu dem Schlafbedürfnis bei, das sich beim Stillen einstellt. Dennoch ist Bouëts Darstellung teilweise aus der Luft gegriffen. Sie soll hier nur dokumentieren, welche Angst man vor dem Ersticken des Kindes hatte. Es gab jedoch auch andere Gründe für die Gefahr des Erstickungstodes. Eingezwängt in ihr Wickelzeug und die enge Wiege konnten die Kinder eine unzuträgliche Lage nicht korrigieren. Auf dem Rücken liegend konnten sie ihre verstopfte Nase nicht entleeren, wenn sie erkältet waren. Sie konnten sich auch nicht von den aus diesem Grunde zu Recht gefürchteten Katzen befreien, wenn diese die Wärme des Säuglings suchten. So behält die Mutter ihr Kind trotz allem bei sich, weil sie ihrer Fähigkeit vertraut, das Kind gegen diese anderen Erstickungsursachen zu beschützen. Bis in unsere Tage hat sich die Angst vor dem Erstickungstod gehalten: Aus diesem Grund widerstrebt es vielen Müttern, ihre Säuglinge auf den Bauch zu legen. So kann eigentlich alles in der Umgebung des Kindes zu Unfällen führen, muß also Gegenstand von Vorsichtsmaßnahmen sein.

Erziehung zur Vorsicht und nächtliche Ängste

Sobald das Kind allein gehen und sich der Aufsicht der Eltern sowie der relativen Sicherheit des gemeinsamen Wohnraums entziehen kann, wachsen die Risiken. Das Kind muß also auf die Gefahren, die ihm drohen, vorbereitet werden. Die Erziehung gründet sich auf die Angst. Aber um die Anst zu nähren und um den Wunsch des Kindes zu bekämpfen, die Welt zu entdecken, präsentiert man ihm mythische und symbolische Wesen, vor denen es Angst hat. So erzählt man ihm in der Bretagne, daß sich beim Brunnen ein Tier herumtreibe, das die Kinder hinabzuziehen versuche, um sie zu verschlingen. Im Burgund fällt diese Rolle der Fee aus der Tiefe zu, im Elsaß dem Mann mit dem Haken. In Marseille erzählt man Kindern, daß sie ins Bett machen, wenn sie in der Nähe des Feuers spielen. Wir werden nicht auf die Dinge eingehen, die die Angst auslösen sollen – ob es sich um konkrete und für das Kleinkind verheerende Unfälle handelt oder um die Entführung durch phantastische Geschöpfe (etwa den schwarzen Mann), die die kindliche Vorstellungswelt bevölkern. Festhalten wollen wir allerdings die Beharrlichkeit, mit der gefährliche Tiere, die das Kind verschlingen wollen, beschworen werden. In gewisser Weise wird also der Gefahr Tiergestalt verliehen. Nun ist bekannt, daß kindliche Alpträume häufig Gestalt besitzen. Daß man die Gefahr durch Tiere verkörpert, ist ohne Zweifel sehr dazu angetan, entsprechende Phantasien zu verstärken. Auch treten die kindlichen Alpträume manchmal in sehr festgelegter Weise auf. Die phantastischen Tiere, auf die sich die Angst richtet, besitzen eine bestimmte Gestalt. So ruft man in der Normandie Saint Germain an, „damit er jene Angst der kleinen Kinder heilt, die immer wieder mit der Hand eingebildete Tiere verscheuchen wollen, die sie ständig um sich herum krabbeln sehen." Wir stehen also auch hier wieder vor einem Paradoxon. Man bringt den Kindern Angst vor Gefahren bei, indem man ihnen mit Phantasietieren droht, und bemüht sich zugleich, die Auswirkungen des so verursachten Schreckens zu lindern. Gefürchtet werden nämlich die verheerenden Folgen der „Krämpfe", die sich im Anschluß an einen heftigen Gefühlsschock oder nach längerem nächtlichem Weinen einstellt.

So werden zahlreiche Verfahren angewandt, um zu vermeiden, daß das Kind nachts zu lange weint, nachdem die probaten Mittel des Stillens und des Wiegens erschöpft sind. Bei diesen Verfahren handelt es sich nicht ausschließlich um das, was Dr. Pradal „Bequemlichkeitsarzneien“ nennt, die also den Eltern Erleichterung verschaffen sollen, selbst wenn das auf Kosten des Kindes geht. Sie sind in erster Linie dazu bestimmt, das Kind zu schützen. Man kann „dem Kind das Ei einer schwarzen Henne mit Pfeffer geben, das in einer noch nie benutzen Pfanne gebraten wurde“. Wenn das Kind schreit, kann das auch bedeuten, daß seine toten Vorfahren es zu holen versuchen. Der Versuch, es mit seinen künftigen sozialen Rollen vertraut zu machen, kann ein wirksames Gegenmittel sein. So verstaut die Mutter im Elsaß „im Innern der Wiegenmatratze einen kleinen Säbel, wenn es ein Junge ist, einen kleinen Spinnrocken, wenn es ein Mädchen ist, wobei sie ein kurzes Gebet spricht“. Offensichtlich handelt es sich um Gebrauchsgegenstände, die die künftige soziale Rolle symbolisieren. Etliche Wallfahrten heilen das Kind von diesem Weinen ohne ersichtlichen Grund, das in der Tat für eine Krankheit besonderer Art gehalten wurde. Wallfahrten zu bestimmten Heiligen sind bei Kindern besonders wirksam. Dazu gehört der heilige Christopherus, der heilige Méen oder lokale Heilige, die durch ihren Namen prädestiniert sind: im Mâconnais der heilige Crin (im Französischen eigentlich das Haar der Mähne oder des Schweifes, doch in zahlreichen Redensarten steht das Wort für Leidenschaft oder Reizbarkeit); in vielen anderen Regionen der heilige Braillard (Schreihals). Bei diesem Heiligen handelt es sich in Wahrheit häufig um ein kleines Standbild des Jesuskindes mit etwas traurigem Blick, das einfach diesen Namen erhalten hat. Saint Gilles hilft, wenn Kinder nachts, vor allem nach Alpträumen, weinen. Seguin gibt dafür folgende Erklärung: „Wahrscheinlich kommt diese Anrufung davon, daß Saint Gilles früher stets mit einer Hirschkuh abgebildet wurde. Nun sehen die Kinder in ihren Alpträumen häufig ein Tier. Das Tier von Saint Gilles gehörte also zu dem, wovon Heilung erfleht wird."

Wallfahrten, die von der Angst befreien sollen, sind noch zahlreicher. Am häufigsten gelten sie Saint Gilles, Saint Loup (Wolf), der wiederum durch seinen Namen prädestiniert ist, dem heiligen Georg, der bekanntlich dank seines legendären Mutes ein gefährliches Tier besiegt hat, und dem heiligen Paulus, der – wie wir noch sehen werden – von Krämpfen heilt, jener ernsten Folge länger andauernder Ängste. Die Wallfahrten empfehlen sich manchmal auch, wenn das Kind nicht gehen lernen will. In diesem Fall wird der Entwicklungsrückstand weniger einer Schwäche der Beine oder des Rückens zugeschrieben als zu großer Angst, die das Kind angeblich daran hindert, den Versuch allein zu wagen.

Doch es geht nicht nur um die Gefahren des Wachstums oder das Unfallrisiko: Man fürchtet auch die kleinen Zwischenfälle des täglichen Lebens. Die Zerbrechlichkeit des Kindes löst vielfältige Ängste aus; Vorsichtsmaßregeln aller Art umgeben es. So ist es nicht erstaunlich, daß die traditionelle Furcht, die die Einstellung zum Leben prägt, auch die Körpererziehung des Kleinkindes nachhaltig beeinflußt. Diese Sorge um die Entwicklung des Kindes, diese ambivalente Haltung der Angst gegenüber, die man einerseits zurückweist und andererseits zu Hilfe ruft, durchdringt unsere Kultur bis heute. Stets wird das eigene Kind in seinen verschiedenen Entwicklungsphasen, vor allem beim Gehen- und Sprechenlernen, mit dem Nachbarskind verglichen. Stets wird versucht, das nächtliche Weinen zu unterbinden, das die Eltern wegen des Kindes wie um ihrer selbst willen fürchten. Daher kommt es, daß die Tradition jener Wallfahrten, die dafür sorgen sollen, daß das Kind gehen lernt und seine Angst verliert, bis in unsere Tage lebendig geblieben ist. Drängt sich da nicht die Frage auf, ob hier nicht etwas mitspielt, worauf die Fortschritte der Medizin keinen entscheidenden Einfluß haben?

Krankheiten, die das Kind bedrohen

„Ne te vante pas d'avoir un fils
s'il n'a pas eu rougeole ou variole."[4]

Zahlreiche Krankheiten bedrohen das Kleinkind. Nicht immer werden sie klar unterschieden von anderen Risiken der Entwicklung und von den Gefahren des Alltags. Alles in allem wird das ganze Leben des Kleinkindes zu einer Angelegenheit der Medizin. Wir werden nur am Rande auf die allgemeinen Krankheiten eingehen und uns vor allem jenen Krankheiten zuwenden, die als Besonderheit des Kleinkindalters gelten. Wir werden uns auch nicht im einzelnen mit den verschiedenen Heilverfahren befassen, sofern sie nicht das Kleinkind betreffen. Die Diagnostik werden wir nur insoweit behandeln, als sie sich beim Kind, das noch nicht spricht, besonderer Verfahren bedient. Anschließend werden wir uns dem Katalog der Kleinkindkrankheiten und den häufigsten Heilverfahren zuwenden.

Die Wahrsagerei

Nicht immer läßt sich aus den Symptomen auf eine ganz bestimmte Krankheit schließen. Für diese Fälle gibt es daher zahlreiche Wahrsageverfahren. Diese sind beim Kleinkind deshalb so notwendig, weil es nicht sprechen kann. Die Sprichwörter führen vor Augen, wie wichtig es ist, daß man „sagen kann, wo es weh tut", d.h. seine Krankheit bezeichnen kann. Diese Unfähigkeit des Kleinkindes beeinträchtigt die Diagnose des Arztes stark, denn seine – konkrete – Beziehung zum Kranken ist

[4] Korsisches Sprichwort. (Rühm dich nicht, einen Sohn zu haben, wenn er noch keine Masern oder Pocken gehabt hat.)

sprachlich vermittelt. Die von Symbolik geprägte traditionelle therapeutische Beziehung ist aber in gewisser Weise vom Wort unabhängig. Deshalb rief man den Arzt einst kaum an das Krankenbett des Kleinkindes, oder man zog ihn erst im letzten Augenblick zu Rate, wenn alle anderen Möglichkeiten erschöpft waren. Heute hat sich dieses Verhältnis umgekehrt. Da sich die Wirksamkeit ärztlicher Heilverfahren erwiesen hat, wendet man traditionelle Verfahren nur noch bei harmlosen Krankheiten an, oder bei solchen, von denen man meint, sie fielen nicht mehr in den Zuständigkeitsbereich der Medizin (Exzeme, Angst, Gehenlernen), oder auch – gewissermaßen als letzte Zuflucht – bei Krankheiten, die der Arzt nicht zu heilen vermag.

Die diagnostischen Verfahren laufen immer nach demselben Schema ab: Man nimmt eine Schüssel mit Wasser, in die man eine bestimmte Anzahl gleicher Gegenstände taucht. Jeden nennt man nach einem anderen Heiligen, der für eine der häufigsten Krankheiten zuständig ist. Diese Gegenstände können Lappen vom Hemd des kranken Kindes sein oder Efeublätter. Der Gegenstand, der als erster untergeht oder Flecken aufweist, bezeichnet den für die Krankheit zuständigen Heiligen.

Die Wallfahrten und ihr Ritual

Sobald die Diagnose durchgeführt worden ist, bedient man sich im allgemeinen gleichzeitig der Wirkung mehrerer Heilverfahren. In der Mehrzahl der Fälle ergänzt man die „Kur“ durch eine „Reise“ zur Kapelle des zuständigen Heiligen, mit der ein strenges Ritual verbunden ist. Die Wallfahrten gab es einst in großer Zahl, und sehr häufig hingen sie mit der Sorge um die Kinder zusammen. Es hat den Anschein, als hätten von allen Wallfahrten diese am ehesten überdauert. Manchmal mußte das Kind persönlich daran teilnehmen. Dann bestand die Möglichkeit, daß der Weg bis zum Ort der Anbetung seine Krankheit verschlimmerte. Unter gewissen Bedingungen konnte der Kranke sich aber auch durch einen Bettler oder eine alte Frau vertreten lassen.

Die Behandlungsverfahren unterschieden sich kaum von denen, die wir oben kennengelernt haben. Sie greifen stets auf die Symbolik zurück. Die Affinität der Heilmittel mit den Krankheiten beruht auf gemeinsamen äußeren Merkmalen. So heilt die rote Farbe die Masern. Häufig deutet sich im Namen des Heiligen seine Fähigkeit zu heilen an. Die Berührung des kranken Körperteils mit dem heilkräftigen Gegenstand ist oft ein für die heilkräftige Wirkung unentbehrliches rituelles Element. An den Wallfahrten sind meist mehrere Riten beteiligt: Gebete, die sich an den heilkräftigen Heiligen wenden, Reinigung in der Quelle, die sich häufig in der Nähe der Kapelle befindet, Berührungen, der Gang um den Altar oder um eine Statue. Diese Häufung symbolischer Handlungen soll die Wirksamkeit des Rituals erhöhen. Sie soll auch die große Zahl von Fehlschlägen erklären: Es ist schwer, keinen Fehler zu begehen und sich genau an alle Einzelheiten des Rituals zu halten.

Wenn ein schwer erkranktes Kind geheilt worden ist, weihen seine Eltern es häufig dem Heiligen, der es gerettet hat. Formell oder informell ist es nun mit ihm gewissermaßen verbrüdert. Das äußert sich oft in dem Versprechen der Eltern, das Kind stets in einer bestimmten Farbe zu kleiden, „der Leibfarbe des Heiligen“. Dies geschieht manchmal bis zur ersten Kommunion. Meist geht das Kind in Blau (der Farbe der heiligen Jungfrau), doch kann es auch Braun oder Rot sein. So trägt es in gewisser Weise eine Schutzuniform, die es für alle kenntlich macht.

Heilkräftige Amulette

Viele Maßnahmen sollen das Kind ganz allgemein gegen Krankheiten schützen. So schützt die Butter, die während der Bittprozessionen gemacht wurde, jene Kinder, die davon gegessen haben, vor Krankheit. Gleiches gilt für den Coadri-Stein, der von A. Bouët folgendermaßen beschrieben wird: „Das ist ein kleiner Stein, der Coadri genannt wird, nach einem Ort gleichen Namens in der Nähe von Gourion an der Grenze zum Morbihan. Dort steht eine alte Kapelle, die von den Gläubigen sehr verehrt wird. Der Coadri-Stein ist schwärzlich, und in seinem Relief ist ein Kreuz zu erkennen. Deshalb sagt man ihm die Kraft nach, die Kinder vor Ängsten, Koliken und allen Arten von Blähungen bewahren zu können. Doch scheint man nicht der Meinung zu sein, daß nur *dieser* Talisman die Kinder gegen jene Krankheiten zu schützen vermag, gegen die ihm Heilkräfte zugeschrieben werden; zum gleichen Zweck benutzt man auch ein auf Kohle geröstetes Stück Roggenbrot. Dieses wird im Ärmel des Neugeborenen verstaut. Dieses Amulett hindert die bösen Geister, Zauberer und die Neider daran, die Kinder zu verhexen und ihnen Blähungen einzublasen. Das Brot zieht die Zaubersprüche auf sich, und ungeachtet der üblen Absichten teuflischer Mächte bleibt der Knirps wohlbehalten. Es muß aber dafür gesorgt werden, daß das Brot täglich gewechselt wird."

Kinderkrankheiten

Die klassischen Kinderkrankheiten – Masern, Keuchhusten, „Krupp", Ziegenpeter – galten als notwendiges Übel, sozusagen als Wachstumsphasen. Trotzdem flößten sie Angst ein, weil sie häufig zu gefährlichen Komplikationen führten.

Masern und Scharlach werden nach Familienrezepten behandelt – mit Heilkräuterverfahren (Tee aus Gurkenkraut, Petersilienaufguß) oder – nach den Gesetzen der Analogmedizin – mittels roter Farbe (Wein oder Umschläge von rotem Flanell). Bei Ziegenpeter sucht man seine Zuflucht bei einer zoomorphen Symbolik, deren Bedeutung ein bißchen unklar ist: Man reibt die Wangen gegen den Schweinetrog oder saugt an einem Knochen, den eine Katze bereits zur Hälfte abgenagt hat. Oder man legt auf die schmerzenden Stellen warme Umschläge von Öl, Eisenkraut- oder Wegerichblättern sowie von Ziegendreck. Gegen den bei Neugeborenen sehr gefürchteten Keuchhusten gibt man lindernde Aufgüsse – im allgemeinen von Klatschmohn. Außerdem wärmt man das Kind in einer Decke aus Ziegenhaar. Ferner unternimmt man Wallfahrten zum heiligen Quentin („quintes de toux“ = Hustenanfälle) vor allem zum heiligen Blasius, dem Spezialisten für Halskrankheiten. So bewaffnet man sich im Pays de Caux mit einer Kerze und begibt sich beim ersten Tageslicht zu einer Kreuzung, an der sich vier Wege treffen. „In die Mitte der Kreuzung setzt man die angezündete Kerze, wobei man sorgfältig darauf achtet, daß sie sich in der Verlängerung des Weges befindet, auf dem man gekommen ist. Dann kniet man nieder und spricht drei *Pater noster* und drei *Ave Maria,* wobei man den heiligen Blasius anruft.“ Der heilige Blasius wird auch gegen den „Krupp“ angerufen, der die Mütter in Angst und Schrecken versetzte. Sie schützten ihre Kinder vor ihm, indem sie ihnen Rosenkränze aus Knoblauch um den Hals legten. Während der Krise wurden den Kindern lindernde Arzneitränke eingeflößt. Im Quercy richtete man sich nach folgendem Rezept: „Man flöße dem Kind Tag und Nacht stündlich einen Löffel voll ein. Als Getränk gebe man ein Ei in einen Liter lauwarmen gesüßten Tee oder verrühre einen Löffel Schwefelblüte in einem Glas Wasser und gebe dem Kranken von diesem Getränk stündlich einen Löffel voll.“

Schnupfen wird kaum als Krankheit angesehen. Er begleitet die Kleinkinder über den ganzen Winter und wird manchmal fast als Impfung verstanden, als Unterpfand der Gesundheit für den Rest des Jahres: „Rhume d’hiver, santé d’été“ – Schnupfen im Winter, Gesundheit im Sommer. Man sorgt sich deshalb nicht sonderlich um ihn, es sei denn, er wird von sehr starkem Husten begleitet. Dann hängt man dem Kind in den Vogesen „einen Bimsstein um den Hals, und der Husten hört auf“. Wenn das

Kind unter starken Halsschmerzen leidet, legt man ihm manchmal ein Halsband aus Hanftuch um, das mit Regenwürmern gefüllt ist".

Anämie und Rachitis – diese wird manchmal, nach dem charakteristischen Aussehen der Rippen des Kindes, patte d'oie (Krähenfüße) genannt –, sind recht häufige Kinderkrankheiten. Sie treten als Verzögerung beim Gehenlernen in Erscheinung und werden fast ausschließlich aus diesem Grund behandelt.

Ernährungsstörungen: Durchfall und Hautkrankheiten

Zahlreiche Krankheiten, die den Säugling bedrohen, rühren von seiner Ernährungsweise her, von Menge und Qualität der Nahrung. Doch obgleich man die Ursache dieser Störungen sehr genau kennt – der Ausdruck „Milchschorf" bezeugt es – behandelt man sie niemals durch eine Änderung der Ernährungsweise. Man hat außerordentliche Angst vor „Koliken" bei Kleinkindern, und das zu Recht, da die Cholera eine der Hauptursachen für die hohe Sterblichkeit von Kleinkindern war. Das alltägliche Leben des Kindes ist erfüllt von symbolischen Maßnahmen, die diesem Übel vorbeugen sollen. Die Windeln des Kindes dürfen nicht mit dem Wäscheklopfer geschlagen werden, bevor es nicht getauft ist, und das Brot darf nicht umgekehrt auf den Tisch gelegt werden.

Heilmethoden sind vor allem Wallfahrten, die dem heiligen Nikolaus, St. Germain, St. Malo und der heiligen Emerance gelten. Häufig verbindet man damit besondere Andachtsübungen. Man kann die Krankheit dem Heiligen übermitteln, indem man den aufgetriebenen Leib des Säuglings mit einem Faden mißt: „Wenn ein ganz kleines Kind Koliken hat, nimmt man ein Bund Garn, mit dem man ihm den Leib mißt, dann bringt man es dem heiligen Nikolaus dar. (Diese Koliken heißen sogar ‚mal de Saint Nicolas', also Niklauskrankheit.) Am folgenden Tag begeben sich der Pate oder die Patin zur Kirche von Gosné (Ille-et-Vilaine), wo sich ein Standbild des Heiligen befindet. Sie legen ihm den Faden um den Hals; dann verschwindet die Krankheit.“ Das Kind kann auch mit einem Hemd bekleidet werden, das vorher in eine Heilquelle getaucht worden ist. Man kann dem Kind ferner einen Brei geben, dessen Mehl vom Priester geweiht wurde, oder man mischt in den Brei das Pulver, das man vom Bauch der Heiligenstatue gekratzt hat. Im Departement Ariège schließlich verwendet man Blaubeeren gegen Koliken von Kindern.

Auch Hautleiden sind bei Neugeborenen sehr häufig, da meist zuviel Nahrung in sie hineingestopft wird. Auch der Schmutz, in dem man das Kind absichtlich läßt, führt zu solchen Leiden. Ein gewisses Maß an „Milchschorf“ hält man für notwendig, weil dieser angeblich Säfte abführt. Wenn er jedoch überhandnimmt, begibt man sich zu Wallfahrtsorten – nach Saint-Benoît oder, vor allem, nach Saint-Méen. Ausschläge am Gesäß sind oft fast chronisch, weil die Windeln zu selten gewechselt werden. Man heilt sie, indem man das Gesäß des Kindes der frischen Luft aussetzt, oder auch mit Mitteln der Symbolik, indem man das Gesäß in einen Lappen wickelt, der unbedingt schmutzig sein muß. Vor Augenkrankheiten soll – wie oben berichtet – ein Tropfen von der Milch der Mutter bei der Geburt schützen. Dennoch kommt es oft zu Eiterbildung und anderen Komplikationen. Auch hier sollen Amulette helfen. So werden Kinder im Departement Ille-et-Vilaine durch Halsketten aus kleinen prähistorischen Steinen – sie heißen Gewittersteine, weil man meint, sie schützten gegen den Blitz – vor Milchschorf und Augenleiden bewahrt. Um den Mundschwamm zu heilen, von dem Säuglinge oft heimgesucht wurden, wendet man ein Heilmittel an, in dem das Vertrauen auf die medizinische Kraft der Symbolik sehr schön zum Ausdruck kommt. In den Kamin wird ein blühender Ligusterzweig geworfen (die Blüte ähnelt ein wenig den weißen Pusteln des „Mundschwamms“). Wenn er austrocknet, muß auch der Mundschwamm des Kindes ausgetrocknet sein.

Gegen den Grind, der bei etwas größeren Kindern häufig vorkommt, gibt es verschiedene Heilmittel, die wiederum konkrete Abhilfe mit Zauberei verbinden: Auf den rasierten Kopf werden Umschläge von der flockigen Königskerze gemacht, aber zusätzlich sollte man „jeden Morgen auf nüchternen Magen ein Glas noch warmen Urin eines kerngesunden jungen Mannes trinken". Auch Wallfahrten zum heiligen Aignan bieten sich an.

Würmer, die großen Bösewichter

Die Würmer gelten als die Hauptschuldigen bei Kinderkrankheiten. Noch heute macht man sie für zahlreiche Krankheiten verantwortlich; man gibt dem Kind Abführmittel, sobald sich bestimmte Anzeichen (Jucken der Nase, auffällige Nervosität) zeigen. Über die Symbolik des Wurms ließe sich eine eigene Studie durchführen. In dieser Symbolik verbinden sich verschiedenste Elemente: Phallussymbolik – von der N. Belmont spricht –, Wachstumssymbolik verknüpft mit der der Mondphasen, Todessymbolik und Fäulnissymbolik, die dem besonderen Krankheitsbild der Wunden entspricht. Der Organismus steckt ja voller Parasiten. Manche Beschreibungen, die sich sogar noch in der gelehrten Medizin finden, scheinen uns phantastischer Natur zu sein. Man liest von Kindern, aus deren Mund ganze Knäuel von Würmern dringen. Solche Berichte beziehen sich aber auf eine Wirklichkeit, die wir uns heute kaum noch vorstellen können. Die meisten Krankheiten des Kindes werden deshalb diesem Parasiten zugeschrieben: „Toujours malade, il a le ver." (Wer immer krank ist, hat Würmer.) Knoblauch ist das wichtigste Vorbeugemittel. Er dient ganz allgemein dazu, Parasiten zu vertreiben, sogar die Mikroben. Man legt dem Kind ein Knoblauchhalsband in Form eines Rosenkranzes um.

Der Wein ist ein außerordentlich vielseitiges Heilmittel. Zur Vorbeugung gibt man dem Kind einen kleinen Tropfen in seine

Flasche. Der Alkohol hat die gleiche Kraft. Der Wein gilt sogar als „Gegengift“: Milch macht nämlich, als eine „süße“ Nahrung, wie es in der Normandie heißt, „daß die Würmer kommen“. Dem Wein wird die gegenteilige Wirkung zugeschrieben. Diese Auffassung bestätigt das Sprichwort: „Ce qui est doux engendre des vers.“(Was süß ist, erzeugt Würmer.) Auch Buffon stellt fest, daß Würmer durch Milch entstehen und mit Wein bekämpft werden müssen: „Würmer und Wurmkrankheiten, von denen Kinder befallen werden, besitzen eine ihrer Hauptursachen in der Beschaffenheit der Nahrung: Die Milch ist eine Art Chylus, ein Nahrungsmittel in Reinform, welches folglich mehr echte Nahrung enthält, mehr von jenem organischen und produktiven Stoff, von dem so viel die Rede war und der – wenn er vom Magen des Kindes nicht verdaut wird, um der Ernährung und dem Wachstum seines Körpers zugute zu kommen – aufgrund der Aktivität, die ihm eigen ist, andere Formen annimmt und bestimmte Lebewesen, die *Würmer*, in so großer Zahl erzeugt, daß das Kind häufig in Gefahr ist, an ihnen zugrunde zu gehen. Wenn man die Kinder von Zeit zu Zeit ein bißchen Wein trinken läßt, kann man vielleicht den schädlichen Wirkungen ein bißchen vorbeugen, die die Würmer verursachen, weil gegorene Flüssigkeiten ihrer Entstehung entgegenwirken.“

Wieder also müssen ländliche Bräuche, die außenstehende Beobachter empört haben und aus denen man den Eindruck der Nachlässigkeit gewonnen hat, anders verstanden werden. Wenn ein bißchen Wein oder Alkohol in das Fläschchen gegeben wird, handelt es sich in der Mehrzahl der Fälle um eine ganz bewußte Vorbeugemaßnahme.

Nach dem Grundsatz der Symbolik der Ähnlichkeit macht man dem Kind Umschläge mit Würmern, die die Parasiten im Magen an die Oberfläche „ziehen“ sollen.

Viele Gebete sollen von der „Wurmkrankheit“ heilen, wie das zu St. Médard: „Heiliger Médard, der du alle Macht besitztest, nimm die Würmer von diesem Kind. Es sind Mitbewohner, die stets darauf aus sind, es zu erwürgen. *Sie kommen aus dem Nichts,* du kannst sie dahin zurückschicken." Vom Heilgebet zum Wurm-Exorzismus ist es nur ein kleiner Schritt: „Wurm, ich verbiete dir, diesem Kind mehr weh zu tun, als unser Herr Jesus Christus getan hat, wie er im Leib seiner Mutter, der seligen Jungfrau Maria, war, und Ihr sprecht fünf *Pater noster* und fünf *Ave Maria.*"

Die Würmer sind eine regelrechte Geißel. Sie „nagen das Herz von unten an", sie stechen und zehren aus; sie „pissen ins Herz"; sie tragen die Schuld am Husten und an schlechter Verdauung.

Krämpfe

Neben dem Zahnen und anhaltendem Schreien gehören auch die Würmer zu den Ursachen der „Krämpfe", die die Mütter in Angst und Schrecken versetzen. Es gibt zahlreiche Verfahren, um diesen „Krämpfen" vorzubeugen. Manche bekämpfen gleichzeitig die angenommene Ursache. Man läßt das Kind zum Beispiel einen jungen Esel zwischen die Ohren auf den Kopf küssen oder hängt ihm ein Säckchen mit dem Samen der roten Pfingstrose oder mit Maulwurfsfüßen – ein Mittel zur Förderung des Zahnens – um den Hals. Die heilkräftigen Heiligen sind der heilige Ursinus, der heilige Vimer, Saint Igny de Vers (ein Spezialist für die von Würmern herrührenden Krämpfe, wie sein Name zeigt), der heilige Cornelius, der heilige Eutropius und schließlich der heilige Paulus, dessen Namenstag häufig „conversion de Saint-Paul", also Bekehrung des heiligen Paulus, heißt; „conversions" ist ja auch der volkstümliche Name für diese Krämpfe. In den Hochvogesen schützt auch der heilige Del die Kinder gegen die Krankheit. So gibt man in die Kindernahrung Salz, das man am Namenstag dieses Heiligen segnen läßt. Die Mütter sind davon überzeugt, daß ihre Nachkommen auf diese Art gegen die

„Fallsucht“ und alle durch Würmer hervorgerufenen Störungen geschützt werden.

Schließlich glaubt man, daß die Meningitis durch Würmer hervorgerufen wird, die den Kopf befallen. Eine halbe Taube, die lebend entzweigeschnitten und auf den Kopf gelegt wird, soll die Würmer anlocken und so „herausziehen“.

Der harte Bauch

Auch heute noch gilt der harte und geblähte Bauch von Kindern als schlimmes Symptom. So ruft man in der Normandie in solchen Fällen im allgemeinen den Arzt. Wenn dieser den Eindruck vermittelt, daß er mit der Diagnose zögere oder nicht recht wisse, wie er vorzugehen habe, schließen die Eltern daraus häufig, daß es sich um den „harten Bauch“ handle und daß man das Kind zu jemandem bringen müsse, der diesen heilen könne. Zahlreiche Erzählungen berichten von den gelegentlich recht brutalen Heilverfahren. Da gab es Wallfahrten zum heiligen Martin, dem großen Heiler dieser Krankheit; Umschläge aus Pflanzen, die am Vorabend des Neumondes gepflückt wurden; Umschläge aus einem in Verwesung übergegangenem Tier, das – indem es seine „Verwesung“ auf die Krankheit überträgt – diese zum Verschwinden bringt. Das kann ein Rochen oder die Milz eines Tieres sein. Schließlich massiert man den Bauch des Kindes, damit dessen Eingeweide geschmeidig bleiben und nicht zu Stein werden. Bei dieser Massage wird häufig das Hämmern eines Schmiedes simuliert, wie die folgende dramatische Darstellung des Folklore-Malers Vuillier zeigt:

„Das Kind ist nackt, sehr bleich. Chazal murmelt einige barsche Worte; das Kind wird auf dem Amboß ausgestreckt, und während seine Mutter es an den Armen festhält, packt eine andere Frau seine Beine. Der Schmied stützt es mit seiner linken Hand im Nacken. Plötzlich läßt ein schrecklicher Schrei die Fenster erzittern, während der Arm von Chazal sich hebt und senkt. Der Hammer trifft den Amboß mit großer Gewalt, der Körper des Kindes wird von Erschütterungen gebeutelt. In seinem abgezehrten Gesicht öffnen sich die Augen voller Schrecken, und große Tränen laufen die Wangen der Mutter hinunter. Wieder ertönt ein wilder Schrei, wieder fällt der Hammer auf den Amboß, dessen metallische Schwingungen einen Augenblick lang die Schmiede erschüttern ... Diesmal hält der fallende Hammer unmittelbar über dem Bauch des kranken Kindes inne; dann berührt er leicht dessen Haut."

In Béthune heilt Saint Eloi, der Schutzheilige der Schmiede, den „harten Bauch":

„Wenn die Kinder den „harten Bauch" hatten, wurden sie mit einem Brot in der Hand zur Kapelle von Saint Eloi gebracht; ein barmherziger Mönch berührte das Brot, segnete es dann mit dem Hammer und legte beides auf den Bauch des Kindes."

Gebrechen im Kleinkindalter

Bei bestimmten Gebrechen, die sich häufig gleich nach der Geburt einstellen, müssen Spezialisten herangezogen werden. Sie „richten" das „herabgefallene" Zäpfchen, das das Kind am Schlucken hindert. Wenn das Kind mit einem „ausgerenkten Magen" auf die Welt kommt, wird der Heilkundige sofort gerufen. Er betastet den Magen, drückt ihn hier und da und rückt so die durcheinandergebrachten Organe wieder an ihren Platz. Hernien behandelt man häufig mit Hilfe von Bäumen. In der Provence spaltet man einen jungen Baum, drückt die beiden Teile auseinander und reicht drei- bis siebenmal das kranke Kind hindurch. Dann legt man die beiden Hälften des Stammes wieder aufeinander und bindet sie zusammen ... Wenn sie zusammenwachsen und wenn der Baum sich im folgenden Jahr erholt hat, ist das Kind geheilt; wenn nicht, leidet es auch weiterhin unter dem Bruch. Dieser Brauch wird verständlich, wenn man sich daran erinnert, daß ein Kind, das an einem Bruch leidet, vielfach auch „enfant rompu“ (zerbrochenes Kind) heißt.

Dieser kurze Überblick über die damals behandelten Kinderkrankheiten zeigt, daß sie zwar zahlreich und erschreckend waren, aber sich doch in wenige miteinander zusammenhängende Kategorien einteilen ließen. Das gesamte therapeutische Arsenal der volkstümlichen Medizin, vor allem die Wallfahrten, wird aufgeboten, um sie zu heilen. So ist es nicht erstaunlich, daß unter den noch praktizierten Wallfahrten diejenigen am lebendigsten geblieben sind, die mit Kinderkrankheiten zusammenhängen. Der wesentliche Unterschied liegt allerdings darin, daß heute die moderne Medizin die erste Zuflucht darstellt und daß die alten Heilpraktiken und Wallfahrten erst an zweiter Stelle kommen; man wendet sie etwa so an, als konsultiere man einen Spezialisten, nur daß es insgeheim geschieht.

Das Kleinkind und der Tod

„Plutôt deux qui naissent, qu'un qui meurt."[5]

Die unendliche Traurigkeit, die den Tod des Kindes umgibt, offenbart sich in den Sprichwörtern. Sie sprechen davon meist auf dem Umwege über Tiere – so schmerzlich ist das Thema und so ungerecht erscheint es, daß Kinder sterben müssen. Obschon der Tod von Kindern etwas Alltägliches war, wurde er nicht resigniert hingenommen. Alle Maßnahmen zur Vorbeugung sind Versuche, ihn abzuwehren. Das erklärt wahrscheinlich viele Unterschiede, die im Vergleich zu unserer Zeit auffallen. Angst begleitete einst Geburt und Taufe. Zahlreiche Bräuche zeigen recht deutlich, daß Kind und Tod in einer ganz besonderen Beziehung zueinander standen. So glaubte man einst in Paris, es sei ein sehr schlechtes Vorzeichen, wenn man von einem kleinen Kind träume.

Die Kinder und die Toten

Im Beziehungsgefüge der Familie nimmt das Kind häufig den Platz eines Toten ein. Man hält es für normal, daß nach dem Tod eines älteren Menschen ein Kind geboren wird. Häufig gilt dies als eine Gunst. Die Beziehungen des Kindes zu seinen verstorbenen Vorfahren stehen außer Zweifel, sind aber nicht eindeutig. Diese versuchen es mit sich zu ziehen, es zur Rückkehr dahin zu bewegen, woher es kommt. So glaubt man: „Wenn das Kind in der Nacht weint, rufen die toten Vorfahren es zu sich, machen sie es der Zuneigung der Lebenden abspenstig." Diese unheilvolle

[5] Sprichwort aus der Gascogne. (Lieber zwei bekommen als eines verlieren.)

Liebe der Toten kann zum Heilmittel werden. So hüllt man in Sélignac (Côtes-du-Nord) „das Kind, wenn es krank ist, in das Laken eines Bettes, auf dem ein Toter aufgebahrt worden ist". Muttermale kann man auch dadurch zum Verschwinden bringen, daß man sie mit den Händen oder den Füßen eines Toten berührt. Wenn der Leichnam sich zersetzt, verschwindet das Muttermal. Hier tritt die Beziehung zwischen dem, was vor der Geburt ist, und dem, was nach dem Tode kommt, sehr deutlich zutage.

Der Tod in Kinderversen

Die ständige Bezugnahme auf den Tod zeigt sich auch in den Versen, die für Kinder bestimmt sind. Stets ist von ihm in den Abendgebeten die Rede. Das ist kein Zufall angesichts des Unheils, das die Nacht umgibt. Als ein Beispiel für viele seien die folgenden Worte eines solchen Gebetes angeführt:

„A mon lit je me couche
A mon lit je me rends
Si mon corps s'y endort
Que je ne pense qu'à la mort."[6]

Auch die Wiegenlieder spielen auf den Tod an:

„Toutouic la la petit oiseau
Au beau milieu de ton rosier
Pour voler au ciel, petit ange,
N'ouvre pas tes petites ailes."[7]

---

[6] In mein Bett leg ich mich,
In mein Bett begeb ich mich,
Wenn mein Leib dort einschläft,
denk ich nur an den Tod.

[7] Toutouic kleiner Vogel,
inmitten deines Rosenstrauchs,
öffne deine Flügelchen nicht, kleiner Engel,
um in den Himmel zu fliegen.

Der Tod ohne Taufe ist das schlimmste, was einem Kind zustoßen kann. In diesem Falle ist es gestorben, ohne wirklich existiert zu haben. So ist es dazu verdammt, bis zum Ende der Zeit in einer Zwischenwelt umherzuirren. In der Haute-Bretagne stellt man sich diese Kinder am Ufer eines großen Tümpels vor: „Sie sind mit weißen Ruten bewaffnet und dazu verdammt, sich Wasser über den Kopf zu gießen; wenn es ihnen gelingt, sind sie getauft; doch da sie einen unsicheren Stand haben, gleiten sie aus und können sich doch nicht ins Wasser werfen." Man stellt sie sich auch als Sternschnuppen vor. Im allgemeinen sind sie böse Geister und werden gefürchtet. Am häufigsten stellt man sie sich als Irrlichter vor, die den nächtlichen Wanderer in der Nähe von Teichen und Seen ins Wasser (wieder das Taufwasser!) zu locken versuchen. Eine Geschichte ähnlicher Art, wenn auch romantischer, wird in der Basse-Bretagne erzählt:

„Ihre Leiber verwandeln sich in grünen, duftenden Rasen; der Duft, den dieser Rasen ausströmt, ist der Duft der Taufe, die sie am Tage des Jüngsten Gerichtes erwartet. Die Seele ungetauft gestorbener Kinder hingegen verwandelt sich in einen Vogel. Deshalb hört man auf verlassenen Feldern und in fernen Wäldern an manchen Abenden einen Gesang, der unendlich süß und unendlich traurig ist. Dieser Gesang, der da in den Vorhimmeln, das heißt in der Luft ertönt, wird den Kindern, die ungetauft gestorben sind, von den Engeln des Paradieses beigebracht. So wird es bis zum Ende der Welt gehen, bis zu jenem Zeitpunkt, da Johannes der Täufer alle Kinder tauft, die ungetauft gestorben sind und auf diesen Augenblick traurig singend im Vorhimmel warten. Dann werden sie ins Paradies gelangen."

So kann es nicht erstaunen, daß viele Wallfahrten zu Heiligtümern, die den Beinamen „zum Aufschub" tragen, dazu bestimmt sind, das Kind für einen Augenblick wieder zum Leben zu erwekken, so lange nur, daß man es taufen kann. Das Volkslied „La nourrice d'Isa" erinnert an diesen Brauch. Es handelt sich um eine Amme, die mit dem Dauphin in den Armen eingeschlafen ist. „Als sie erwacht, findet sie ihn erstickt ... Sie läßt eine Messe in Notre-Dame-de-Pitié halten ... Beim ersten Evangelium hat das Kind wieder geatmet ... beim letzten ist es aufgestanden."

Es gibt in Frankreich zahlreiche Wallfahrtskirchen „zum Aufschub" (à répit), wo, wie M. Vloberg angibt, Neugeborene vorübergehend „wiederbelebt" werden. Der Übergang vom Leben zum Tode ist bei den überaus schwachen Geschöpfen dieses zarten Alters so unmerklich, daß man häufig meinte, Kinder seien wieder zum Leben erwacht, die tatsächlich gar nicht wirklich tot gewesen sind.

Gottesurteile

Ein anderer Wallfahrtstypus mag uns heute besonders schockierend vorkommen. Es handelt sich um Gottesurteile, die darüber Auskunft geben sollen, ob das Kind leben oder sterben wird. Man muß sich jedoch in die Atmosphäre der Zeit versetzen, sich die Angst der Eltern um den Säugling vergegenwärtigen, der, unter „Entkräftung" leidend, an der Schwelle des mehr oder minder unvermeidlich scheinenden Todes steht. Die Eltern möchten meistens wissen, ob sie hoffen dürfen oder nicht. Die Wallfahrten laufen weitgehend nach immer dem gleichen Muster ab. Nachdem man für das Kind gebeten hat, wirft man sein Hemd in die Quelle des Wallfahrtsortes und stellt fest, ob es im Wasser versinkt. Wenn es wenigstens teilweise an der Oberfläche bleibt, wird das Kind gesund werden, wenn nicht, wird es sterben. Das Hemd vertritt also das Kind, von dem man nicht erwarten kann, daß es selbst ein solches Zeichen gibt. Bei der bretonischen Wallfahrt zum heiligen Guignefort, „der Leben und Tod schenkt", steckt man den Kopf des Kindes in ein Loch der Mauer. Wenn es den Kopf hebt, ist dies ein Lebenszeichen; wenn es ihn fallen läßt, ist es ein Todeszeichen. Der heilige Guignefort oder der heilige Langui werden auch zur Hilfe gerufen, wenn der Fall hoffnungslos ist. Man bittet sie, dem kleinen Kranken wenigstens einen sanften Tod zu gewähren. Jeanton beschreibt diese Szene wie folgt: „Man begab sich nachts auf die Wallfahrt und gelangte gewöhnlich genau um Mitternacht ans Ziel. Die Gläubigen – meist Frauen, Mütter – knieten auf den Stufen der Treppe nieder, die sich vor der Nische mit dem Standbild befand. Sie zündeten dort Kerzen an, während gleichzeitig ihr Gebet zum Himmel stieg. Beim Anblick dieser Mütter, die außer sich waren vor Verzweiflung und vor Angst um ihre schwerkranken Kinder, die Meilen entfernt in ihren Strohhütten in der Bresse im Sterben lagen, wurde gewiß allen Zeugen dieser Szene das Herz schwer."

Selbst in diesen Gottesurteilen ist also durchaus von Mutterliebe und von Trauer die Rede. In ihnen drückt sich das Bedürfnis aus, Bescheid zu wissen und einer unerträglichen Ungewißheit ein Ende zu setzen, damit entweder das Äußerste zur Rettung des Kindes getan oder, wenn es „verurteilt" ist, ihm wenigstens zu einem sanften Tod verholfen werden kann.

Das tote Kind und seine Mutter

Der Tod bedeutet nicht die endgültige Trennung von Mutter und Kind. Dies zeigt die Anbetung des heiligen Guislain (Gislenus), der die Kinder von Krämpfen heilt. Häufig wurden ihm die Kinder zur Vorbeugung geweiht, sie erhielten seinen Namen. „Dann mußte die Mutter sich in den ersten Tagen (nach ihrem ersten Kirchgang) mit ihrem Kind einer Wallfahrt unterziehen. Das mußte jedes Jahr wiederholt werden, selbst wenn das Kind mittlerweile gestorben sein sollte. Doch dann – so wird übereinstimmend versichert – hat die Mutter den ganzen Weg über den Eindruck, als trüge sie die Last ihres armen Kindes. Der Weg wird ihr beschwerlich, und – so sagen die Einwohner – ein totes Kind ist mindestens dreimal so schwer wie ein lebendes. Damit die Erschöpfung der Mütter nicht überhand nimmt, besteht seit unvordenklichen Zeiten der folgende Brauch: Wenn die Mutter aufbricht, um ihre fromme Pflicht zu erfüllen, legt sie unter das Bett, in dem einst das Kind lag, einen Besenstiel, einen Stock, irgendein Stück Holz. An dieses Holz gewandt spricht sie ernst und langsam folgende Worte: „Wenn du kommen willst, wirst du kommen, aber tragen, tragen werde ich dich nicht.“ Die Mutter kann ihre Wallfahrt dann ohne Strapazen absolvieren.

Bestimmte Bräuche, die sich mit dem verstorbenen Kind beschäftigen, mögen exotisch wirken oder als Zeichen für Gleichgültigkeit erscheinen. In Wirklichkeit haben sie alle ein bestimmtes Ziel. So dürfen in Lothringen die Eltern nicht um ihr totes Kind weinen, damit es nicht leide. Im Bourbonnais gibt es folgenden merkwürdigen Brauch: „Wir konnten beobachten, wie bedauernswerte Mütter den Leichnam ihres kleinen Kindes mit ihrer Milch besprengten, um zu verhindern, daß die künftigen Kinder taub, stumm oder blind würden.“ In Wirklichkeit handelt es sich also darum, die für das tote Kind bestimmte Milch zu vergießen, damit die überlebenden Kinder sie ihm nicht rauben. Andernfalls würde sich die wohltätige Kraft der Milch für Augen, Ohren und Wachstum in eine unheilvolle Kraft verwandeln.

Das Begräbnis des Kindes

Bei verstorbenen Kindern nimmt das Begräbnisritual oft einen besonderen Charakter an. Das totgeborene und das ungetauft gestorbene Kind haben hierbei einen vergleichbaren Status. Sie werden an besonderen Orten begraben, entweder im Garten oder in einer dafür vorgesehenen Ecke des Friedhofes. Dagegen glaubt man im Armagnac, daß ein Kind, das vor dem vernunftbegabten Alter stirbt, „bereits die seligmachende Schau besitzt, also direkt in den Himmel kommt; deshalb wird fast nie eine Seelenmesse bestellt". Das gilt nicht überall, aber das Begräbnis eines Kindes wird stets von einem Ritual begleitet, in dem sich eine ganz besondere Zärtlichkeit ausdrückt. In der Franche-Comté legen die Mütter eines der Lieblingsspielzeuge des Kindes in den Sarg; auf der Insel Ouessant trägt man das Kind blumengeschmückt, in seinen schönsten Kleidern und mit verdecktem Gesicht zum Friedhof. Der Sarg wird erst verschlossen, wenn das Kind in die Grube hinabgelassen worden ist. In anderen Gegenden flicht man dem Kind besondere Kränze oder bestreut den Leichenzug mit Blumen. Wenn das Kind also auch stets vom Tod umgeben ist, wenn er – um die Wendung von Ariès aufzunehmen – vertraut ist, so heißt das dennoch nicht, daß er mit Gleichgültigkeit hingenommen wird. Vielmehr bietet ein besonderes Ritual die Möglichkeit, den Schmerz auszudrücken.

Das ganze Leben des Kindes besteht aus einer einzigen Kette von Gefahren. In dem traditionellen Vorstellungssystem wird kaum unterschieden zwischen präventiven Maßnahmen, die für das gesunde Kind ergriffen werden, und den Heilverfahren, die beim kranken Kind angewendet werden. Alles befindet sich im Banne der Medizin oder genauer: des Todes. Die geringste Lükke im Netz der Vorkehrungen führt also zwangsläufig zum Tod.

Schluß

Wenn wir das Leben des Kleinkindes von der Empfängnis über das intra-uterine Leben, Geburt, Taufe und Wachstum bis zu den Krankheiten, von denen es bedroht ist, begleitet haben, so war eigentlich ständig von Hinfälligkeit und Tod die Rede. Eine Studie, die sich mit Kinderpflege und Körpererziehung des Kleinkindes beschäftigt, muß deshalb notwendig auch eine Studie der traditionellen Medizin, der Beziehung zu Krankheit und Tod sein.

Im Leben des Kleinkindes wird alles, was präventiv getan werden kann, sorgfältig geregelt; man entdeckt keine Spur von Großzügigkeit oder gar Nachläßigkeit. Oft wird ja gerade dies für die Erziehung der Kinder auf dem Lande behauptet. Allerdings steht dieses Reglement zu unseren modernen Ansichten häufig im Widerspruch: Die Kinder dürfen nicht gewogen werden, sie brauchen ein gewisses Maß an Schmutz und ein bißchen Wein. So hat man häufig den Fehler begangen, eine andere Form der Vorbeugung mit deren gänzlichem Fehlen zu verwechseln. Man hat den Menschen auf dem Lande eine bestimmte Ordnung aufzwingen wollen, weil man meinte, es fehlte jegliche Ordnung, während es sich doch nur um eine andere handelte.

Die Welt, in die wir einen Blick geworfen haben, ist der unseren zugleich sehr nah und sehr fern. Sehr nah, weil sie auf die Bedeutung der Symbolik so viel Wert legt und weil sich eine Art „wilde“ Psychoanalyse hinter ihren Praktiken verbirgt; sehr fern wegen des permanenten Zusammenspiels von Symbolischem und konkret Wirksamem. Immer wieder gelangt man von einer „Wirklichkeit“ in die andere und umgekehrt.

Der größte Unterschied liegt jedoch darin, daß Kleinkinder dem Zugriff des Todes heute nicht mehr in gleicher Weise ausgesetzt sind; alles erscheint in einem anderen Licht. Trotzdem sind die Ereignisse, die einst um die Kinder fürchten ließen – Retardierung, Würmer, Zähne – auch heute noch Gegenstand ähnlicher Angst und ähnlicher Heilverfahren. Nur daß heute der Arzt als erster zu Rate gezogen wird, selbst wenn auf seinen Besuch ein mehr oder minder verborgener Rekurs auf die „Parallelmedizin“ folgt.

Obgleich die Ärzte gegenwärtig große Bedeutung auf den „perinatalen“ Zeitraum legen und es sehr wirksame Einrichtungen zum Schutz von Mutter und Kind gibt, erleben wir, wie die Ärzte selbst bis zu einem gewissen Grad die Kindheit von der Reglementierung durch die Medizin befreien. Sie halten es nicht mehr für so unumgänglich notwendig, das Gewicht eines Säuglings zu überwachen oder dafür Sorge zu tragen, daß die Fläschchen nach allen Regeln der Kunst sterilisiert werden. Im Vergleich zu vorhergehenden Generationen erleben wir eine Rückkehr zu mehr Großzügigkeit im Umgang mit den Regeln der Kinderpflege, was mit einer entsprechenden Entwicklung der wissenschaftlichen Medizin einhergeht. Hin und wieder kommt man so auf die traditionellen Rezepte zurück.

Das Leben des Kleinkindes besteht aus Hinfälligkeit und Tod. Deshalb muß eine Arbeit, die den Titel unseres Buches trägt, unbedingt das ganze Leben des Kleinkindes betrachten, jede Art von Pflege, die ihm zuteil wird. Wir mußten uns auch mit den Praktiken beschäftigen, die ihm – manchmal schon vor seiner Empfängnis – im Dasein und Geschlecht eine bestimmte Gestalt verleihen sollten. Tatsächlich bilden alle Sorgen und Mühen, die das Kleinkind betreffen – ob sie in die Zeit vor oder nach der Geburt fallen, ob es sich um die erste oder die zweite Geburt, die Taufe handelt –, ein unauflösbares Ganzes, dessen symbolische Orientierung ganz dem Überleben des Kindes gilt.

Diese Arbeit sollte zeigen, wie sehr die traditionelle Erziehung des Kleinkindes von Normen geleitet war, die um so zwingender waren, als ihre Übertretung die körperliche Gesundheit und sogar das Leben des Kleinkindes aufs Spiel setzte.

Allzu häufig hat man diese Bräuche von einem ethnozentrischen Standpunkt aus betrachtet und gemeint, es fehle ihnen an jeder Ordnung, während es sich doch um eine andere Ordnung handelt, die sogar strenger als unsere heutige ist, da selbst geringfügige Handlungen bedeutungsvoll sind und zur Totalität des Universums in einer bestimmten Beziehung stehen. Gewiß soll hier nicht geleugnet werden, welch große Rolle die Hygiene für die Verringerung der Kindersterblichkeit gespielt hat. Was Pasteur geleistet hat, wird mit Recht eine Revolution genannt. Die Unwirksamkeit, ja die Schädlichkeit mancher Bräuche, von denen wir gesprochen haben, liegt häufig auf der Hand. Doch sie stellen andere Probleme. Uns ging es hier lediglich darum, zu zeigen, daß die Heilmittel zwar manchmal (beim verspäteten Gehenlernen oder wenn man ein fieberndes Kind in kaltes Wasser tauchte) das gefürchtete Übel noch verschlimmerten, sie aber stets ihren eigenen Zusammenhang besaßen und nicht als Nachlässigkeit oder Gleichgültigkeit gegenüber dem Kinde verstanden werden dürfen. Wenn diese traditionellen Heilverfahren so lange im ländlichen Milieu überlebt haben, so liegt das teilweise an dem sozialen Abstand zwischen der „wissenschaftlichen“ Medizin heute in der Stadt und der der Landbevölkerung. Der Arzt war auf dem Lande einst kaum präsent. Man rief ihn nur im Ausnahmefall, weil er einem wenig vertraut war, weit weniger vertraut als die anderen traditionellen Krankheitsspezialisten. Außerdem entstammte seine Denkweise anderen Zusammenhängen. Im allgemeinen suchte er nicht nach der inneren Logik der Heilverfahren, die er bei den Bauern vorfand, er erörterte sie nicht in ihrem besonderen Zusammenhang, sondern er hatte die Tendenz, sie lächerlich zu machen, sie isoliert zu verurteilen, sie als Aberglaube zu stigmatisieren. Gewiß rechtfertigte die Dringlichkeit, mit der die Ärzte gerufen wurden, der katastrophale Zustand, in dem sie die Kranken vorfanden, diese Heftigkeit und Strenge gegenüber den traditionellen Bräuchen. Doch die Folge davon war wahrscheinlich die schweigende Rückkehr der Bauern zu ihrer überlieferten Kultur, ihr Mißtrauen gegenüber Tendenzen, die ihnen – solange deren Wirksamkeit und therapeutische Überlegenheit noch nicht bewiesen waren – als der Versuch erschien, ihnen eine andere Ordnung aufzuzwingen.

Nun ist aber gerade der wichtigste Grund für die Beibehaltung traditioneller Bräuche ihre außer jedem Zweifel stehende Wirksamkeit auf der symbolischen Ebene. Dort offenbart sich eine tiefe Kenntnis des Körpers und des Unbewußten in seinen Beziehungen zum Universum und der Gesellschaft. Unsere Zeit, die dem lebensnotwendigen Zwang zur Hygiene unbefangener gegenübersteht als das vorige Jahrhundert, entdeckt mit der Bedeutung der Psychoanalyse auch die Wirksamkeit der symbolischen Ebene wieder.

Dennoch sind die traditionellen Konzeptionen von den unseren verschieden, insofern sie nicht zwischen konkret Wirksamem und Symbolischem unterscheiden; heute trennt man beides deutlich, selbst wenn man gleichzeitig den wechselseitigen Einfluß beider betont. Damals wechselte man beliebig zwischen den verschiedenen Wirklichkeitsformen hin und her. Immer war die Symbolik in der konkreten Wirklichkeit der Amulette oder der rituellen Bräuche verwurzelt.

Der größte Unterschied zwischen einst und heute besteht wohl in der Art, wie die Atmosphäre erlebt wird, die Geburt und Kindheit umgibt. Der Tod tauchte einst die unbedeutendsten Handlungen in ein anderes Licht. Noch heute stehen wir unter dem Einfluß dieser ständigen Angst um das Kind. Die wichtigen Ereignisse, die Gegenstand dieser Angst waren – etwa Würmer oder Zahnen – müssen heute noch zur Erklärung kleiner Unpässlichkeiten herhalten. Immer noch werden die gleichen Entwicklungsstörungen gefürchtet und gelegentlich sogar noch mit den gleichen Wallfahrten behandelt. Im Unterschied zu einst – paradoxerweise, da die Krankheiten ja seltener mit dem Tod der

Kinder enden – wird der Arzt, dessen Wirksamkeit man anerkennt, heute zuerst geholt, selbst wenn sich an seinen Besuch der mehr oder minder geheime Rekurs auf die „Parallelmedizin“ anschließt.

Seit dem Ende des 19. Jahrhunderts hat es drei Phasen der Kinderpflege gegeben. Die erste umfaßt die traditionellen Verfahren, die wir beschrieben haben – es gab hier eine spezielle Vorbeugung, wenn sie auch von der unsrigen völlig verschieden war. Die zweite Phase begann in den dreißiger Jahren und setzte sich rasch durch. Mit dem Rückgang der Hausgeburt lag jetzt der Nachdruck auf den Regeln, die es in der Kindererziehung zu befolgen galt – Hygieneregeln, regelmäßige Mahlzeiten usw. Eine andere Ordnung sollte an die Stelle der früheren treten. Heute erleben wir – wie schon erwähnt – eine Rückkehr zu einem großzügigeren Umgang mit den Regeln der modernen Kinderpflege. In gewissem Umfang kommt man hin und wieder auf die traditionellen Heilverfahren zurück. Diese Rückkehr wäre sehr nützlich, wenn man aufhören würde, die traditionelle Medizin zu tabuieren und sie aus der Beziehung zwischen Arzt und Krankem auszuklammern. Die Symbolik, deren Bedeutung sich täglich feststellen läßt, sollte wieder in die Kinderheilkunde einbezogen werden.

Altes und neues Wissen über das Kind

Nachwort des Herausgebers der deutschen Ausgabe

Das Buch von Françoise LOUX wirkt ähnlich wie andere Darstellungen der Pflege und Erziehung der Kinder in anderen Epochen und Ländern auf eine besondere Weise aktuell: Hinter der Vielfalt „fremder“ Praktiken, hinter den Vorstellungen, die einer ganz anderen Rationalität als der unseren zu entsprechen scheinen, entdeckt man Einstellungen und Gefühle, die allen geschichtlichen Wandel überdauern, und es ist von Aufgaben die Rede, die sich heutzutage wie eh und je stellen.

Gewiss, die Verhältnisse haben sich geändert. Besonders drastisch trifft dies für die Regelung der Empfängnis und die sich daraus ergebende Selbstverständlichkeit zu, daß jede Ehe fruchtbar sein soll. Zwar wurde eine rasche Abfolge der Geburten und eine große Zahl Kinder auch in den von F. LOUX untersuchten Gesellschaften nicht uneingeschränkt befürwortet; jedoch begannen zahlreiche Fruchtbarkeitspraktiken bereits mit der Eheschließung. Dabei waren die Kenntnisse darüber, wann im Monatsrhythmus der Frau eine Empfängnis möglich ist, keineswegs genau. Sie konnten es auch nicht sein, denn erst in den zwanziger Jahren dieses Jahrhunderts wurden diese Zusammenhänge mittels medizinischer *und* sozialstatistischer Methoden zuverlässig erkannt – eine im Blick auf die Jahrtausende menschlicher Geschichte an sich erstaunliche Tatsache. Mittlerweile sind zuverlässige Mittel der Empfängnisverhütung entwickelt worden, und sie werden in industrialisierten Gesellschaften allgemein verwendet. Allerdings sind anstelle der alten Ungewißheiten neue Fragen entstanden. Sie beziehen sich beispielsweise auf die Abwägung von Selbstentfaltung und Fürsorge sowie die

Beurteilung der Einschränkungen – auch im finanziellen Bereich –, die Kinder mit sich bringen.

Verändert hat sich auch das Verständnis der Frau. Zu der Zeit und in der Bevölkerung, auf die sich F. LOUX bezieht, wurden Frauen in erster Linie unter dem Gesichtspunkt ihrer Gebärfähigkeit beurteilt. Beinahe brutal drückt dies die Redeweise aus (vgl. S. 00): „... les femmes sont bonnes jusqu'à quarante ans". Als Mütter wurde ihnen eine gewisse Wertschätzung zuteil, die indessen durch die Ungewißheiten der Schwangerschaft, der Geburt und der frühen Kindheit beeinträchtigt wird. Ihre Stellung gleicht sich der des Mannes höchstens zeitweise, nie aber vollständig an, auch nicht als Postulat. Vielmehr bekräftigen zahlreiche symbolische Handlungen, so in Fruchtbarkeitspraktiken und in Vorsichtsmaßnahmen zur Beeinflussung des Geschlechts des Kindes diese Ungleichheit. – Niemand wird behaupten wollen, heute gäbe es keine Benachteiligungen und Geringschätzung der Frauen mehr. Jedoch sind Prozesse eines grundlegenden Wandels in Gang gekommen, wobei allerdings Ambivalenzen zwischen den Aufgaben als Mutter und anderen gesellschaftlichen Rollen viele neue Fragen aufwerfen.

Besonders offensichtlich sind die Veränderungen in der Pflege des Kindes als Folge der Entwicklung der Medizin und Hygiene. Anschaulich stellt F. LOUX dar, wie in jeder Phase der Entwicklung des Kindes für dieses und die Mutter neue Gefahren auftraten, denen man nur unzureichend entgegenzutreten vermochte. Auch bestanden kaum wirksame Möglichkeiten, erkannte Gefahren abzuwehren oder ihnen entgegenzuwirken. Das belegen zum Beispiel die Schilderungen über den Verlauf der Geburt. Jedoch schienen den betroffenen Müttern und Vätern diese Praktiken und Erklärungen sinnvoll, selbst dort, wo sie – logisch gesehen – widersprüchlich sind. Sie waren Teil des Alltags, und sie fügten sich nahtlos in das Bild der Gesellschaft und des Universums ein.

Vergleicht man die Beschreibungen von F. LOUX mit aktuellen Darstellungen über die Geburt und die ersten Lebensjahre des Kindes, so kann man unschwer erkennen, daß ein neues Element zunehmend von Bedeutung ist, nämlich Erwägungen psychologischer Art, also Auffassungen darüber, wie sich die Formen des Umgangs mit dem Kind auf die Persönlichkeitsentwicklung des jungen Menschen auswirken. Zwar steht, insbesondere während der Schwangerschaft und der ersten Monate des Lebens des Neugeborenen, die Pflege stets im Vordergrund, aber sie wird in engem Zusammenhang mit der Erziehung und der Persönlichkeitsentwicklung gesehen. Dafür scheinen die Bezüge zu einer universellen, im Alltag symbolisch stets präsenten Ordnung zurückzutreten. Wirken sich solchermassen wissenschaftlicher Fortschritt, Säkularisierung und Emanzipation auf das Verständnis des Kindes aus? Haben wir es heute besser als die Kinder, die Frauen und die Männer in den ländlichen Gegenden Frankreichs vor hundert oder zweihundert Jahren? Die Arbeit von F. LOUX legt keine rasche und einfache Antwort auf diese Frage nahe. Die Darstellung besticht durch ihre direkte Sachlichkeit und die überlegte Zurückhaltung gegenüber Verallgemeinerungen und vorschnellen Interpretationen. Sie unterscheidet sich darin vorteilhaft von verschiedenen Publikationen der letzten Jahre über Kindheit und Familie in vergangenen Zeiten. Das Buch ist ein hervorragendes Dokument einer neuen wissenschaftlichen Richtung: der historischen Ethnographie. In der selbstauferlegten Zurückhaltung vermittelt es mannigfache Anregungen, die Thematik weiter zu verfolgen, und gleichzeitig wird ihre Relevanz engagiert dargestellt.

Man kann die Arbeit beispielsweise als wissenssoziologische Analyse der populären Theorien des Umgangs mit dem Kind auffassen. So gesehen handelt es sich bei diesem Buch um einen Beitrag zur sogenannten Sozialisationsforschung, und da vielfache Bezüge des Menschen – des Kindes ebenso wie seiner Eltern und anderer Personen, die sich um es kümmern – zur

Natur und zur sozialen Umwelt hergestellt werden, vermittelt diese Arbeit mannigfache Einsichten in die „Ökologie menschlicher Entwicklung". Sie ist dabei ein bemerkenswertes Beispiel dafür, wie das subjektive Verständis der Menschen in die Analyse ihres Verhaltens eingebracht werden kann und muß.

An manchen Stellen wird ersichtlich, daß sich die einzelnen Verhaltensregeln gegenseitig aufheben oder ein und dieselbe Erscheinung widersprüchlich erklärt wird. Trifft dies lediglich für frühere Zeiten zu, vielleicht wegen des besonderen Gewichtes mythischer und religiöser Deutungen? Ist dies im Bereich der Pflege und der Erziehung des Kindes besonders ausgeprägt? Handelt es sich um ein allgemeines Merkmal alltäglicher Erziehungsvorstellungen? – Wenn dem so ist, beschreiben viele der gängigen wissenschaftlichen Theorien, weil für sie das Postulat besteht, logisch widerspruchsfrei zu sein und sich dies auf die Forschungsmethodik auswirkt, die soziale Wirklichkeit nicht angemessen; dementsprechend mangelhaft sind die Erklärungen. Die Erkenntnisse der historischen Ethnologie stellen somit eine wichtige Anregung für die Untersuchung der frühen Kindheit und des Alltagswissens dar und eröffnen neue Perspektiven der interdisziplinären Zusammenarbeit.

Die wissenssoziologische Vertiefung führt direkt zur Frage, was sich im Umgang mit dem Kind im Laufe der Jahrhunderte geändert hat. Zweifelsohne sind die Lebensverhältnisse anders geworden, und viele Einsichten der modernen Wissenschaften haben dazu beigetragen, daß sich die Lebenschancen sozusagen aller Kinder, unabhängig von ihrer sozialen Herkunft, verbesserten, zumindest in industrialisierten westlichen Gesellschaften. Geblieben aber ist die eine umfassende Aufgabe, nämlich die Pflege und Erziehung des Kindes in einen übergreifenden Sinnzusammenhang einzuordnen – die damit verbundene Herausforderung, die das Kind für den einzelnen und die Gesellschaft darstellt, besteht über alle Zeiten hinweg.

Françoise LOUX ist Forschungsbeauftragte am „Centre national de la recherche scientifique“; sie arbeitet am „Musée national des Arts et Traditions Populaires“ (Paris), das 1976 eröffnet worden ist und als eines der modernsten volkskundlichen Museen gilt. Sie hat 1969 mit einer Arbeit über das Verhalten von Arbeitern im ländlichen Milieu in Zeiten wirtschaftlicher Krisen promoviert. Seither beschäftigt sie sich mit einer Reihe von Untersuchungen historisch-ethnologischer Art, die sich alle darauf beziehen, wie das Verhältnis des Menschen zu seinem Körper in traditionellen und modernen Gesellschaften gestaltet und verstanden wird. Dabei geht es Françoise LOUX darum – das Buch „Das Kind und sein Körper“ belegt dies deutlich – den Zusammenhang zwischen traditionellen und modernen Auffassungen nachzuweisen und zu zeigen, daß zwischen „wissenschaftlichen“ und „volkstümlichen“ Praktiken insofern kein prinzipieller Unterschied besteht, als auch letztere auf einem Wissen beruhen, das in sich kohärent ist. Um dies zu erkennen, sind allerdings Untersuchungen notwendig, in denen das System gewissermassen „von innen“ erschlossen wird.

Eine wichtige Quelle zur Untersuchung dieser Zusammenhänge sind die Sprichwörter. Die Analyse einer alle Aspekte der Körperlichkeit umfassenden Sammlung von rund 5000 Sprichwörtern hat Françoise LOUX 1978 veröffentlicht.[1] In engem Zusammenhang damit steht der Aufbau einer Ausstellung über „Mensch und Körper in traditionellen Gesellschaften“, erstmals gezeigt im Musée des Arts et Traditions Populaires 1978/79. Dazu ist eine reichhaltige illustrierte Dokumentation erschienen.[2]

Die vorliegenden Arbeiten sollen einerseits mit einer Analyse von Rezepten der traditionellen Medizin und andererseits der

---

[1] *Sagesse du corps. La santé et la maladie dans les proverbes français.*

[2] *Le corps dans la société traditionnelle.*

vertieften Beschäftigung mit einem spezifischen Organ, nämlich den Zähnen, fortgesetzt werden.[3] Zusätzlich ist eine Darstellung der Entwicklung des Zahnarztberufes vorgesehen. Damit kommt eine weitere überaus relevante sozialwissenschaftliche Fragestellung in den Blickpunkt, nämlich die Institutionalisierung und die Professionalisierung von Tätigkeiten, die sich auf den Umgang mit dem Körper beziehen. Auf originelle Weise dehnt Françoise LOUX diese Fragestellung aus auf die Bergführer, auf einen Beruf also, der besondere Anforderungen an körperliche Geschicklichkeit und an Ausdauer stellt und in dem Familienzugehörigkeit und mündliche Überlieferung nach wie vor eine große Rolle spielen.

Diese wenigen Angaben zum bisherigen wissenschaftlichen Werdegang von Françoise LOUX dokumentieren einen Forschungsansatz, der gleichzeitig für die eigene Disziplin, für die benachbarten Sozialwissenschaften und die Medizin sowie für die Praxis bedeutsam ist. Dieses Buch über das Kind und seinen Körper in der Volksmedizin ist ein verheißungsvoller Anfang.

An der Herausgabe der deutschen Ausgabe haben nebst dem Übersetzer andere Personen Verdienst, indem sie mitgeholfen haben, einige schwierige Aufgaben der Übertragung des Textes, insbesondere der Sprichwörter zu lösen. Besonders erwähnen möchte der Herausgeber Frau Dr. Ricarda Liver (Bern), und Herrn Franz Schultheis (Konstanz).

Konstanz, im April 1980 *Kurt Lüscher*

---

[3] *L'enfant et l'ogre. Les dents dans les croyances populaires.*

Bibliographie

Aus Platzmangel war es nicht möglich, in diese Liste alle gelesenen oder auch nur herangezogenen Autoren aufzunehmen. Die Bibliographie gibt deshalb nur einen Überblick über die allgemeinsten und wichtigsten Quellen des Fachgebietes. Vor allem erscheinen hier nicht die Artikel aus der *Revue des Traditions populaires*, die vollständig durchgesehen wurde.

Ariès, Ph., *La vie familiale sous l'Ancien Régime*, 2. Aufl., Paris, Le Seuil, 1973.

Beauquier, Ch., Herbes et fleurs en Franche-Comté. *Revue des Traditions populaires,* XXIV, 1909, p. 471–477.

Belmont, N., *Les signes de la naissance.* Paris, Plon, 1971.

Belmont, N., Levana ou comment élever les enfants. *Annales,* 1–2, 1973, p. 77–89.

Belmont, N., Comment on fait peur aux enfants, *Topique,* 13, 1974, p. 101–125.

Bloch, M., *Les Rois thaumaturges.* Paris, A. Colin, 1961.

Boltanski, L., *Prime éducation et morale de classe.* Paris, Mouton, 1969.

Bouët & Perrin, *Galerie bretonne.* Paris, 1835–38, Neuausgabe in 3 Bänden bei Breiz-Izel, 1844, p. 1–56.

Bouteiller, M., *La médecine populaire d'hier et d'aujourd'hui.* Paris, Maisonneuve et Larose, 1966.

Bretagne, Ch., *Dictionnaire des pèlerinages.* Paris, Plon, 1974.

Brissaud, E., *Histoire des expressions relatives à l'anatomie, à la physiologie et à la médecine.* Paris, Masson, 1892.

Broc de Segange, L., *Les saints patrons des corporations et protecteurs invoqués dans les maladies et dans les circonstances critiques de la vie.* Paris, Blond et Barral, 1896, 2 Bände.

Burguière, A., *Nouveaux problèmes in „Faire de l'histoire".* Paris, Gallimard, 3 Bände.

Cabanes & Barraud, *Comment on se soigne aujourd'hui. Remèdes de bonne femme.* Paris, Maloine, 1907.
Chapiseau, F., *Folklore de la Beauce et du Perche.* Paris, Maisonneuve, 1902, 2 Bände.
Celos, G., La grossesse. Moyen de savoir le sexe de l'enfant à venir. *Revue des Traditions populaires,* XXIX, 1914, p. 157.
Celos, G., La grossesse. *Revue des Traditions populaires,* XXVIII, 1913, p. 86.
Cormeau, H., *Terroirs mauges.* 1910, 2 Bände.
Cuzacq, P., *La naissance, le mariage, et le décès; mœurs et coutumes, usages anciens, croyances et superstitions dans les Sud-Ouest de la France.* Paris, Champion, 1902.
Dardy, L., *Anthologie de l'Albret, Agen.* Michel et Médan, 1891, 2 Bände.
Dergny, D., *Usages, coutumes et croyances, ou livre des choses curieuses; costumes locaux de France.* 1888, 2 Bände.
Duine, F., Traditions et superstitions de la basse Bretagne. Les règles et le chrémeau. *Revue des Traditions populaires,* XXXI, 1916, p. 90–91.
Edmont, E., Pèlerins et pèlerinages, la Saint-Eloi à Wavrin. Nord. *Revue des Traditions populaires,* XXI, 1906, p. 448–451.
E. R., *Formulettes. Joigny, Yonne.* Mélusine, 1878, p. 126.
Etienne, R., La conscience médicale antique et la vie des enfants, in: Enfants et Société, *Annales de démographie historique,* Paris, Mouton, 1973, p. 15–46.
Fertiault, F., La prière du cathère en Champagne. *Revue des Traditions populaires,* 6, 1891, p. 493.
Fouquet, (Mme), *Recueil des remèdes faciles et domestiques.* Dijon, 1678.
Francisque-Michel, *Le Pays basque.* Paris, Firmin Didot, 1857.
Franklin, A., L'enfant, in: *La vie privée d'autrefois.* Paris, Plon, 1895.
Fraysse, C., Au pays de Baugé. Croyances agricoles. *Revue des Traditions populaires,* XX, 1905, p. 356–368.

Fraysse, C., Les saints guérisseurs du pays de Baugé. *Revue des Traditions populaires,* XX, 1905, p. 238–247.
Girard, Henry et Nistry, *Facteurs sociaux et culturels de la mortalité infantile.* Paris, P.U.F. 1960, coll. Travaux et documents, nº 36.
Gorse (Abbé), *Au bas pays du Limousin, études et travaux.* Paris, Leroux, 1896.
Grenier, J., *La Brie d'autrefois; mœurs et coutumes des bords du Grand Morin.* Coulommiers, Bertier, 1883.
Guéneau, L., Us et coutumes du Morvan, Luzy, Nièvre. In: *Mémoire de la société académique du Nivernais,* Band I, Nevers, 1886.
Guillemaut, R., *Bresse louhannaise; les mois de l'année; usages, mœurs, fêtes, traditions populaires.* Romans, 1907.
G.V., A propos d'une chanson d'Anjou: la nourrice d'Isa, traduction d'une chanson provençale. *Revue des Traditions populaires,* 1886, I, p. 236.
Hughes, A., Un téteur (Gard). *Revue du Folklore français,* Band VI, 1935, p. 606.
Jeanton, G., *Mâconnais traditionaliste.* Band II, *Pèlerinages.* Mâcon, Protat.
Laisnel de la Salle, *Souvenirs du bon vieux temps: le Berry.* Paris, Maisonneuve, Band XL und XLIV, 1900 und 1902.
Lallement, Abbé L., *Folklore et vieux souvenirs d'Argonne.* Chalons-sur-Marne et Paris, Staude, 1921.
Lallement, Abbé L., *Folklore argonnais.* Reims. 1914, Band VI, Almanach Matot Brane, p. 203–243.
Lamarque de Plaisance, *Usages et chansons populaires de l'ancien Bazadais; baptêmes, noces, moissons, enterrements.* Bordeaux, Balasac, 1845.
Lebrun, F., *Les hommes et la mort en Anjou aux XVII*ᵉ et *XVIII*ᵉ *siècles.* Paris, Mouton, 1971.
Lecalvez, G., Le corps humain. *Revue des Traditions populaires,* XVIII, 1903, p. 71–76.

Lecœur, J., *Esquisse du bocage normand. Condé-sur-Noireau.* Morel, 1883.

Le Boursier du Coudray (Mme), *Abrégé de l'art des accouchements.* Nouvelle édition, Chalons-sur-Marne, Bouchard, 1773.

Lesaege-Dugied, A., La mortalité infantile dans le département du Nord de 1815 à 1914, in: *L'homme, la vie et la mort dans le Nord aux* XIXe *siècle.* Lille III, éditions universitaires, 1973, p. 79–137.

Linckenheld, E., Quinze ans de folklore alsacien, 1918–1933. *Revue d'Alsace,* Band XXXII, 1946, p. 253–288; 418–490; 636–658.

Loux, F., Les soins du corps à Chardonneret. *Ethnologie française,* 1973, n°s 3–4.

Loux, F., *Sagesse du corps. La santé et la maladie dans les proverbes français.* Paris, Maisonneuve et Larose, 1978.

Loux, F., *Le corps dans la société traditionnelle.* Paris, Berger-Levrault, 1979.

Loux, F., *L'enfant et l'ogre. Les dents dans les croyances populaires.* Im Druck.

Meaux de Saint Marc, Ch., *L'école de Salerne.* Paris, Baillière et fils, 1880.

Mensignac, C. de, Notice sur plusieurs coutumes, usages, etc. du département de la Gironde. *Bulletin de la Société anthropologique de Bordeaux et du Sud-Ouest,* t. IV, 1887, p. 111–343.

Plantadis, J., *Notre vieux Limousin, la couvade.* Lemouzi, 1914, p. 167–168.

Pommerol, Dr., Les enfants morts sans baptême. Auvergne. *Revue des Traditions populaires,* 14, 1899, p. 15; p. 580.

Poueigh, J., *Chansons populaires des Pyrénées françaises: traditions, mœurs et usages.* Paris, Champion, 1926.

Pradal, Dr. H., *Guide des médicaments les plus courants.* Paris, Le Seuil, 1974.

Rocal, Abbé G., *Folklore: le vieux Périgord.* Paris, édition Occitania, Guitard, 1927.

Rosapelly, N., *Au pays de Bigorre; us et coutumes, légendes, etc.* Paris, Champion, 1891.
Rougé, J.-M., *Le folklore de la Touraine.* Tours, Arrault, 1931.
Rougé, J.-M., Mythologie et folklore de l'enfance, en Touraine. *Revue des Traditions populaires,* XXII, 1907, p. 249.
Rougé, J.-M., Le folklore de la Touraine. *Revue des ditions populaires,* XXIII, 1908, p. 224–226.
Rouleau, C., *Essai de folklore de la Sologne bourbonnaise il y a un demi-siècle.* Moulins, Crepin-Leblond, 1931.
Saintyves, P., *L'astrologie populaire,* Paris, E. Nourry, 1937.
Saintyves, P., La résurrection des enfants mort-nés. *Revue des Etudes ethnographiques et sociales,* t. II, 1911, p. 65–74.
Saintyves, P., Les saints protecteurs des nourrices et les guérisseurs des maladies des seins. *Revue des Traditions populaires,* XXXI, 191, p. 77–84.
Sauvé, L., *L'enfance et les enfants en basse Bretagne.* Mélusine, Bände III und IV, 1887/88.
Sauvé, L., *Le folklore des hautes Vosges.* Paris, Maisonneuve, 1889.
Sebillot, P., Légendes et superstitions préhistoriques. *Revue des Traditions populaires,* XVI, 1901, p. 65–71.
Sebillot, P., *Coutumes populaires de haute Bretagne.* Paris, Maisonneuve, Band XXII, 1886.
Sebillot, P., Pèlerins et pèlerinages. Les enfants et saint Roch. *Revue des Traditions populaires,* XIX, 1904.
Sebillot, P., *Les dents de lait: monographie des croyances et superstitions qui se rattachent à la dentition des enfants.* L'homme, Paris, le 25.7.1886.
Sebillot, P., Mythologie et folklore de l'enfance. La croissance et la fascination. *Revue des Traditions populaires,* XX, 1905, p. 28–30.
Sebillot, P., Additions aux coutumes, traditions et superstitions de la haute Bretagne. *Revue des Traditions populaires,* 7, 1892, p. 226–242.

Seguin, J., *Comment naît, vit et meurt un bas normand.* Paris, Clavreuil, 1937.
Seguin, J., *Quelques chapitres de folklore bas normand.* Paris, Clavreuil, 1937.
Seguin, J., *Saints guérisseurs. Saints imaginaires et dévotions populaires.* Paris, E. Dumont, 1929.
Seguin, J., Quelques chapitres de folklore bas normand. *Revue de l'Avranchin,* Band XXX, 1937, p. 66–109.
Seignolle, C. & J., *Le folklore du Hurepoix.* Paris, Maisonneuve, 1937.
Sol, Chanoine E., *Le vieux Quercy.* Aurillac, Poiner-Battreau, 1930.
Stramoy, J., Les enfants morts sans baptême. Morvan. *Revue des Traditions populaires,* 14, 1899, p. 580.
Stramoy, J., Les enfants morts sans baptême. Nivernais. *Revue des Traditions populaires,* 14, 1899, p. 580.
Texier (Mme), Mythologie et folklore de l'enfance. *Revue des Traditions populaires,* XXIII, 1908, p. 258.
Thiriat, X., *Croyances, superstitions, préjugés, usages et coutumes dans le département des Vosges.* Mélusine, 1878, p. 451–458; p. 477–479; p. 498–502.
Tissot, M., *Avis au peuple sur sa santé.* Nouvelle édition, 1780.
Van Gennep, A., *Les rites de passage.* Paris, Nourry, 1909.
Van Gennep, A., *En Savoie, du berceau à la tombe.* Chambéry, Dardel, 1916.
Van Gennep, A., *Le folklore du Dauphiné.* Paris, Maisonneuve, 1932/33.
Van Gennep, A., *Le folklore de la Bourgogne. Côte-d'Or.* Paris, Maisonneuve, 1934.
Van Gennep, A., *Le folklore de la Flandre et du Hainaut. Département du Nord.* Paris, Maisonneuve, 1937, 2 Bände.
Van Gennep, A., *Manuel de folklore français contemporain.* Paris, A. Picard, 4 Bände 1943–49.
Verrier & Onillon, *Glossaire étymologique et historique des*

patois et parlers de l'Anjou. Angers, Germain et Grassin, 1908, 2 Bände.
Verrier & Onillon, Les enfants morts sans baptême. *Revue des Traditions populaires,* 14, 1899, p. 15.
V.H., Lucie de, La guérison du carreau. *Revue des Traditions populaires,* XXIII, 1908, p. 458.
V.H., Lucie de, Traditions et superstitions de la haute Bretagne. Les enfants non baptisés. *Revue des Traditions populaires,* XXXII, 1917, p. 143.
Villeneuve, Cte de, *Statistique de département des Bouches-du-Rhône.* Marseille, Ricard, 1826, 4 Bände.
Vloberg, M., Les réanimations d'enfants mort-nés dans les sanctuaires, dits „à répit", de la Vierge. *Sanctuaires et Pèlerinages, n°* 18, premier trimestre 1960, p. 17–32.
Vloberg, M., *La Vierge et l'enfant dans l'art français.* Paris, Arthaud, 1954.
Westphalen, R. de, *Petit dictionnaire des traditions populaires messines.* (Ohne Ort und Jahr.)
Zmigrodzki, M. de, La mère et l'enfant. *Revue des Traditions populaires,* 6, 1891, p. 36–48.

Annales de Démographie historique 1973. Enfant et sociétés. Paris, La Haye, Mouton, 1973.
Clous offerts à des saints. *Revue des Traditions populaires,* 7, 1892, p. 192.
Coutumes et croyances. Guide de la galerie d'études. Réunion des Musées Nationaux, 1972.
Enterrement d'enfant. *Revue des Traditions populaires,* XV, 1900, p. 616.
Périnatalité. Par un groupe de spécialistes obstétriciens et pédiatres, Paris, Masson, 1972.
Sur la population française aux XVIIIe et XIXe *siècles.* Hommage à M. Reinhard. Société de Démographie historique. 1973, Paris, La Haye.

Die Schriften der Anna Freud
Ausgabe in 10 Bänden

Herausgegeben von Helga Watson und Michael Schröter

Band I 1922–1936	**Einführung in die Psychoanalyse** **Vorträge für Kinderanalytiker und Lehrer** **Das Ich und die Abwehrmechanismen**
Band II 1939–1945	**Kriegskinder** **Berichte aus den Kriegskinderheimen** **»Hampstead Nurseries« 1941 und 1942**
Band III 1939–1945	**Anstaltskinder** **Berichte aus den Kriegskinderheimen** **»Hampstead Nurseries« 1943 bis 1945**
Band IV 1945–1956	**Indikationsstellung in der Kinderanalyse** **und andere Schriften**
Band V 1945–1956	**Psychoanalyse und Erziehung** **und andere Schriften**
Band VI 1956–1965	**Forschungsergebnisse aus der** **Hampstead Child-Therapy Clinic** **und andere Schriften**
Band VII 1956–1965	**Anwendung psychoanalytischen Wissens** **auf die Kindererziehung** **und andere Schriften**
Band VIII 1965	**Wege und Irrwege in der Kinderentwicklung**
Band IX 1966–1970	**Probleme der psychoanalytischen Ausbildung,** **Diagnose und therapeutischen Technik**
Band X 1971–1980	**Psychoanalytische Beiträge zur normalen** **Kinderentwicklung** **Gesamtregister**

Fischer Taschenbuch Verlag

fi 582 / 2